SPECULATIVE LOGIC

范宗妙 著

思辨逻辑

小学语文思辨阅读
教学模型与实践

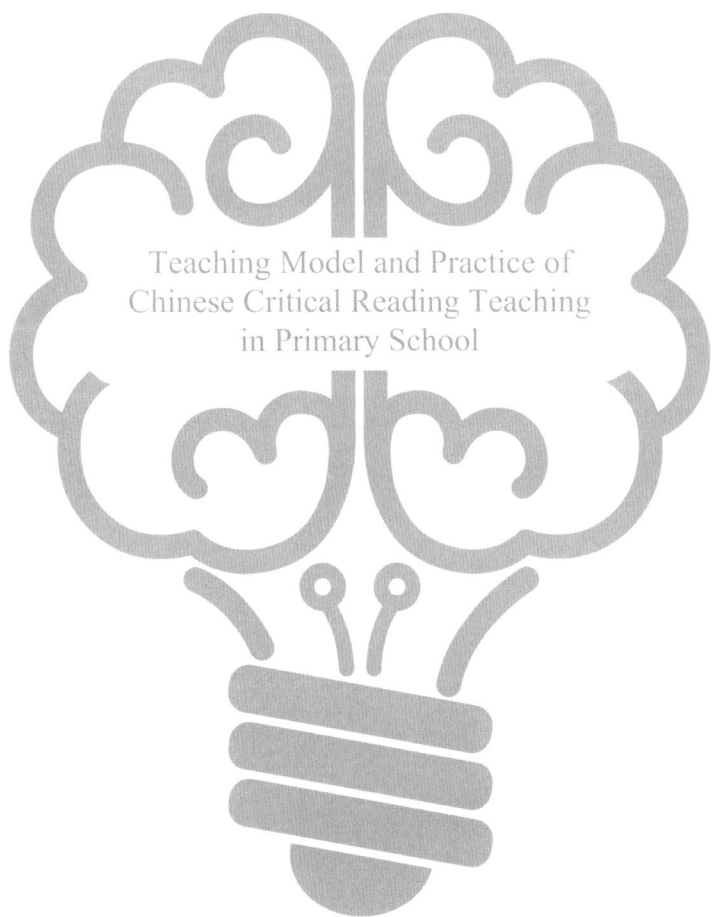

Teaching Model and Practice of
Chinese Critical Reading Teaching
in Primary School

ZHEJIANG UNIVERSITY PRESS
浙江大学出版社
·杭州·

图书在版编目（CIP）数据

思辨逻辑 ：小学语文思辨阅读教学模型与实践 / 范
宗妙著. -- 杭州 ：浙江大学出版社，2024. 8. -- ISBN
978-7-308-25287-4

Ⅰ. G623.232

中国国家版本馆CIP数据核字第2024ZP9161号

思辨逻辑：小学语文思辨阅读教学模型与实践

范宗妙　著

责任编辑	赵　静	
责任校对	胡　畔	
封面设计	林智广告	
出版发行	浙江大学出版社	
	（杭州市天目山路148号　邮政编码310007）	
	（网址：http://www.zjupress.com）	
排　　版	杭州林智广告有限公司	
印　　刷	杭州高腾印务有限公司	
开　　本	710mm×1000mm　1/16	
印　　张	17.25	
字　　数	290千	
版 印 次	2024年8月第1版　2024年8月第1次印刷	
书　　号	ISBN 978-7-308-25287-4	
定　　价	88.00元	

序

滕春友

人，是一棵会思考的芦苇；人，因为会思考而显得高贵。教育的价值有多层面多视角，发展思维肯定是教育极具价值的追求之一。2022版《义务教育语文课程标准》设置了思辨性阅读与表达任务群，提出运用比较、质疑、讨论等方式发展学生思辨能力，培养学生理性思维与理性精神。什么是理性思维？什么是理性精神？思辨与理性思维是什么关系？思辨与批判性思维是什么关系？范宗妙老师以"打破砂锅问到底"的精神，从哲学的视角，寻找理性的源流，阐释理性精神的内涵与品性；深入批判性思维研究大家的"庭院"，发现批判性思维的结构要素；比较、分析理性思维、批判性思维、高阶思维、创新思维之间的关联，揭示批判性思维与思辨的密切关系。范宗妙老师深入书山文海不是为了把问题复杂化，而是为了回应当下的思辨教学实践，让隐藏在历史文化中的思辨的路径得以显明，为思辨阅读教学提供可资借鉴的路径，帮助学生在语言文字实践中学会思辨。这本书既有哲学与心理学的加持，又有对思辨历史纵深的发掘；既有对现实教学热点的回应，又有对教学实践的探索，这些赋予了此书存在的意义与价值。

理性思维与理性精神在西方是从未缺失的、一以贯之的。巴门尼德与芝诺指出经验的不可靠，唤醒人类的理性，把人类引上追求真理之路；苏格拉底提醒人们检验与生俱来的观念，产生了批判性思维的对话形态；亚里士多德在建立自己的形而上学中，创立了形式逻辑，逻辑成了各门学科遵守的规矩；笛卡儿从"怀疑"出发，理性地怀疑世界的一切，要求人类一切知识都应在理性"法庭"上陈述其存在理由；康德论证了理性何以可能，也指出理性在上帝面前一无所知；黑格尔接过康德的话题，认为人类的理性应进行自我批判；穆勒提出归纳五法，认为归纳也可以找到真理；马克思以批判为武器，在批判中创造了马克思主义哲学。维特根斯坦是一生中创立两个学派的哲学天才，提出语言的游戏论，开启了哲学语言学转向，为非逻辑批判奠定哲学基础。范宗妙老师如同一位淘金者，在哲学的长河里淘洗，寻找理性思维、理性精神的金子。仔细阅读书中的这部分章节，你会遇到许多有趣的深刻的灵魂，知道思辨是西方哲学的传统，知晓许多哲学家的思考进路与方法。这些进路与方法，成了思辨教学的哲学根据，成了思辨教学逻辑理路的生长点。

理性精神走过的路及内在精神长相逐渐显现之后，范宗妙老师又一头扎进了批判性思维的学习与探索：杜威从黑格尔那里找到了反省的概念，提出了第一个批判性思维的结构框架，把分析、综合、判断、理解、推理、假设、检验作为反省思维的基本要素，指出反省时逻辑思维伴随反省的整个过程。罗伯特·恩尼斯提出了"批判性思维是合理的、反思性的思维，其目的在于决定我们去相信什么和做什么"的著名观念。他识别出注视、推理、推论、情境、澄清、总体评价六种批判性思维技能。罗伯特·恩尼斯的批判性思维框架，没有将批判性思维倾向纳入其中，但无法掩盖其在批判性思维研究方面做出的重要贡献。霍尔普恩是一位著名的心理学家，他却在批判性思维的土地上培育出一个"花园"。他给出的批判性思维观念是："能增加获得期望结果可能性的认知技能和策略的运用。"他的观念是极具理性精神的。霍尔普恩认为批判性思维框架结构由倾向与态度、批判性思维技能、指导与评价思维的元认知三种成分组成，他合理解释了"批判性思维"概念中"批判"一词的含义——判断与评价。理查德·保罗是批判性思维专家，他认为人的生活质量与思维质量密切相关，"批判性思维的关键是分析和评价思维并改善之"，他将批判性思维分为四个部分，分别是思维元素、理性标准、理性情感和理性特质。针对思维要素，他提出批判性思维必须具备清晰性、准确性、精确性、相关性、深刻性、全面性、重要性、逻辑性、公正性九个理性标准。述中有评，评述结合，一位位批判性思维研究专家、学者的主要观点一一呈现在眼前，阅读这些章节，你会觉得作者仿佛揭起了批判性思维的"红盖头"，让人们看见批判性思维姣好的面容，消除了人们心中对批判性思维的曲解，树立了对批判性思维正确的认知。

徜徉在西方哲学家思想的百花园，漫步于西方批判性思维的"庭院"，范宗妙老师又努力地将批判性思维、高阶思维、创新思维、辩证思维做了比较与分析，尝试着厘清它们之间的关系。在比较中显明，在分析中区别，范宗妙老师发现了以上四者成分有许多重叠之处；发现了以上四者因为研究视角不同，学者们强调的要素也不尽相同；发现了中国学生核心素养与批判性思维诸多的对应点；发现2022版《义务教育语文课程标准》中提到的"思辨"这个概念其精神内核与批判性思维高度吻合，指出教师在教学中发展学生批判性思维，往往也同时在发展高阶思维、创新思维、辩证思维。

一路艰难跋涉，一路披荆斩棘，范宗妙老师的目标是小学语文思辨阅读教学实践。他从哲学与批判性思维研究者的成果中，提出了六条思辨的逻辑理路。在这六条逻辑理路的基础上，提出六个思辨阅读教学模型，从而在理论与实践中搭建起桥梁，这是全书最具创造性的地方。范宗妙老师借鉴斯蒂芬·图尔敏论辩模型，把斯蒂芬·图尔敏的"观点—证据—理由"的基本论证结构引入课堂教学，开展非形式逻辑思辨性阅读；研究苏格拉底，提出"产婆术"思辨教学模型，概括出反向提问、质性提问、侧面提供学习内容等思辨教学技巧；遵循笛卡儿从确定走向正确的理性精神，归纳出"提问—明确（知识、命题、概念、原理）—推理（直观与演绎、分析与综合、列举与归纳）—结论—检验"为基本流程的、理性的、形式逻辑的、思辨性阅读教学路径。中国不是马克思主义哲学的故乡，却是马克思主义哲学的真正传人。本书基于马克思主义三大规律，引出"肯定—否定—否定之否定"为程序的辩证式思辨阅读模型，明确怎样才是扬弃，可以在哪个环节里扬弃，以及"否定之否定"的真正秘密。

语文是存在的家。范宗妙老师深研小学语文教材，聚焦科学实验探索的文章，从科学方法论中找到依据，概括出实证思辨阅读模型。语文教学既承担文学启蒙的任务，也承担语言学习的责任。范宗妙老师借鉴"审美感知—审美体验—审美判断"这一文学鉴赏的基本流程，把文学鉴赏的基本流程与阅读教学"整体—部分—整体"的基本规律融为一体，概括出鉴赏思辨教学模型，提出了鉴赏思辨教学"缘象索义""情理相融""悟象得言"等教学方法。他在书中提出的每一个教学模型，都有其内在理论依据，或哲学的、或科学方法论的、或审美的，每个模型以两三个教学案例进行诠释，将理论与实践融在一起，其目的是使理念走进更多教师的课堂，让更多的学生学会思辨，在思辨中提高人的生命质量，让师生成为独立思想、自由思想的人。我为范宗妙老师的创造性研究与执着的探索精神点赞！

思辨非西方独有，中国自古也有理性精神。范宗妙老师在研究中发现，中国思辨的基因，在汉字的间架结构里；庄子从对话前提中展开思辨；金圣叹对文字进行深度阐释，对小说文法进行评点；红学考据派在文本细读中发掘证据、合理推论、有序表达观点；墨子在《墨经》中自觉运用逻辑展开思辨。但是中国人的理性精神却没有长成参天大树并开花结果。中国人思辨的精神与技能还需继续发育和生长。思辨的启蒙工作就落在了教师身上，落在了课堂这个阵地上。

思辨是人生的责任所在，也是人生的意义所在。思辨是人解放自我，成为独立、自由的个体的起跑线。思辨是思维的技能，也是创造萌芽的沃土。期待广大语文教师厚实自身的思辨素养，潜心深耕语文课堂，在语文实践活动中创设情境、把握契机，引导学生在思辨中学习思辨，在思辨中学会思辨。

目录

第一章

思辨的中国式存在

从定义上把握思辨的本质是基本路径，但不是唯一通途。思辨不是西方的专利，中国思辨的基因，在汉字的间架里，在先哲的著述中。从对话前提展开思辨，在逻辑中展开论证，在批判与继承中发展新观点，对文字或概念进行深度阐释，对小说文法进行评点，在文本细读中发掘证据、合理推论、有序表达观点，这些都证明中国人懂得思辨、会思辨。庄子、公孙龙、墨子都为思辨留下精彩的瞬间。但是，我们也需承认，中国人的理性精神还需进一步培育，思辨的技能还需进一步提升。

第一节　什么是思辨

生活在语文的世界里，"思辨"这个词，最初是从一些先锋的研究者口中道出。"思辨"这个崭新的概念突然被写进了《义务教育语文课程标准》，硬闯进了小学语文教师的教学生活。闯进来就闯进来吧，教师们也只能悦纳，反正这事没有商量的余地。教师们仿佛自己家又领养了个娃娃，马上又津津乐道起与娃娃相处的趣事儿来。

没过多久，教师们终于叫熟了娃娃的名字，知道了娃娃爱做些比较、质疑、讨论之类的事儿。可是，也就仅止于此了。语词的变化就是理念的变化，教师们想更深地走进娃娃的内心世界，与他深入交流，却发现这娃娃把内心捂得严严实实的。你想要问出点什么，这娃娃人小鬼大，嘴边常拿"理性""理性精神"这些高深莫测的大概念作挡箭牌。这可把教师们给唬住了。是啊，什么是理性？什么是理性精神？望着这个娃娃，教师们仿佛眼前出现的是一个陌生人。看来自己对这娃娃，只认识露出水面的冰山，对于水下究竟是怎样的可谓知之甚少。于是，教师们有些许的期待，又有些许的焦虑、困惑。解决教师们的这些问题，澄清理性是什么、理性精神是什么、思辨究竟是个啥，成了绕不开的正经事儿。

小时候常听教师们比喻：字典公公是不开口的老师。这样的比喻现在很少听见了。"思考""辨析"是"思辨"在《现代汉语词典》里的主要意思，但这不是语文教学语境中"思辨"的内涵，也不是我们要探讨的《义务教育语文课程标准》中提到的"思辨"这个概念的意义，而是"思辨"这个词的所指，也叫词语意义。没办法，为了摸清思辨这娃娃的脾气，只好又请教"度娘"，因为听说"度娘"很有学问。关于思辨，她有这样一条注解："哲学上指运用逻辑推导而进行纯理论、纯概念的思考，毫无客观坐标。"对于这样一条说明，理解起来实在令人头疼。真是应了那句名言："如果你想头疼，就去读哲学。"

教师们只好作罢，算了，算了，这娃娃就这么养着吧。唉，一腔热情被浇了个透，一条路好像走到了山穷水尽。

我们老祖宗有个法宝，叫作《易经》，它告诉我们"曲成万物"，简单说是好事多磨。我们一起听个故事，在故事中感受什么是运用逻辑推导进行纯理论的、纯概念的思考。传说战国时期，孔子三千弟子中，有位叫公孙龙的学生。他说，白马不是马。笑话，这话一说出口，三岁娃娃也要和他打场官司吧。别急，我们还是耐着性子，听听他是怎么推论的吧。只听公孙先生振振有词地说道："马说的是事物的名称，白说的是事物的颜色，说颜色的不是说事物的名称，所以白马不是马。"真不愧是孔子的弟子啊。我们一定会说公孙先生的结论是错的，可是错在哪呢？马克思权威一点，听一听马克思的说法吧。马克思说，公孙先生你错在没有想明白"马"是一个普遍概念，"白马"是特殊的马，普遍性寄寓在特殊性之中，但是，你的推论是有逻辑的，像你这样的思考可以称为思辨。

听了公孙先生的故事，我们瞬间有了一种恍然大悟的感觉。可是，如果谁再问我们什么是思辨，我们又要挠头了。我们会毫不客气地反驳，给一个故事就想从我心里得到思辨的性质这颗金子，要价也太没谱了吧。是啊，我们无法从一个事例里提取事物的普遍性。我们再来听一个故事。有一次，柏拉图的学生问老师什么是人。别的东西你问我，我也许会答不上来，问我什么是人，笑话，这我还不清楚吗？柏拉图脱口而出："人是全身不长毛的两条腿的动物。"柏拉图的这位学生是爱思考的捣蛋鬼，他抓来一只鸡，拔去鸡毛，丢在柏拉图面前，质问教师说："老师，这就是人？"柏拉图哑口无言，本来以为孺子可教，拿只鸡来孝敬自己，这小子居然没安好心。我们可以想象到柏拉图满脸的笑容瞬间凝固的样子。这个故事里，学生找到教师定义里的漏洞，拿出实例证明教师的思考是错的，这也是思辨。告诉教师们一个秘密，如果有人问你什么是什么的问题时，千万别落入别人的圈套，因为下定义是吃力不讨喜的事儿。

听完故事，想要从白马与没毛鸡身上获得思辨的内涵，显然还是困难的。为了进一步理解思辨的内涵，我们一起来读一读《义务教育语文课程标准》中的这一段话：

> 本学习任务群旨在引导学生在语文实践活动中，通过阅读、比

较、质疑、讨论等方式，梳理观点、事实与材料及其关系；辨析态度
与立场，辨别是非、善恶、美丑，保持好奇心和求知欲，养成勤学好
问的习惯；负责任、有中心、有条理、重证据地表达，培养理性思维
和理性精神。

这段话提到了四个方面的内容。一是思辨的思维方式：比较、质疑、讨
论，运用这些思维方式即在学习思辨；二是思辨的内容：一篇文本中有观点、
事实与材料，思辨要区分观点与事实，并且要判断观点与事实及材料之间的
关系；三是思辨的目的：思辨本身就是目的，同时，思辨还有育人的价值，教
师要在思辨中引导学生树立正确的价值观，养成良好的习惯；四是思辨者的责
任意识：思辨是讲究证据的，思辨的结论必须是有证据支持的，不是主观臆断
的，在表达思辨结论时，思辨者的语言必须有条理、有中心，因为语言混乱之
处无物存在，这一点也是由语文学科的工具性、实践性所决定的。披文以入
理，仔细理解这段话，教师们心中思辨的内涵也许就会渐渐丰满、清晰起来。

丰满也许是丰满了一点儿，清晰也许也清晰了一些，但什么是理性？什么
是理性精神？什么是思辨？课程标准在这些问题上突然间失语了。教师们阅读
了课程标准中那段话，但好像眼前总蒙着层纱，好像一群赶路久了的人，眼前
仅有一杯水。莫急，记住"曲成万物"这四个字，因为想理清这些问题还得到
中西文化中看看风景，增长一番见识，做一番思考。

第二节 汉字中的思辨

文字是人类最伟大的发明。传说仓颉"始作书契，以代结绳"。仓颉观察日月星辰、山川草木、鸟兽鱼虫，创造不同的符号。从象形到指事，从指事到会意，从会意到形声。形声字一部分表示读音，一部分表示意义，汉字从此完成了真正的符号化。部分汉字学家认为，自从有了形声字，汉字已形成一个自足的完整的系统。后来书写时字体变化，都只是汉字的流变。中国汉字也会思辨，你信吗？

有位公司领导踞坐台上，伸出食指，对下属指指点点。多位下属愤起离席，表示自己的抗议与不满。上位者真应学点"舜不臣尧"之格局，切不可"在上位而凌下"。我们欣赏敢于说"不"的人，只有这样的人多了，人才会有尊严，社会才会更平等，当然也得注意场合与方式方法。如果人们能理解"警"字中的哲理，就不会有这样的尴尬。"警"，上"敬"下"言"，有提醒、警告之意。怎么提醒人？《易经》告诉我们："易心。"何谓易心？用现在的话来说，就是与别人交流时，先起一份恭敬、敬畏、尊重之心。你看，"警"字把中国古代仁与礼的思想藏在"警"字上半部分的"敬"字之中。顺便说一句，形声字的声旁有时也是参与表义的。课堂上教师们切不可太主观武断。

德是一个人一生中值得全力追求的目标。我们一起来看看"德"字中的仓颉智慧。《说文解字》中说"德者，得也"。怎样才能成德？"德"字中的双人旁表示实践，说明德是从实践中修来的；右边上部的"十"，有专家解释为"人生的十字路口"；中间的"罒"表示眼睛。"德"字的部件合起来可以这样理解：当人们来到人生的十字路口，需要选择的时候，要睁大眼睛仔细看，用心思考。选择了正确的道路，要全力以赴地去实践，唯如此，人生才会有所得。有所作为方能有所得、有位置，有了位置后做什么？《易经》告诉我们——业以壮德。从以上叙述中，我们发现"德"是选择、思辨的结果，更是实践达成的结果。用王阳明先生的话来说，是"知行合一"的结果。用儒家观点来说，学问从来都不是单指知识，而是通过实践将知识转化为人的内在品质所表现出来的整个人的一切。一个"德"字可谓一部小经典、一位亲切的人生导师。

"武"字是会意字，《说文解字》中说"从戈，从止"。止，即脚趾；戈，即兵器。"武"即指一个战士拿着兵器奋不顾身向前冲锋的姿态。止又有停止、放下的意思。马克思主义认为，矛盾无处不在，矛盾消失，事物也就不复存在了。细想"武"这样一个汉字，把一对矛盾寄寓在其中，阐明了战争是没有和平，和平是没有战争，要和平必须强军以止战，战争是极端的政治手段，备战是为了不战。也许有人会说，这是后人思辨出来的，但不能否认，"武"这个字的部件所蕴藏的内容，正是后人合理思辨的前提。

"觉"字是多音字，有一个读音"jué"表示觉悟。人来这个世界做什么？我很主观地说是觉悟与证悟。一个人怎么才能觉悟？我们一起来探究一番。"觉"的繁体字写成"覺"，上半部"𦥑"表示一双手，中间"爻"表示学习用具。一个人要觉悟，就得学习。只学习还不行，还得用双手打开下面的秃宝盖。这秃宝盖可不是宝贝儿，名曰宝，实非宝，它读音同"句号"的"句"，代表蒙蔽、愚昧、偏见、执见……只有打开它，才会有所发现，才会看见真知，才会觉醒。另一读音"jiào"表示睡觉，睡着了自然没觉醒。同形不同音，同形不同义，觉（jiào）是不觉（jué），不觉（jué）就觉（jiào）着了，两个意思有矛盾，而又智慧地统一在一起。从"觉"字看人的觉悟过程，应是基本正确的。因为人往往不是生而知之者，人的觉悟需要后天的学习，不断积累、不断思考，等到黎明的前夜照进一缕曙光，突然间恍然大悟，于是人就觉醒了。这个觉悟过程，与教育现象学打开遮蔽使真理显现的理论基本一致，与《周易》蒙卦思想也基本一致。

有位学者曾说，读懂了"病"字，就可以当中医。此话当真？你看，"病"字的"疒"像一个生病的人躺在床上，或倚靠着什么东西，里面包围的"丙"表示病因。为什么这么说呢？"丙"字在中国五行中属火，代表南方。南方天气热，外火容易侵入身体，导致体内阴阳失去平衡，病也就趁机而起。我们常听老中医讲，吃清淡一点，道理也在这儿。有人说，我们民族没有理性，这是不中肯的。"病"字告诉医者，当好医生首先得望、闻、问、切，查清楚病人生病的原因，妄下方药是危险的。其中的道理，用今天的话来说，就是科学精神，就是理性思维（当然我们还须看到，中医遵循的是平衡说、五行说之理）。但是，我们也不可否认，理性精神在中国古代的泥土里，虽有种子，却没有长成参天大树，这也是事实。

汉字也在思辨，中国人的思辨基因在汉字的间架里。

第三节 中国先哲的思辨

中国古圣在思辨吗？思辨不是西方的专利，中国历史上有许多富有智慧的人，他们在主动地思辨，并且思辨质量很高。

《周易》是一部成书很早的著作。许多不理解其中道理的中国人，都用它算命，其实它是一部哲学著作。要想读懂这部著作，需要找到好的读本，需要教师指点迷津，否则容易浪费时间而少有收获。

《周易》认为宇宙万物原来一片混沌，但这混沌之中不是什么也没有，其中有一个东西叫太极。太极中蕴藏着两股力量，一股是阳，一股是阴。阴阳相互激荡，于是有了天地。有了天地，怎样生发出万物？孔子在《序卦传》里这样解释：

> 有天地，然后万物生焉。盈天地之间者唯万物，故受之以"屯"。
> "屯"者，盈也，屯者物之始生也。物生必蒙，故受之以"蒙"。"蒙"
> 者，蒙也，物之稚也。物稚不可不养也，故受之以"需"……

不太好懂吧，不过，都读好懂的东西的话，也没必要再读书了。这段话可以解释万物，也可以解释"没毛的虫子"——人。我们一起试试从人的角度理解它。屯，说的是人刚来这个世界报到的时候，要活下来是艰难的，特别是在古代那样的医疗与生存环境中。蒙，讲的是人在父母呵护下，渐渐长大了，但是也慢慢有了许多困惑，于是需要启发蒙昧，需要接受教育。需，讲的是人在少年时期，要有所作为是困难的，所以要有耐心，要学会等待……这段话，环环相扣吧？我们不禁要问，这环环相扣里有什么？逻辑！其中的逻辑张力，吸引了历代许多读书人前赴后继地为往圣继绝学。

《周易》六十四卦中，有这么两卦，一卦叫既济卦，一卦叫未济卦，它们是六十四卦最后的两卦。既济卦说的是事物发展有良好的结局。但是，未济卦提醒人们，圆满的结局不是事物的终结，而是事物发展新的开始。一件事在此阶段圆满之后，马上会进入新的发展阶段。乍一听，这理论好像在哪听过，一想，哦！原来是马克思说的辩证的发展的思想。老祖宗会思辨啊。

初中语文课本里有这样一个故事：

> 庄子与惠子游于濠梁之上。庄子曰："鲦鱼出游从容，是鱼之乐也。"惠子曰："子非鱼，安知鱼之乐？"庄子曰："子非我，安知我不知鱼之乐？"惠子曰："我非子，固不知子矣；子固非鱼也，子之不知鱼之乐，全矣！"庄子曰："请循其本。子曰'汝安知鱼乐'云者，既已知吾知之而问我。我知之濠上也。"

这个故事出自《庄子·秋水》。庄子和惠子来了游兴，他们俩走着走着就来到濠水边。庄子说："鱼在河水中游得多么悠闲自得，这鱼好快乐啊。"惠子打趣地说："先生你不是鱼，怎么知道鱼是快乐的呢？"庄子一听惠子来了辩趣，立即反驳说："你不是我，怎么知道我不知道鱼儿是快乐的？"惠子说："是啊，我不是你，固然就不知道你；你也不是鱼，所以你不知道鱼的快乐，这是完全可以确定的啊。"庄子说："且慢，让我们回到最初的话，你开始问我'你怎么知道鱼是快乐的呢？'这说明你很清楚我所知道的，所以才来问我是从哪里知道的，我告诉你，我就是在濠水的桥上知道的。"

庄子从鱼的悠闲自得，推理出鱼的快乐。惠子从庄子不是鱼，推理出他不知道鱼的快乐。庄子反应机敏，抓住惠子的逻辑进行反驳。惠子坚持自己的逻辑，进一步论证自己的观点。庄子听了，从惠子的对话前提"你清楚我所知道的"进行辩论。你觉得是庄子厉害还是惠子更胜一筹？充满友情又刀光剑影，有理有据又弥漫着逻辑的火药味。从哲学上讲，庄子所持的是可认知论，惠子所持的是不可认知论。不管他们持何哲学观点，这是一个可以载入思辨史的思辨范例。

中国古代墨家学派作品《经下》说："以言为尽悖，悖，说在其言。"墨家认为"所有的言论都是假的"这句话是不能成立的。因为这句话本身也是一句话，"所有的言论都是假的"，这句话是"是"还是"非"呢？如果是"是"，就会出现矛盾、冲突和不协调，所以，应该为"非"。墨家在论证"所有的言论都是错误的"这句话不能成立的过程中使用的是归谬法。该方法是说，要反驳某个论断，先假定该论断是真的，然后从其真推出荒谬的结论来，从而确定所要反驳的论断为假。归谬法的本质就是，如果假设某个论断成立就会导致矛盾和冲突，则该论断是不能成立的。

先哲的思辨是一笔宝贵的财富，为我们提供了思辨精神与技能发育的营养。想深入研究，力所不逮，时不我待！

第四节　古代文学作品中的思辨

假如让大家评天下第一剑，你也许会评令狐冲的独孤九剑。假如让大家评天下第一掌，你也许会推荐萧峰的降龙十八掌。假如让大家评天下第一厨，你会评谁？让我来评的话，我一定选择庖丁，对，正是文惠王的那个厨工。

这庖丁，神啊！你看他解牛，手接触的地方、肩倚靠的地方、脚踩到的地方、膝盖所抵着的地方，轻轻一划，发出骨肉分离的声响，这些声响居然合得上音乐节拍。他解牛的动作，分明不是在解牛，而是跳着《桑林》乐章的舞步，又像合着《经首》乐章的韵律在演出。他的技艺不要说得到文惠王的赞赏，我也会由衷地赞赏。我赞赏的是，一名厨工居然也懂养生之道与哲学之道：人只能顺应事物的规律，而不能改变事物的规律，顺之则盛，逆之则衰。有这样的思想境界，你说，这是不是天下第一厨？中国文学长廊中，像这样寄寓哲学思想的寓言还有许多。守株待兔那蠢货，把偶然当成必然，把现象当成规律；刻舟求剑那二师兄，看不到事物永恒的运动与变化，不懂得绝对静止的事物是不存在的；画蛇添足那门客，不明白"实事求是"这四字真经，随意篡改事物本来的样貌……这些寓言让我们在轻松之中开窍，也深深赞叹作者的哲学思辨。

古代寓言归入散文，散文中有思辨，那古典小说中有吗？中国古典小说的珠穆朗玛峰——《红楼梦》中有这样一首《好了歌注》，具有很高的艺术价值，也有很深的哲学意蕴。我每每吟诵它，一股人生况味悠悠地从心田升起，从眼睛这泉口涌出，从此知道了泪水为什么是咸的。现将《好了歌注》摘抄如下，如果你会吟诵，不妨试着吟诵一下。

陋室空堂，当年笏满床；衰草枯杨，曾为歌舞场。蛛丝儿结满雕梁，绿纱今又糊在蓬窗上。说甚么脂正浓、粉正香，如何两鬓又成霜？昨日黄土陇头送白骨，今宵红绡帐底卧鸳鸯。金满箱，银满箱，展眼乞丐人皆谤。正叹他人命不长，那知自己归来丧！训有方，保不定日后作强梁；择膏粱，谁承望流落在烟花巷！因嫌纱帽小，致使锁枷扛；昨怜破袄寒，今嫌紫蟒长。乱哄哄，你方唱罢我登场，反认他乡是故乡……

这首《好了歌注》，把衰草枯杨的凄凉与歌舞场的热闹安排在一起，把雕梁画栋的奢华与结满蛛丝的残败合为一处，把刚刚送走了亲人的悲伤，同红绡帐底的男欢女爱荒唐地融成一块儿，真是"君生日日说恩情，君死她随人去了"。这些意象落差巨大，没有情理可言，真如词中所言——荒唐。孙绍振先生在《审美阅读十五讲》里告诉我们，不讲情理才有文学，才有艺术。正如宝玉，越是脱俗，越是可爱。黛玉呢，越是计较，越是小心眼，才越显出她爱的纯洁。宝钗呢，绝世的容颜掩盖不住一身世俗的气息。这些意象从审美的角度讲叫落差，如果从哲学的角度讲那叫矛盾。作者故意用一串矛盾，表达了变是永恒的不变，人世间无物常住的思想。如果用曹雪芹的一句话，那叫"千里搭凉棚，没有不散的宴席"，当然也表达了"矛盾对立双方相互转化"的哲学意蕴。读完了《好了歌注》，你再读一读《红楼梦》中这副对联："假作真时真亦假，无为有处有还无。"你再读一读："身后有余忘缩手，眼前无路想回头。"思辨，是小说不可或缺的使命啊！如果《红楼梦》只写几个女子哭哭啼啼，几个公子哥儿游手好闲、提笼架鸟，那还会是经典吗？

说完小说，看看诗歌。大诗人苏东坡的许多哲学思想通过诗歌的形式得以表现。"横看成岭侧成峰，远近高低各不同"，一个事物横看、侧看、远看、近看，不同的角度看到的不尽相同，想要看清事物的本质，需要从不同的角度观察、思考，这样才能逼近事物的真相。白居易"野火烧不尽，春风吹又生"，野草象征着新生的事物，它的发展进程由弱到强、由小到大，具有无限的生命力和远大的发展前途。李白"长风破浪会有时，直挂云帆济沧海"，从文学的角度来看，表现了诗人的豪情万丈、坚定的信念、无限的期待与自信；从哲学的角度来看，可以悟到事物发展的过程是曲折的，但是总体趋势是向前的，事物发展是曲折性与前进性的统一。曹操"对酒当歌，人生几何？"是对悲欣交集的生命长度的拷问；苏东坡"明月几时有，把酒问青天"是对浩瀚宇宙诞生于何时的思辨；张若虚"江畔何人初见月，江月何年初照人？"是对时间从何而起的思辨……诗是不适合说理的，因为理盛则情趣浅，可是这些诗，把理说得像诗，真是太绝了。

古代中国没有专门的哲学思辨著作。文史哲不分家是中国式哲学思辨的特点。中国古代文学作品，往往把天道、地道、人道熔于一炉，思辨往往是它的灵魂。

第五节　金圣叹《水浒传》鉴赏评点

金圣叹与王国维都是中国历史上五百年一遇的人物。我不敢如此说的，这句话是我借来的。王国维开启了文学批评的新形式，斩断了以金圣叹为代表的评点式文艺批评之路。两个人幸好不在同一时代，否则不知道会不会来一场"决斗"。

金圣叹评点的《水浒传》是评点式文艺批评的扛鼎之作。他观点鲜明地反对宋江的招安思想，七十回后，宋江这厮把"聚义厅"改为"忠义堂"，树起了他投降主义的旗帜，金圣叹那个气啊，于是对《水浒传》七十回后面的章节直接选择无视。不评，那厮就不投降、不招安了吗？但这也透露出中国古代读书人也有硬骨头，有坚挺、峻拔的脊梁。

金圣叹在前七十回的篇首作了回前评赏，字里行间有夹批，精彩的段末有段批，每回结尾有总批。他的评点擦亮了读者的眼睛，让读者看到不曾看到的风景。我们来见识一下金圣叹《水浒传》评点中的思辨。

（一）对文字的深度阐释。

《水浒传》第一回开头这样写道：

> 东京开封府汴梁宣武军，便有一个浮浪破落户子弟，姓高，排行第二，自小不成家业，只好刺枪使棒，最是踢得好脚气球，京师人口顺，不叫高二，却都叫他做"高毬"。后来发迹，便将"毬"那字去了"毛"旁，添作"立人"，便改作姓高，名俅。

金圣叹在此评点："毛旁者何物也？而居然自以为立人，人亦从而立人之，盖当时诸公衮衮，皆是也。"金圣叹立场鲜明、毫不客气地指出，你高俅自以为把"毬"字的毛字旁去掉，加个单人旁，就从禽兽之类变化成人了吗？不是人是什么？金老先生认为，高俅永远与人相差一个筋斗云，他只是条没毛的虫而已。金圣叹痛斥当时满朝文武尽是高俅同类。一个"毬"字去掉毛字旁改为单人旁，竟然惹出金老先生这么多议论，从这样一个文字变化中，阐释出许多人所未见的内容。我们从他评点的语气中，仿佛看到他的愤愤之色，仿佛听见他内心翻滚不已的"牢骚"。

（二）对人物的辩证把握。古典小说以塑造人物形象为主要任务。《水浒传》塑造了一百零八位栩栩如生的好汉，人人都有不一样的性格。在金老先生《五才子读书法》这篇文章中，他这样评点林冲："林冲自是上上人物，写得只是太狠，看他算得到、熬得住、把得牢、做得彻，都使人怕。"有证据吗？有的。林冲熬得住是出了名的：小衙内在庙前欺侮他妻子，他熬住了；在陆谦家里调戏他妻子，他熬住了；冲军路上，俩公差虐待他，他熬住了；在梁山泊王伦不待见他，他熬住了……为什么这样做？有人说，这是人到中年才能体会到的。若真如此，社会还有什么希望可言。但在金老先生看来，这一切，林冲在心里都是千思万虑、精心谋划过的。说他做得彻，你看他火并王伦，白刀子进红刀子出，毫不犹豫，没有一丝拖泥夹水；在草料场杀陆谦等人，以血还血，赶尽杀绝。不能不说金老先生对林冲性格的把握是完整而又客观的。

人们都说宋江是"及时雨""忠义郎""大孝子"，金老先生却不这样认为。他在评点中，明里暗里地讽刺他是"伪君子"，这也正是他在宋江把持梁山泊后，不再评点后续章回的原因。人们都说李逵是个愚忠愚孝的代表，他却在评点中指出李逵"率真""天真浪漫"，具有一颗"赤子之心"，像个童蒙未开的儿童。金圣叹对人物性格的辩证思考是在文本细读中完成的，也是在人物的比较中完成的。金圣叹对好汉性格特征的揭示，直到现在还深入人心，是人们解读、评价《水浒传》一个绕不开的学术存在。

（三）对情节的创造性评点。我们来看下面的情节：

当下林冲问道："甚么要紧的事？"小二哥请林冲到里面坐下，说道："却才有个东京来的尴尬人，在我这里请管营、差拨吃了半日酒。差拨口里讷出'高太尉'三个字来。小人心下疑，又着浑家听了一个时辰，他却交头接耳说话，都不听得。临了，只见差拨口里应道：'都在我两个身上，好歹要结果了他。'那两个把一包金银递与管营、差拨，又吃了一回酒，各自散了。不知甚么样人。小人心下疑，只怕恩人身上有些妨碍。"林冲道："那人生得甚么模样？"李小二道："五短身材，白净面皮，没甚髭须，约有三十余岁。那跟的也不长大，紫棠色面皮。"林冲听了大惊道："这三十岁的正是陆虞侯。那泼贱贼也敢来这里害我！休要撞着我，只教他骨肉为泥！"李小二道："只要提防他便了，岂不闻古人言：'吃饭防噎，走路防跌'？"林冲大怒，离了李小二家，先去街上买把解腕尖刀，带在身上，前街后巷一地里去寻。李小二夫妻两个，捏着两把汗。

这个情节选自"林教头风雪山神庙，陆虞侯火烧草料场"，我眼拙看了几次，没看出什么道道儿。直到有一天，金老先生指点我说，这片段写得好啊，你得瞧仔细了。你看陆谦他们密谋，作者要详写，不行吧，置之不顾，也不行吧。作者巧妙地只让人听见"高太尉""都在我身上"，看见"一帕子物事约莫是金银"，写得"忽断忽续，忽明忽灭"，像年代久远的古锦上的文字，像断碑上的残文，不深入细究，便无法了解其意。这不正写出了密谋之人做贼心虚，在丑陋下作之中写出了美来吗？金老先生真是一语道破机关，见到文法之精妙。这样的评点，在《金圣叹批评〈水浒传〉》中随处可见，有兴趣的可购一本，以慰平生。

（四）对文法的辩证思考。金老先生在评点中，将大部分精力花在精心揣摩小说的文法、结构、布局上。我们一起来看几则评点。

当避而不避。《水浒传》中写了"武松打虎"，又写了"李逵打虎"。这样是作家不会写吗？金老先生认为，这样写作家是要冒风险的，写作时应该尽力避开，但是作家是有意这样写的，遵循了"避而不避"的原则。用了两场打虎的情节，写出了两个性格完全不同的人物。在"避而不避"中，显出作家的精彩构思与笔底千钧。"林冲买刀"与"杨志卖刀"，两者略有相似，写作上也是大忌讳，可是作者明知山有虎，却向虎山行。林冲买刀，一步步坠落他人陷阱，以致落草为寇；杨志卖刀则表现了英雄穷途末路的凄凉。金圣叹把这些布局的大胆与巧妙一一评点，让人获益匪浅。

极省极不省。《水浒传》中为了让宋江上梁山，首先写宋江结好晁盖一伙；为了写宋江犯罪，先写了招文袋子里的秘密；写招文袋子里的秘密，又先写阎婆惜与张三的私情；写阎婆惜与张三的私情，却又先写宋江娶阎婆惜；写宋江娶阎婆惜，却又先写宋江舍棺材……宋江上梁山真是曲曲折折、层层铺写。金老先生认为这是极不省的写法。而武松打虎下山，入了阳谷县任职，与武大相遇一事儿，作者却用巧遇一笔写成。金老先生认为这是极省的写法。用现在的话来说，就是详则洋洋洒洒、泼墨挥毫，略则惜墨如金、不多着一字。

草蛇灰线法。"武松打虎"这个故事，先写武松喝酒，但是时时提醒读者，武松有一条哨棒。据金老先生戴着眼镜细数统计，在这个章节中，一共点明了十八次哨棒。不仔细读，这些关于哨棒的字眼，都会轻易被读者忽略，但是只要细心阅读，仿佛草丛里有一条若隐若现的草蛇。这一故事情节中，金老先生说，"喝酒"是作者锦心绣口的表现，酒成就了英雄的豪气与底色。"风雪山神庙"也是草蛇灰线法运用得很好的章节。在这个故事中，林冲离开草料场去打酒时，特意看了灶火，接着一路写了三十多次各种"火"，有火星、大火、火堆……金老先生认为这正是草蛇灰线法的又一成功实践。在金圣叹的评点中，还有"欲擒故纵""莺胶续弦""正面铺粉""夹叙法""倒插法"等，都一一作了评点。

据说金圣叹是当时青年的导师，他的思想与行为引起统治者的恐慌，而将他逮捕下狱。临刑前他谈笑风生，刽子手问他为什么不怕，他说他有秘方，砍头不会痛。刽子手要他给出秘方，好让他痛快一点。当刽子手砍下他脑袋，头颅骨碌骨碌滚出老远，从金圣叹耳朵里滚出两个纸团，刽子手打开一看，只见一个写着"好快"，另一个写着"好痛"。

第六节 《红楼梦》的考证推理

红学之所以成为红学，与索隐、考据的推波助澜紧密相关。毛泽东认为考据派更加可信，因为有证据支持。但是人们用索隐的方式研究《红楼梦》也是合理的。新课程标准提倡思辨，考据与索隐家里有没有宝贝可以借出来为思辨所用？有的。是什么呢？我们一起把它借出来瞧瞧。

听说过《脂砚斋重评石头记》这本书吧？这书确实是研究《红楼梦》非常有价值的古本。脂砚斋何许人也？学者也对这个神秘人物非常好奇，好奇这人为什么会有幸成为《红楼梦》第一拨读者。学者们推测，这个神秘人一定是与曹先生关系非常亲密的人。这个推理有理吧。语不惊人死不休。学者们继续推理，这亲密的人会是谁？他们从甲戌本《红楼梦》批语里找到"谩言红袖啼痕重，更有情痴抱恨长"，根据这推理出情痴＝宝玉＝曹雪芹。那红袖呢？自然是一位红颜知己。曹先生有福啊，这红颜知己又会是谁？学者们研究来研究去，老之将至的时候，推理出一个惊天大结论：史湘云＝宝玉糟糠之妻＝脂砚斋＝曹雪芹红颜知己。其中也太多弯弯了，回一下神，虽然……但也觉得有一点点道理是吧？

学者们还研究过秦可卿与贾珍的关系。贾珍不是秦可卿的公公吗？书中不是写得一清二楚吗？并非如此简单。在"秦可卿死封龙禁尉，王熙凤协理宁国府"一回中，王熙凤在梦中看见秦可卿来向自己告别，吓出一身冷汗，知道秦可卿死了。文中接着写道："彼时合家皆知，无不纳罕，都有些疑心。"死了人，人们纳罕什么？怀疑什么？丧钟一响，亲戚们都来了，这时书中写贾珍的表现："哭的泪人一般。"学者们据此推理：老父亲去世可能也不会如此吧？此时亲戚们问贾珍怎么料理后事，贾珍说："如何料理，不过尽我所有罢了。"学者们又来事了：一个儿媳去了，贾珍为什么要倾其所有办理她的后事？求心安？书中继续写道："超度前亡后化诸魂，以免亡者之罪，另设一坛于天香楼上。"什么罪？为什么要在天香楼设祭坛？学者们还找到另外的罪证，他们说，贾珍全力操办秦可卿的后事，给她找了只有王爷身份才可享用的棺材，为什么这样舍得花钱？秦可卿的丫鬟，一个触柱而死，一个主动认秦可卿为义母，这是为什么？焦大口中说的"爬灰的爬灰，养小叔子的养小叔子"说的是谁？他们就这样把自己的推理串起来，最终得出笃定的结论。切记，万恶淫为首。但是更要牢记，此事"论迹不论心，论心千古无完人"。

　　学者们解决了一个谜，又着手解决另一个。这不，他们又研究起林黛玉是怎么死的。我们一起看看著名作家刘心武的观点吧。刘心武认为，高鹗续书中最精彩的故事是林黛玉的死——焚诗稿，因为延续了曹雪芹《红楼梦》是大悲剧的原意。但是，他认为林黛玉不是这样死的。刘心武从"黛玉葬花"的情节入手，认为这个情节与现在流行的行为艺术高度一致：黛玉扛着小巧的花锄，花锄上挂着一个精美的花囊，一只手拿着精致的花帚，穿着精心设计的服饰，吟唱着自己事先准备的葬花词。这与林黛玉的生活充满艺术气息、身上充满诗人气质、是一个诗化存在的人物形象高度契合。刘心武先生又运用细读技术，找到第十八回"元妃省亲"时点的四出戏。第一出戏是《一捧雪》，脂砚斋评点指出"伏贾家之败"；第二出戏为《长生殿》，脂批说这是"伏元妃之死"；第三出戏叫《仙缘》，脂砚斋评点道"伏甄宝玉送玉"；第四出戏——《离魂》，脂砚斋在这个地方明明白白地写了一个批语——"伏黛玉之死"。刘心武研究了《离魂》这出戏的唱词，结合"黛玉葬花"等进行推理，认为林黛玉偿完泪水后，在一个月光如银的夜晚，把衣饰挂在林间，缓缓走下湖中，再一次上演了令人震撼的行为艺术，像一首绝美的诗一样返回仙境。唉，还真有点道理。

　　《红楼梦》的猜谜运动远远没有停止。还有一个大谜给大家说说，那就是曹雪芹究竟有没有写完全本《红楼梦》？许多学者的观点是：写完了！我们一起来看几个故事情节。贾家被抄家后，王熙凤的女儿巧姐让刘姥姥接回了自己家，她算盘打得挺好，把巧姐嫁给了自己的孙子板儿。落毛的凤凰不如鸡，巧姐就这样当了村妇。这情节与巧姐的判词是一致的，学者们认为高鹗没这水准，续不出这样遵循原意的情节。贾宝玉赴考那天，一大早来向王夫人辞行，宝钗让宝玉不必唠叨了，催促他快出发，中个举人回来，也让她这妻子风光风光。宝玉说道："你倒催得我紧，我也知道该走了。"走哪里去？阅尽世间旖旎，享尽人间繁华，历尽人世悲凉，胡作非为一番，幡然醒悟——大漠之中，青埂峰下。这是贾宝玉灵魂深处的、潜意识状态的语言，高鹗会续出这样的细节吗？真难说。更有说服力的是，宝玉与宝钗虽已完婚，可是身归宝钗心归黛玉，要求自己一个人睡在外面的房间，他要与林黛玉的魂魄相见。与魂魄相见？这不合情理。月光如水洒窗纱，香风一阵袭人来，林黛玉终于款款而来。宝玉这个情痴的形象，在不合情理又合情理的情节中，终于又回来了。学者们认为，在脂砚斋批语里是可以找到曹雪芹写了这个情节的依据的。这许多的证据组成了证据链，证明曹雪芹写完了全书。而书稿借给友人阅读或提修改意见，导致部分遗失。高鹗呢，是个幸运的人，他可能就见到部分残稿，将这些情节写入续书，甚至有些章节可能并未做太多改动。这样的证据基于考证与文本细读被发掘出来，并且不是孤例，推理也基本符合逻辑，所以能够自成一说。

推理虽然有理，但是真是假，仍无法得知。真希望此生还能见到更多的真实的能解开《红楼梦》众多谜团的材料出现，以慰藉心中的这份牵挂。但是，假若我们的教师随着上面的文字，从考据与索隐的家中，取到它山之石，将重理据、重推理、重结果说明的思辨技巧与精神用于小学语文思辨阅读教学，我也会很高兴的。

第七节 《战国策》中的论辩逻辑

那是最差的时代，子废礼弑父，兄纵恶害弟，诸侯背信弃义，百姓长期生活在战乱之中；那是最好的时代，学术上百家争鸣，人人有自由思考的空间，谋士们怀揣政治理想，以才智游说诸侯，用之则行，舍之则藏。《战国策》记录了谋士们令人叹为观止的计谋与精彩的论辩。人们可以用历史的眼光来阅读，也可以从智谋的角度来研习，还可以用文学的视角来欣赏。众多的视角中，有一个视角常被人们忽视，那就是以理性的眼光，思考《战国策》中的论辩逻辑。

非形式逻辑。生活在战国时代的谋士们，为了实现自己心中的抱负，四处游说，他们有的以迂为直，步步为营；有的单刀直入，直击要害；有的分析情势，引经据典；有的抓住机会，顺势反击……《战国策》可谓是祖先留给我们的论辩艺术的宝藏。我们一起看看《西周策·秦攻宜阳》这个故事：

> 秦攻宜阳，周君谓赵累曰："子以为何如？"对曰："宜阳必拔也。"君曰："宜阳城方八里，材士十万，粟支数年，公仲之军二十万，景翠以楚之众，临山而救之，秦必无功。"对曰："甘茂，羁旅也，攻宜阳而有功，则周公旦也；无功，则削迹于秦。秦王不听群臣父兄之义而攻宜阳。宜阳不拔，秦王耻之。臣故曰拔。"

秦国攻打韩国宜阳城，周赧王让大臣赵累预测一下战争的结局。赵累说，宜阳必定会被秦国攻破。周赧王质疑这个观点，认为宜阳不过八里的方寸之地，但有英勇善战的士兵十万，粮食可以支用好几年，附近有韩国丞相公仲的军队二十万，还有楚国大将景翠率领的兵士依山扎寨，相机援救宜阳，秦国一定不会成功。赵累对攻打宜阳的秦将甘茂的处境与战争胜利将带给甘茂的利益进行分析，同时也认识到秦武王的决心，所以坚持自己的观点。君虚心请教，从兵力、粮草、外援等方面有理有据地进行论辩，质疑臣的观点。臣知无不言，从秦军将领的处境、秦王的决心等方面阐述自己的理由。君臣共同营造了一个平等的、和谐的论辩环境，展开了一次双向的、互动的、语用维度的、紧扣主题的论辩，完成了一次完美的非形式逻辑论辩。

演绎推理。《战国策》中还有许多单向度的、符合形式逻辑要求的论辩。我们以《触龙说赵太后》为例。赵太后刚掌握政权，秦国见有机可乘，意图发兵攻打赵国。赵国只好向齐国求救，可是齐国提出一个苛刻条件，要求长安君作为人质。赵太后爱子心切，坚决不同意。触龙在赵太后与大臣们势如水火的情况下去游说赵太后。事情难办啊！触龙这只老狐狸见了赵太后，以迂为直，先同赵太后唠家常，赵太后警惕之心渐渐放下，又有预谋地同赵太后谈论起对孩子的爱。谈着谈着，突然抛出令人惊讶的话语，认为赵太后更爱嫁到燕国成为燕后的女儿，而不真正疼爱身边的儿子长安君，把赵太后引入了自己设下的埋伏中。触龙接下来的话中寓含着这样一个演绎推理：人人要凭借功绩立身于世，这是大前提；长安君是人，且是太后的孩子，这是小前提；长安君要凭自己的功业立身于世，这是结论。这推理不仅符合逻辑，还站在长安君的角度考虑问题，有情有理，这正是赵太后改变立场的原因。

归纳推理。归纳推理是由个别推出一般。《秦策·蔡泽说应侯》是一篇精彩的游说之文。蔡泽仅凭一张嘴，就让范雎把大秦相位让给了他，真是"朝为田舍郎，暮登天子堂"。我们一起来欣赏这场精彩的论辩。蔡泽见到范雎只作揖而不跪拜，对着范雎说："春夏秋冬，四季更替，各有使命。"听话听音，听鼓听声。蔡泽言外之意是要范雎让贤。范雎是什么人？他一眼瞧透了眼前这家伙的小心思，让他拿出点真本事来瞧瞧。蔡泽说，秦国的商鞅、楚国的吴起、越国的大夫文种建立了丰功伟业，为什么没有善终？因为他们没有遇到明君。你范雎地位同他们一样尊贵，你的君主有秦孝公、楚悼王、越王勾践那么贤明吗？人们建立功业，难道不期望功成人在吗？性命与功名都能保全的，这是上等；功名被后世传颂而性命不能保全的，这是次等；名声被世人诟病而性命得以保全的，这是下等。范雎被蔡泽的一番智辩宏论所折服，最终把相位拱手让给蔡泽。在这场论辩中，蔡泽从众多的历史人物及历史事件中归纳出一条道理：功成身退，自然之道。

类比推理。类比推理是根据两个或两类对象的某些属性相同或相似，推理出它们在另外的属性上也相同相似。《齐策·邹忌修八尺有余》耐人寻味。这趣味在于邹忌自知不如城北徐公美，却一次次垂询他人，而被问者人人都认为他美过城北徐公。这趣味在于邹忌从中明白了妻子、小妾、客人都说他美于城北徐公，是因为妻子偏爱他，小妾畏惧他，客人有求于他。邹忌给齐王讲这个故事，意图是让齐王从中领悟一国之君要警惕受别人蒙蔽。其推理形式如下：吾妻私我，妾畏我，客有求于我，所以我受蒙蔽；宫妇左右私王，朝廷之臣畏王，四境之内有求于王，所以王受蒙蔽。类比双方相似、相同，使这个推理具有很强的说服力。齐王认为自己深受蒙蔽，下令广开言路纳谏。

二难推理。二难推理是以假言判断与选言判断为前提的推理。我们来看《秦策·秦宣太后爱魏丑夫》这场论辩。

> 秦宣太后爱魏丑夫。太后病将死，出令曰：为我葬，必以魏子为殉。魏子患之。庸芮为魏子说太后曰：以死者为有知乎？太后曰：无知也。曰：若太后之神灵，明知死者之无知矣，何为空以生所爱，葬于无知之死人哉！若死者有知，先王积怒之日久矣，太后救过不赡，何暇乃私魏丑夫乎？太后曰：善。乃止。

秦宣太后是秦惠文王之妻，在弱肉强食的王宫中，终于成了慈禧太后一样的存在。有了权力也就任性一回，她与魏丑夫爱得死去活来。在自己即将去见先王之际，下了命令，要魏丑夫殉葬。魏丑夫想，玩玩可以，但我可不想死啊。他请出庸芮为他游说太后。这庸芮厉害啊！他对太后说，人死了有没有意识？太后不知不觉进入了圈套，脱口而出："无知。"庸芮说："既然这样，那你为什么要把自己所爱的人带走呢？"并接着说，"如果人死后有知，秦惠文王看见你把自己所爱的人带到身边去见他，他会怎么对你？你弥补自己的过失都来不及了，哪里还有时间与魏丑夫谈情说爱？"魏丑夫凭着庸芮的游说，终于活了下来，是侥幸吗？不是的。这场论辩寓含着这样的推理：如果死者无知，所爱之人殉葬无益；如果死者有知，所爱之人殉葬无益；或死者无知，或死者有知，以所爱之人殉葬均无益。

"一言之辩，强于九鼎之宝；三寸之舌，强于百万之师。"《战国策》中的谋士们为什么可以达到如此境界？这和他们论辩时自觉或不自觉地运用形式逻辑或非形式逻辑有着密不可分的关系。我们从《战国策》中梳理论辩的逻辑，并非出于我们也有的心态，而是为语文思辨阅读提供有益的借鉴。

第二章

批判性思维的心理学溯源

将哲学与教育充分结合的巨匠——杜威，把反省、分析、推理等列为批判性思维的要素。格拉泽认为批判性思维是由态度、知识和技能组成的。罗伯特·恩尼斯识别出6种批判性思维技能，他提出的概念成为批判性思维的经典概念。保罗的批判性思维理论强调批判性思维对道德特征的依赖性，认为批判性思维不能只为某个人服务，而应考虑不同人群的利益。霍尔普恩认为批判性思维是一种有意图的、理性的和指向目标的活动，评价、判断是对"批判性思维"一词中"批判"的正解。斯蒂芬·图尔敏为非形式逻辑做出巨大贡献，非形式逻辑成为批判性思维的代名词。

第一节　什么是批判性思维

看到"批判性思维"一词中的"批判"，有些人心中会有一种复杂的感情。这是对批判性思维没有深入了解而造成的，像家中陈酿，细细品味，一旦品出它的内涵，就会爱不释手。

从中国语境来讲，"批判性思维"中"批判"一词，可以阐释为评价、评审，有些人也将批判性思维理解为理性思维。"批判性思维"这个词是舶来词。美国最早提出批判性思维，20 世纪 20 年代至今，美国都在研究批判性思维，推动批判性思维在教学中的实施。罗伯特·恩尼斯关于批判性思维的定义简洁明了，也许你和他一见面就对上眼了。罗伯特·恩尼斯认为：

> 批判性思维是合理的、反思性的思维，其目的在于决定我们去相信什么和做什么。

对定义的阐释是一种重要的技能，我们不妨自己来理解其中之义。这个定义认为批判性思维是众多思维中的一种。它强调了两个定语：一个是"反思"，在心理学中有明确的意思，是大家的老朋友了；另一个是"合理"。合什么理？合马克思的理，还是合亚里士多德的理？定义中没有点明，在西方语境下，合理即合于理性，是无须点明的。这个定义的后半部分指出，批判性思维的目的是决定我们相信什么和做什么，这里罗伯特·恩尼斯指出了批判性思维的理性品质。一个人相信什么，不是随便相信的，需要找出证据，合理推理，科学论证，得出结论。经过理性的思考，将相信的东西付诸行动。于是可以得出这样的结论：决策的过程是理性的，行动也是理性的。这是这个定义的基本内涵。当然，若要深入理解罗伯特·恩尼斯的思想，还需看他著作的其他部分对批判性思维的阐述。

我们再来看下面的定义：

> 批判性思维（Critical Thinking）就是通过一定的标准评价思维，进而改善思维，是合理的、反思性的思维，既是思维技能，也是思维倾向。

简单比较一下，我们会发现，这个定义与罗伯特·恩尼斯的定义有相同的地方，但是蕴藏着更多不同之处：这个定义指出，批判性思维是一种思维技能。那么是一种具有什么特质的技能？这是一种反思性的技能，这种技能是在运用标准对思维进行评价的过程中习得的。我们发现，罗伯特·恩尼斯的定义里没有这一点。批判性思维的目的是改善自己的思维，那么怎么改善？在运用标准对思维进行评价的过程中获得改善，仔细品味，此中也有反思的意味。更突出的是，这个定义还指出批判性思维的另一个重要内容——批判性思维具有倾向性。

20世纪90年代，美国哲学学会运用"反复询问+专家意见+直观结果"的方法，得出关于批判性思维的概述：

> 批判性思维是有目的、自我校准的判断。这种判断表现为解释、分析、评估、推论及对判断赖以存在的证据、概念、方法、标准或语境的说明。

这个概述里有几点值得我们关注：一是"自我校准"，这个短语与元认知或反思有许多相似之处；二是它指出批判性思维表现在解释、分析、评估、推论等方面；三是对自己的解释、分析、评估、推论等思维所持的证据、概念、方法、标准或语境进行有条理的说明。其中"标准"一词千万不要忽视。许多专家认为批判性思维是一种说明标准，同时也是一种运用标准进行评价的思维。

众多的定义从不同角度指出批判性思维的内涵，这个现象侧面反映了人们对批判性思维研究的深度与广度。有没有共识的定义？有的。一个超过45位成员的国际专家组达成了这样的共识：

> 批判性思维是有目的、反思性的判断过程。这个过程对相关证

据、背景因素、探究方法、知识标准及概念进行合理运用和考察，以决定相信什么或者做什么。本质上，批判性思维是一个过程。它的目的是利用推理来做出至关重要的决定，理解和解决各种各样的问题。

共识是人们的普遍认同。以滴水穿石的精神反复阅读这个共识，我们可以发现，它继承了罗伯特·恩尼斯"决定相信什么或者做什么"的观点，指出决定相信什么和做什么是在推理的基础上做出的。其中的推理，我们认为强调的就是一种逻辑的演绎的精神。在推理的过程中，要对证据进行考察，考察证据本身是否科学可信，考察证据与观点之间是否具有逻辑强度等；要评价探究方法是否具有科学性，如果方法错误，必然影响结论的正确性；背景是事物存在的环境，要做出符合实际的正确的推理，必须对背景因素进行分析；推理离不开概念，要对所运用的概念进行考察，澄清概念的内涵，关注前后概念是否具有同一性，有没有偷换概念等。这个共识还指出，批判性思维的目的是解决问题，这与美国 20 世纪 80 年代在全球贸易中所占比重下降的背景紧密相关。

研究批判性思维的定义，目的是深入批判性思维的内核，从本质上把握批判性思维，提升自己的理论修养，为探索批判性思维与思辨的联系做好准备。

第二节 杜威——批判性思维第一个框架

人能够把自己的思想当作思考的对象。20 世纪初，美国的学校课程繁多，课堂上满堂灌的现象也普遍存在。教师们常把学生当成"物"，当成知识的容器，学生的学习主体地位得不到尊重。美国经验主义哲学家杜威，看见黑格尔反省思维的巨大价值，提出在学校训练学生的反省思维，在他的《我们如何思维》一书中，指出反省思维的一些特点，提出训练学生反省思维的一些做法。一百年转瞬即逝，但是杜威的思想仍然能够为我们开展批判性思维教学提供有益的营养。

杜威认为反省思维不是人脑中像意识流一样的思维。人们坐在山前，任天外白云舒卷，任脑中思绪像流水不断，杜威认为，这样的思维不是反省思维。人们在日常的生活中少不了与别人交往，别人的思想、信念偷偷扎根在你的脑子里，而没有经过你这个主人的询问、检查、评估，这样的思维也不是反省思维。那在杜威眼中，什么才是反省思维？杜威没有给出明确的定义，也许他也不喜欢用定义去把握反省思维。但是他告诉我们，反省思维是有目的的，是朝着问题或疑难的解决而去，是受目的控制的。针对问题或疑难，持续、反复地思考问题与疑难的本质，选择合适的解决方案，根据方案不断探究，得出结论后反复验证。在这个过程中，反省思维者是负责任的、谨慎的、逻辑理性的。许多人在解读杜威的反省思维时，都把负责任的态度和逻辑理性精神忽略了，而这正是批判性思维非常重要的品质。可以这样说，反省思维常常是从问题、疑难处开始，而以清晰、确定的结论结束。

人们评价杜威是把自己的哲学思想与教育结合得最好的哲学家。杜老先生提出反省思维，没有停留在口头上，他又提出反省思维训练的五个阶段。

第一阶段：暗示，即寻找可能的解决办法。举个例子来说，在生活或学习中，当我们发现自己"陷入困境"时，自然而然就会开始着手问题的解决。如果解决这个问题只有一条思路，那没得选择，放心去做就成了。可是，解决问题不会如此简单。只要一思考，就有许多的观念、思路、方法、细节随之涌现。这些观念、思路、方法、细节有的可能还是相互冲突的，怎么办？这时反省思维就被唤醒了，邀请理性、逻辑一起参与评议。

第二阶段：理智化，即对疑难进行分析，并且形成问题。遇到疑难，人的理性与逻辑就会组织脑中的知识开研讨会，分析问题、疑难的本质是什么，经过一番比较、分析、推理、判断，人们终于认识到问题的本质，而与解决问题无关的东西会被反省思维暂时搁置。

第三阶段：假设，即提出解决疑难的方案。人们在充分分析了问题，找到问题或疑难的本质的基础上，提出自己的解决方案。反省思维清楚地知道自己在做什么、哪些知识会帮助问题解决、怎么做最合目的性。方案一旦形成，反省思维会对方案进行评估，找出不合理的地方，并不断完善。

第四阶段：推理，即人们依据所具有的知识和观察的事实进行初步推断。理性思维对现有的材料进行检验、论证，对观察的事实进行判断，依据现有证据做出推断，并认真检查推断的过程是否符合逻辑。

第五阶段：检验，即用行动或想象检验假设。举例来说，哥伦布把大地"想"成球形的时候，和他的同伴提出了一系列其他的假设，并采取行动，最终成功验证他们提出的假说。如果成功之后，他们回顾成功过程，这时反省思维就会跳出来总结经验与教训。

杜威将反省思维看作一个解决问题的过程，初步区分了反省思维、形式逻辑和语言之间的关系，把分析、综合、判断、理解、推理、假设、检验作为反省思维的基本要素，认为反省时逻辑伴随着反省的过程。他还认为反省时反省主体要有谦虚的精神、负责任的态度、专注的思考，也就是反省思维包括态度、习惯、责任感等因素。在杜威看来，既要发展个体的逻辑推理能力，也要发展个体反省思维的习惯。他说："个人态度和逻辑方法并不是对立的。"杜威对反省思维的结构分析形成了批判性思维研究的第一个框架，确立了批判性思维在很长一段时期内基本的发展方向。

第三节 罗伯特·恩尼斯——相信什么和做什么

"批判性思维是合理的、反思性的思维，其目的在于决定我们去相信什么和做什么。"罗伯特·恩尼斯一出手就提出一个让人赞叹不已的定义。这定义明确指出批判性思维的理性属性：相信什么和做什么由理性、逻辑说了算。有许多研究者看了恩尼斯给出的定义，肯定了这个定义的精妙，也拿起批判性思维这个武器，指出定义将批判性思维态度、创造性思维等方面的要素排除在外。恩尼斯解释说，与其说这是一个定义，不如说这是一个观念更加合理。恩尼斯道术高明，也用批判性思维中的阐释说明化解了别人的批评。

恩尼斯这位大腕不仅给出一个经典的批判性思维的定义，还深入研究了批判性思维的结构要素。在研究初期，他识别出 6 种批判性思维技能，它们是注视（Focus）、推理（Reasons）、推论（Inference）、情境（Situation）、澄清（Clarity）和总的评价（Overview）。这 6 种技能简称 FRISCO，系以上 6 个英语单词第一个字母的组合。我们想对此谈一番认识，但是读者们一定想先听听恩尼斯本人是怎么解释这些要素的。恩尼斯指出：

注视：指在面对任何情境和处理任何问题时，找出主要的观点、问题。

推理：指为一种结论提供支持，它以经验证据或逻辑分析为基础。

推论：包括从给定的理由中得出结论的过程。在批判性思维中，推论的主要任务是检验某种结论是否能得到所给出理由的支持和结论是否确实有保证。

情境：指批判性思维的情境。在批判性思维过程中，当考虑一种争论或问题的重要性时，必须在广泛的问题背景下进行。

澄清：指明晰争论中所使用术语的意义，以及它们是如何被使用的，描绘出它们意义的独特性以避免混淆。

总的评价：指回头再审视批判性思维的前五步，进一步检查整个过程各组成部分之间的一致性。

恩尼斯并没有止步于提出 6 项要素，他又将 6 项批判性思维技能细分为 15 项：

（1）以问题为中心；（2）分析论据；（3）寻找、回答要澄清或要提出挑战的问题；（4）判断信息来源的可信度；（5）观察并判断观察报告；（6）演绎并对演绎进行判断；（7）归纳并对归纳进行判断；（8）做出价值判断并对之进行判断；（9）定义术语和判断定义；（10）对未陈述假设的态度；（11）根据前提、理由、假设、立场和其他的主张考虑它们是否一致或在什么地方它们是可疑的，不让这种不一致或可疑干扰思维；（12）综合其他的能力和倾向做出决策或为决策辩护；（13）以一种适合该情境的有序的方法（如遵循问题解决的步骤）解决问题；（14）对感觉、知识水平和其他人的强词夺理的程度敏感；（15）在讨论和表达思想中使用适当的修辞策略，包括以适当的方式对谬论做出反应。

恩尼斯认为在这 15 项技能中，前 12 项能力是构成性的，也就是说，前 12 项技能是一个合格的批判性思维者必须具备的技能。仔细阅读前 12 项技能，许多都不陌生，我们熟知它们却未必真正理解它们。后 3 项是辅助性的，尽管辅助性能力在很多方面是非常有用的，但它们不是一名合格的批判性思维者所必备的。

沿着自己提出的批判性思维结构要素，恩尼斯深入地表钻探，对以上 15 项技能分别展开细致的研究，分别提出 15 项技能的评价要素。例如，对于上面提到的第 4 项技能——"判断信息来源的可信度"，恩尼斯列出了以下 8 项评价要素：

（1）专业素质；（2）没有利益冲突；（3）与其他来源一致；（4）声誉；（5）使用既定程序；（6）清楚对声誉造成的风险；（7）能

够给出理由；（8）谨慎的习惯。

这8项评价要素指出，人们在判断信息来源时，要关注信息的专业程度，选择、利用专业的信息；要与其他信息进行比较，不怕不识货，就怕货比货；要评估信息风险，对待信息持审慎的态度，不人云亦云，不盲目跟从……这8项评价要素既能够指导人们判断、选择、利用信息，也是对批判性思维态度与技能进行评价的量规。

恩尼斯提出的批判思维技能理论，建立了一个较完善的批判性思维结构框架及评价标准体系，为批判性思维教学提供了许多有益的借鉴。教学中要把批判性思维技能与批判性思维倾向同时空发展。

第四节　霍尔普恩——批判性思维是善意的

霍尔普恩是一位著名的心理学家，他在批判性思维的土地上培育出一个花园，结出累累硕果。他对批判性思维有自己独到的理解。他给出的批判性思维观念是"能增加获得期望结果可能性的认知技能和策略的运用"。

这句话背后的含义可不少。如果把这定义当成一块大筒骨，慢慢吮吸其内有骨髓，我们可以品到非常美妙的东西。霍尔普恩认为批判性思维是认知的技能和策略。掌握了批判性思维的认知策略，不一定必然实现人们心中的期望，但是可以增加期望实现的可能性。这可能性从何而来？从理性思维中来。可能性不是必然性，可能性中还存在未知性、不确定性。多么理性的观点，这与现实世界高度符合。好好品品，我们发现这定义好像是一位经历了风霜的智者和你说的悄悄话。

结构主义是有存在的理由的。研究一项事物，不研究它的整体框架，不研究构成框架的要素，就无法抵入研究对象的内核。霍尔普恩对批判性思维具有自己的真知灼见。我们来看看他的批判性思维框架结构与结构要素。

霍尔普恩批判性思维家庭有三个子女，分别是倾向与态度、批判性思维技能和指导与评价思维的元认知。你看，他特别重视批判性思维倾向与态度这个"长子"，还邀请元认知也加入他的家庭。与恩尼斯相比，我们好像穿越了幽深的林间小路，突然看到了开阔的平原。他的这个"长子"究竟长成什么样，我们一起请他出来亮个相：

（1）积极投入批判性思维的意愿和坚持解决复杂问题的决心；

（2）善于计划和控制冲动性的活动；

（3）灵活和思想开放；

（4）愿意放弃非建设性的策略，善于进行自我纠正；

（5）对需要克服的社会现实敏感，善于将思想变为行动。

还别说，这"娃"真值得我们评头论足一番，你看，这"娃"有积极投入批判性思维活动的意愿，没有这个意愿，那些技能即使学会了也不会运用。你若和他说两句，会发现他是个理性的人，他制订合理的计划，控制自己的冲动言行，思想灵活而开放，不固执于个人意见，甚至从善如流……如果我们自己的孩子也具有这样的软实力，内心一定是喜滋滋的吧！霍尔普恩的二儿子叫批判性思维技能，外貌与性格上也有他的独特性。

（1）语言推理技能。包括理解和反对那些包含在日常生活语言中的说服技术所需要的技能。

（2）论题分析技能。论题往往是劣构的问题，分析论题是分析已经说明和没有被说明的假设、冗余的信息等。

（3）假设检验的技能。假设检验的基本含义是人们像没有教师指导的科学家一样进行解释、预测和控制事件。这类技能包括概括、适当的抽样、精确的评价和保证效度等。

（4）概率和统计技能。人们生活在一个概率世界，做决定时，要正确使用概率知识进行分析，评估概率和不确定性的程度，以做出正确的判断。

（5）决策和问题解决技能。批判性思维技能与决策和解决问题紧密相关，它们包括抽取出替代的假设；在其他的假设中进行选择，以及对它们进行判断的技能。

（6）认知监控技能。监控技能被定义为"我们知道自己知道什么"以及使用这些知识去指导和改善思维与学习过程的能力。

假如我们用恩尼斯家的"娃"作参照，他们这两个"娃"，脸形相似度很高。分析、推理、决策、问题解决都是他们的共同点。千人千面。霍尔普恩家的"娃"有一个突出的地方——概率和统计技能。这个时代，人类的生产生活方式发生巨大变化。人们的生活与概率紧密相连，股票、球赛、网购都有概率问题，聊个天儿、刷会儿屏、看部电视剧都会遇到统计数字。我们需要一双火眼金睛，识别数据，分析数据中的真与假，利用概率与统计技能做出正确的判断。

霍尔普恩也对自己的"娃"设置了许多评价要素。比如针对"分析原因"这项技能，他给出了"对有关的心理目标进行分析""给出支持一种结论的理由""把无关的资料综合在一个更广阔的框架之中，并在解决问题中使用类比"等评价要素。我们可以尝试着概括他的理论的一些独到之处。

首先，霍尔普恩认为批判性思维是一种有意图的、理性的和指向目标的活动。解决问题、推理和决策等活动都涉及批判性思维。我们应关注"有意图""理性""目标"三个词。这个观点与杜威的观点有许多相同之处，可以说是从杜威的观点发展而来。

其次，霍尔普恩认为评价是批判性思维的重要组成部分，既包括对思维的结果进行评价，也包括对思维的过程进行评价。评价、判断之意，正是对"批判"这词在批判性思维中的正确解读，而不是人们平常认为的批判就是揪出别人的错误，甚至对他人吹毛求疵那样，评价与判断可以为改进思维过程提供精确的反馈。

最后，批判性思维技能是一种高级技能，它需要判断、分析和综合，是反省性的、对背景敏感的、可以自我监控的。霍尔普恩对批判性思维特征的分析暗示着批判性思维在性质上是善意的，这是我们认识批判性思维不可忽视的出发点。

第五节　理查德·保罗——追求思维评价与改善

　　理查德·保罗是批判性思维专家。他认为人的生活质量与思维质量密切相关。凭这一句话的含金量，他也应该具有著名的资本。更令人信服的还有一句："批判性思维的关键是分析和评价思维并改善之。"这是他对批判性思维的观念。他将批判性思维分为四个部分，分别是思维元素、理性标准、理性情感和理性特质。批判性思维有哪些思维元素呢？主要包括目的、问题、信息、假设、推论、概念与效应。前面的要素都好懂，而效应是指影响力等内容。

　　好吃的饭店前车水马龙。打通人们任督二脉的理论常被人引用。针对思维要素，保罗提出著名的批判性思维的评价标准，共有 9 项。清晰性，指人们对别人或自己的思维进行评价时，首先必须清晰，语言混乱之处无物存在；准确性，指真实反映事物的样貌与性质；精确性，指理解与解决问题要有具体细节；相关性，要求对问题有直接关联；深度性，要求透过事物表象直抵内核；全面性，要求全方位评价思考者思维的广度；重要性，指向问题本质的把握；逻辑性，要求人们思想相互支撑形成意义；公正性，指排除个人偏见。保罗认为批判性思维是理性思维，它还应具有勇气、谦逊、诚实、毅力、坚信推理和自主思考的品质。保罗提出的评价标准被人们广泛引用，因为他道出了批判性思维的许多真理。

　　1995 年，保罗指出世界在飞速发展，信息在快速过时，又在几何级别地涌现，世界进入信息时代。我们来看一个用保罗的批判性思维评价标准对信息进行识别与评价的案例。

　　《头条新闻》数据显示，中国中小学生智能手机拥有率已经达到近 70%。许多中小学生把智能手机带进学校。智能手机进入校园，弊远大于利。带智能手机进校园的学生，课堂注意力常常不集中，有些学生在课堂上偷偷发微信，有些学生在课堂上偷偷玩游戏，影响了班级学习风气。完成作业时，常有学生自己不思考，利用手机查找答案，影响学业成绩。晚上熄灯后，有些自控力差的学生，在被窝里玩游戏、看网络小说，手机成了中小学生近视率居高不下的罪魁祸首。我们还看到有个数据，中小学生使用手机，大脑受到的辐射比成年人高出48%，严重影响学生身心健康。某学校的一个学生不服从手机上交教师管理的规定，与教师产生矛盾，用舍弃生命的方式威胁教师，给教师的管理带来巨大挑战。来自江西、广东的多位全国人大代表多次向全国人大建议禁止智能手机进入校园。虽然手机进入校园给学生联系家人、查找学习资料等方面带来方便，但可谓百害一利，我们要求学校统一禁止学生带智能手机进入校园。

分析这一段话，我们一眼就可识别，其目的是禁止智能手机进校园。分析其证据主要有以下几个方面：智能手机进校园分散学习注意力，完成作业懒于思考，损伤视力，无益于心理健康，不服从教师管理的个别学生与教师产生矛盾。在摆事实的同时，引用全国人大代表多次建议以增强说服力，意图达成目的。

前文的分析中，我们提到了保罗关于批判性思维中目的、证据、概念、效应等要素，现在我们用保罗给出的尺子量一量这段话。上面这段话的个人观点表述清楚，没有含混不清的状况，符合清晰性的标准；多方面提供了证据，这些证据支持了结论，所以准确性这个标准做得不错；全篇围绕禁止智能手机进校园进行论证，利用名人与数据，摆事实讲道理，逻辑清楚。按照保罗批判性思维评价的其他标准来看，这段话也存在诸多问题，"中小学生使用智能手机，大脑受到的辐射比成年人高出48%"这个数据不一定科学，来路不清。提出禁止智能手机进校园有力证据，也指出智能手机进校园的好处，符合公正性、客观性。在深度上，只描述一串事实，没有展开深入分析，有停留在表象之嫌。按照保罗的评价标准，我们在分析中体会到批判思维要素的实际内容与评价标准的实际运用。

保罗的批判性思维理论还强调批判性思维对道德特征的依赖性，认为批判性思维不能为某个人服务，而应考虑不同人群的利益；认为批判性思维是以思维为对象的思维，强调自我调节的反省认知活动是批判性思维技能的一个核心；认为高级的批判性思维不仅需要思维技能，还应该包含态度、倾向、热情和心理特质在内的情感维度，情感维度是有效使用批判性思维高级技能的关键，需要指出的是，这里说的情感，是指对批判性思维及实践的一种激情；认为一个批判性思维拥有者，既能对别人的观点进行批判性思维，也能对自己的观点、意见、假设和世界观进行批判性思维，能从总体上理解和把握事物，能与具有不同世界观和文化背景的人展开平等的对话。保罗的思想让我们对批判性思维有了更深、更全面的认识。

第六节　佩里——批判必须保持距离

佩里是哈佛大学著名的认知心理学家。他没有从事批判性思维研究，但是他对教育经验进行总结，在对学生相信知识是什么以及知识与自己的关系的调查研究的基础上，提出大学生思维发展的三个层次九个阶段的学说。他从认知角度提出的学说与批判性思维有着千丝万缕的联系，对批判性思维研究有着许多有益的启示。让我们玩一回游戏，穿越回大学时光，重新回味批判性思维在我们身上的发育伸展之路。

刚进入大学的我们，好像久困浅水洼的小鱼、小虾来到大江大河。新的同学、新的环境、新的老师，给我们带来了无限的憧憬。虽说已跨进了大学之门，但是多年的学习经历，让我们觉得这个世界的事物非黑即白、非此即彼、非对即错，思维往往处于朴素的二元对立阶段。课堂上遇到问题，总会问"正确答案是什么？"我们还想用中学时古老的"船票"，意图登上大学新的"客船"。我们心里悄悄责怪站在讲台上的老师，"你们的问题，我们不会分析，不知如何解决，更得不出结论。你们是知识的精英，我们无法质疑你们。你们有正确答案，藏着掖着干什么？玩捉迷藏吗？你们直截了当告诉我们正确答案，我们记住那些已被确认的规律，在适当的时候重述这知识，不就成了吗？还有你们提出的那些问题，你一会儿介绍这个是权威观点，一会儿介绍那个是著名结论，不同的观点、不同的理念老在我们脑中打架。唉，听了一段时间的课，我们又渐渐觉悟，相信权威的研究结果也许是错的，在一些领域，还没有人能给出大家满意的真正的知识"。这就是佩里说的二元论阶段。

世事如棋局局新。在大学的林荫小路上，在未取名的湖水边，蓦然间，我们发现自己的观点未免武断。虽然世界是多姿多彩的，但人们只确切地知道它的一部分，另一部分是人们尚不能确切地知道它的真相的。我们会为自己认知的进步沾沾自喜，心想知识只不过是一种观点，知识的普遍意义是不存在的，甚至整个世界是相对的，我们每一个人都有权利发表自己的意见。我们身边的教授们并不是拥有正确答案的权威，他们也只是持某种理论、某种观点的人，他们的每种观点都是有价值的，于是，我们也渐渐生长出对权威的挑战之心。我们渐渐融入学习与讨论之中，不识庐山真面目，只缘身在此山中，我们不知不觉地陷入了相对主义的窠臼之中。我们变，教授也在变。他们时常要求我们提供证据以证明观点，我们逐渐认识到观点与证据之间的关联是重要的，看到老师努力改变的是我们的思维方式、做事方式，好像想把我们从陷阱里搭救出来似的。佩里把这个阶段称为多元阶段。

山不是山，水不是水。我们深切感受到，世界的复杂性在学习的进程中逐渐展开，世界展现在我们眼前的图谱经常不是清晰的。我们每天与各种各样的知识打交道，每一种知识都有它自己产生的背景，判断、评价一种知识，需要在逻辑中分析和评价，这让我们好像越来越接近真理，心里越来越有底气。教授们继续要求我们提供观点的证据，我们逐渐学会辨别什么证据是无力的，怎样的证据是无效的。在表达自己对知识的观点时，我们边学边试着理性地取舍证据，根据抽象的学术规则进行论证。佩里告诉我们，此时的我们已站在了相对主义阶段的门槛上。

教授耳提面命，同学相互研磨。我们渐渐能够把学术中追求存在复杂性和多样性的观点转变为个人的世界观，并用它小心翼翼地鼓动自己人生的小船驶向人生的彼岸。我们在思考、探索学术问题时，已经能用理性的眼光进行审视，抛弃了片面、主观、冲动，告诫自己要与被评价的问题保持应有距离，负责任地、公正地给予评价。保持应有距离是什么意思？就是保持理性精神和客观的态度。此刻，祝贺我们来到了信奉相对主义的阶段。

综观学生思维发展的几个阶段，我们看到学生心智发展不是线性的，在发展过程中也许会出现暂停，甚至还会倒退，由高级倒退到早期的阶段，甚至会出现逃避，把自己封闭起来，但这样的状况不会长久持续下去。佩里描述的理论，总体上符合青少年认知发展的规律，在教育界产生重要影响。在学生认知发展的过程中，我们看到了在理性精神与逻辑力量参与下，学生的观察、判断、抽象、反省等多种思维反复对话与构建，也看到学生责任意识不断增强，逐渐学会承担责任。可以说，这个过程也是一个批判性思维发展的曲折过程。佩里的理论为批判性思维教学提供了有益的启示。

第七节　斯腾博格——元成分是智慧的天眼

中国人对"三"这个数字有特别的感情，例如"三打白骨精""三打祝家庄""三气周瑜"。斯腾博格是大家耳熟能详的信息加工心理学家，他好像也有相同的爱好。"分析智力、创造智力、实践智力"是他的智力三元论，"选择性编码、选择性比较、选择性综合"是他的洞察力三部曲，"亲密、责任、激情"是他的爱情理论三要素，"操作成分、知识获得成分、元成分"是他的信息加工三成分。他的信息加工三成分中的"元成分"，有人称为元认知，有人称为反省，这个成分与批判性思维关系十分密切，斯腾博格对它有着独到的见解，我们可以从信息加工理论的角度探讨其与批判性思维的内在关联。

在斯腾博格以前，许多心理学家就提出了信息加工过程中的反省认知这一概念。弗拉维尔认为反省认知包括：（1）反省认知知识；（2）反省认知体验；（3）目标；（4）行为。他认为反省认知的核心意义是对认知的认知，它一方面认识主体心理活动的心理状态、能力、目标，另一方面对主体心理活动进行计划、监控和调节。关于反省认知，当时心理学界许多专家观点各有侧重。斯腾博格将反省认知称为"元成分"，展开了深入的研究与阐释，他的观点得到大部分人的认可。

斯腾博格把信息加工分为三种成分：操作成分、知识获得成分和元成分。他认为操作成分指解决问题时所使用的加工成分，包括编码、推理、策划、应用。知识获得成分指在获得新信息时运用的加工过程，包括选择性编码、选择性综合和选择性比较。选择性编码指从无关信息中筛选出有关信息；选择性综合指把选择出的信息以某种有意义的方式整合起来；选择性比较指在新编码或新综合的信息与原先储存的信息之间建立联系。元成分则是制定策略、分配资源的过程。

元成分包括九个方面：（1）认识到需要解决什么问题；（2）对完成任务需

要的较低序列成分进行选择；（3）对较低序列成分之间的各种联合的策略进行选择；（4）对信息的一个或多个的心理表征与组织形式进行选择；（5）成分性资源的定位；（6）对问题过程的监控；（7）理解反馈的意义；（8）判断如何在反馈的基础上行动；（9）根据判断进行行动。

从斯腾博格元成分九要素可以解读出许多有指导意义的内涵：元成分是有明确目的的，是指向问题解决的；元成分权衡与选择解决问题的策略；当一个信息需要储存或输出时，元成分决定并选择信息表征的形式；就像智慧的眼睛，元成分盯住操作成分解决问题的进程及细节，接受操作成分反馈的信息，及时调整解决问题的策略与方案。解读这些要素，你会忽然发现批判性思维中的反省与斯腾博格提出的元成分真是珠联璧合。

斯腾博格说，元成分有三种作用：一是在制定的策略范围内选择操作成分和知识获得成分；二是在问题解决过程中使控制活动和自主活动协调起来；三是对情境做出反应并在信息加工的过程中纠正错误。斯腾博格对三成分之间的沟通关系做出解释，他认为元成分可以直接从操作成分、知识获得成分中获得信息反馈，也能直接对操作成分、知识获得成分进行激活、干预；而操作成分和知识获得成分之间的沟通渠道不是直通的，要通过元成分周转而实现激活。他的三元智力论中，元成分是非常重要的一个成分。

斯腾博格区分的元成分的九要素与批判性思维有着密切的关系，都强调对认知的认知，强调理性可以审视自身、监控自身、调节自身。但是，人们没有从斯腾博格的元成分里发现反省认知体验的踪迹。许多人认为，批判性思维领域引入反省认知的同时，也要将反省认知体验一起引入。

不论是认知心理学还是信息加工心理学，都有许多学者提出反省认知或元认知，他们的观点同中有异，但大同小异。理解这些学者的反省认知理论，能更加清楚批判性思维中反省认知的部分内涵与联系，当然也有利于认识到批判性思维中的反省与元认知之间不能画等号。这里我们不再论及其他学者。

第三章 批判性思维的哲学溯源

巴门尼德把人类从经验的不可靠中唤醒，芝诺发现了藏在事物背后的逻各斯，实现了西方历史上人类理性精神的第一次飞跃；亚里士多德创造了逻辑学，提出了三段论，促进了理性精神从低向高、层层递进、不断超越的无限有序系统，催生了西方历史上人类理性精神的第二次飞跃；"我思故我在"的笛卡儿，以怀疑一切的精神，要求一切知识必须在理性的法庭上陈述存在的理由，成就了西方历史上人类理性精神的第三次飞跃；"钻石王老五"康德的批判精神，为人类理性划界，首次使理性成为人类一切认识、道德和历史活动的最高原则，创造了西方理性精神的第四次飞跃。打开人类思考的殿堂，看见人类理性精神的发展之路，也就基本可以看清批判性思维或称之为思辨的东西在哲学中的生长之路。

第一节　巴门尼德与芝诺——理性的觉醒

认识一个人，总要翻一翻他的档案。思考一个事物，往往要把它置于历史语境下进行考察。不对某一概念的历史进行梳理，必是无源之水、无本之木，因为每个概念都是被把握在思想中的那个时代。批判性思维的发展也有其历史。我们精心选择几位对于批判性思维有重要启示或论述的西方哲学家，对他们在这方面的思考作简要的介绍，从哲学上理清批判性思维的大致来路。

巴门尼德大约出生于公元前 515 年。他之前的许多哲学家在思考世界的"始基"，有的认为世界的"始基"是"火"，有的认为是"气"，有的认为是"水"。毕达哥拉斯认为是"数"。这些哲学家的观点，与自己对宇宙、世界的观察有着千丝万缕的联系，他们的观点太具体，无法普遍解释这个世界，人们把这些哲学家称为自然哲学家。

巴门尼德继承与发展了自然哲学家的思想。遗憾的是，巴门尼德的著作大多遗失，仅保留了一些残篇：

> 一条是：存在者存在，它不可能不存在。这是确信的途径，因为它遵循真理。另一条是：存在者不存在，这个不存在必然存在。走这条路，我告诉你，是什么都学不到的。因为不存在者你是既不认识，也不能说出的。

人类是最具好奇心的动物。越是残篇，越是有人希望研究它。巴门尼德用"存在"这个词，替换了自然哲学家们的"火""气""水"。巴门尼德的"存在"与人们口中的"存在"，意思并不相同。许多哲学研究者把巴门尼德的"存在"理解为"事物的本质""真理"等相近的意思。巴门尼德就这样开启了人类探索真理的哲学之路，架起从自然主义哲学通向古典哲学的桥梁。因为翻译的原因，"存在"一词与巴门尼德的原意可能有出入，引起的思辨之火至今未熄。但是，有没有相对确定的说法呢？有的。巴门尼德的话可以理解为：世界是有真理的，真理是可以被思维把握的，是能在规范的语言中得到表述的（据北京大学王路研究，其中的规范最有可能就是指逻辑。这为亚里士多德创立逻辑学提供了借鉴）。追求真理要沿着真理之路，用感观寻求真理之路是死路。我们再来读一段巴门尼德著作残篇中的片段。

> 你应当经验一切：圆满真理的不可动摇的核心，以及不含任何可靠真理的凡人的意见。意见虽然不含真理，你仍然要加以体验，因为必须通过全面的彻底研究，才能制服那种虚幻之见。要使你的思想远离这种研究途径，不要遵循这条大家所习惯的道路，以你茫然的眼睛、轰鸣的耳朵以及舌头为准绳，而要用你的理智来解决纷争的辩论。你只剩下一条道路可以大胆前进。

我们快速浏览这个片段也可以知道，巴门尼德认为，人们的经验是不可靠的，甚至是虚幻的，追求真理不能"以茫然的眼睛、轰鸣的耳朵以及舌头为准绳"，因为感观中不一定存在真理。那些以世俗意见为真的人，正如"又瞎又聋"，他们"无所适从，为无判断力的群氓所推动"而"终日彷徨"。人类的理性就这样被唤醒了。

芝诺是巴门尼德的学生，"飞矢不动"是芝诺的"杰作"。

> 芝诺问他的学生："一支射出的箭是动的还是不动的？"
> "那还用说，当然是动的。"
> "确实是这样，在每个人的眼里它都是动的。可是，这支箭在每一个瞬间里都有它的位置吗？"
> "有的，老师。"
> "在这一瞬间里，它占据的空间和它的体积一样吗？"
> "有确定的位置，又占据着和自身体积一样大小的空间。"
> "那么，在这一瞬间里，这支箭是动的，还是不动的？"
> "不动的，老师。"
> "这一瞬间是不动的，那么其他瞬间呢？"

"也是不动的，老师。"

"所以，射出去的箭是不动的！"

芝诺师生一起推理出一个影响巨大的悖论。你看，哲学家都有点脑袋被什么碰着磕着的感觉。我们三岁玩游戏时，就知道这个结果一定是错误的。但是，有没有合理的地方？有。我们从芝诺的推理过程中经历了逻辑的洗礼，从这个悖论也可看见逻辑之一斑——可以脱离具体内容，而只关注形式。

巴门尼德认为感观无法达到真理，真理只能用思维把握，指出了经验的荒谬之处。他的理性精神与他的学生芝诺的逻辑精神，正是批判性思维最早的源头。

第二节 苏格拉底——平等对话中的思辨

苏格拉底出生于公元前 468 年，这是人类历史上群星闪耀的时代，被称为轴心时代。苏格拉底是这个时代独一无二的最亮眼的那颗星星。

当时，有一拨哲学家，他们被称为智者，普罗泰戈拉便是其中一位代表。他认为"人是万物的尺度"，认为个人在知识问题上是他自己的法则，所有个人观点都可以是对的。苏格拉底认为，这怎么可能？要是这样，这世界不是没有确定性了吗？他认为如果怀疑论是时代的最终结论，那么我们就没有希望逃脱流行在人生观中的虚无主义，他相信世界有确定性。

另一拨被称为自然哲学家的人，则热衷于讨论宇宙是怎样形成的、什么力量产生了天体。苏格拉底认为，当时思考、探索这样的问题不会有什么结果。苏格拉底反对智者派的认识论，又不研究宇宙问题，那他研究什么？他更关注人世间什么是美、什么是丑、什么是高尚、什么是卑鄙、国家是什么、政治国家是什么，这就是人们常说的"苏格拉底把哲学从天国拉回人间"。

苏格拉底要解决这些问题，从哪里入手呢？可以说是从人们习以为常的观念切入的。他认为进入人脑中的每一个观点都是偶然的。人脑中的许多观点是混乱的、模糊的，许多观点是未经理性审查的、思辨的。人们基于自己的信念，接纳了许多的偏见。人们常常信口开河，并没有为自己的观点提供理性的辩护。所以，在苏格拉底看来，当前人们最迫切的任务是理解术语的真正意义，使自己的观念清晰起来。当人们提出观点时，应当提供理由证明自己的论断，要思考而不是去猜测，用事实来证实自己的理论，并不断修正自己的观点。他以"神谕要求他通过向别人提问检查他自己"为己任，与青年、老人、妇女一起讨论，并不断诘问，引导人们在历经思维的困境后，获得新的正确的观点、定义。苏格拉底拯救人类，连妇女也不放过，真是可爱的疯子。

有一次，他与一个叫欧提德莫斯的青年进行了一场关于"什么是正直"的

讨论。这讨论被热议了 2000 多年:

苏:"好吧,请问虚伪是正直的呢,还是不正直的呢?"

欧:"当然是不正直的。"

苏:"欺骗呢?"

欧:"不正直。"

苏:"偷盗呢?"

欧:"不正直。"

苏:"奴役他人呢?"

欧:"不正直。"

苏:"像这类事情没有一样是正直的吗?"

欧:"是的。"

苏:"好吧。请问,如果一个将军战胜了危害他的祖国的敌人,并且奴役他,难道也不正直?"

欧:"当然是正直的。"

苏:"如果他在作战时欺骗了敌人,又运走了财物,这种行为正直不正直?"

欧:"当然是正直的。"

苏:"你方才讲欺骗和奴役都是不正直的行为,怎么现在又说是正直的行为呢?"

欧:"方才讲的是对朋友,现在讲的是对敌人。"

苏:"好吧,现在我就专门来讨论一下对朋友的问题吧。如果一个将军所统率的部队已经丧失了作战的勇气,军心涣散,他便欺骗他们说:'援军即将来了。'从而使他们鼓起了勇气,取得了战争的胜利,这是正直的呢,还是不正直的呢?"

欧:"我想这应该是正直的。"

苏:"如果一个孩子生病需要吃药而不肯吃,他的父亲欺骗他,说药很好吃,哄他吃了,这种行为是正直还是不正直?"

欧:"这是正直的。"

苏:"如果有人发现一个朋友发了疯,怕他自杀,偷走了他的刀子,这个行为正直不正直?"

欧："这也是正直的。"

苏："你方才讲过对敌人的行为，即使是欺骗、偷盗和奴役也是正直的。这种行为只可对敌人，不可对朋友。"

欧："唉，苏格拉底，我对我的回答已经失去了信心！因为整个事情已经与我之前认为的完全相反。"

这个故事有许多版本，以上版本与美国弗兰克·梯利所著的《西方哲学史》中所载的没有大的差别，其他版本文字或稍有不同，但意思也基本相同。我们关注精彩的内容时，更要关注苏格拉底的方法，那就是影响巨大的被命名为"产婆术"的思考方法。我们一起把这方法抽取出来。"产婆术"大致经历了这样几步：一是引导讨论者讲出一个暂时的理解；二是运用例子不断诘难，对这个暂时的理解进行检验；三是引导讨论者归纳出新的理解。弗兰西斯·培根将这个方法称为"否定例证"。苏格拉底并不只有这一个绝招，他还通过追溯最初的原则来检验所提出的陈述，根据被认为是正确的定义来评论这些陈述，这种方法后来被称为"演绎"。

苏格拉底的方法包含着逻辑与辩证法，推动了柏拉图辩证法的产生，也影响了亚里士多德逻辑学的产生。归纳、演绎、否定例证，这些方法是人类思维发展历程中的灿烂明珠，"产婆术"为批判性思维确立了平等对话的形态。

第三节　亚里士多德——形式逻辑的诞生

苏格拉底是雅典城里最有学问的人。可是，他却把"自知无知"挂在脑门上。这给亚里士多德带来困惑，亚里士多德心想，苏格拉底这样伟大的人都认为自己无知，那我呢？亚里士多德有点儿焦虑，生在那个时代也卷吗？他接着想，人类能不能获得知识？怎样获得知识？什么样的知识是真的？怎样产生的知识是可信的？这些问题，我们何时何地操过心？假如哪位同仁这么想，也许我们还会说，教你的书吧，关你何事！关于这些问题，前人主要有两种观点：一种是"经验论"，认为知识来自经验，也在经验中得到验证；一种是"唯理论"，认为理性知识不依赖感性的经验。亚里士多德要解决"经验论"与"唯理论"之间的矛盾。

为了解决这对矛盾，亚里士多德反复咀嚼老师柏拉图"我们的经验世界并不是不值得信任的表象，而是需要我们研究和理解的实在。经验是知识的基础。从经验开始，我们达到关于最终原理的科学"的观点。灵光乍现之际，他终于咀嚼出味儿，提出了真正的知识并不在于熟悉的事实，而是要知道这些事实的理由或者原因，知道它们为什么"如其所是"。"如其所是"什么意思？有点可意会不可言传，大致可以理解为一个事物之所以成为它本身。以这样的思想为基础，亚里士多德为"经验论"与"唯理论"之间的矛盾缓和当起了和事的"老娘舅"。

亚里士多德是怎么当和事"老娘舅"的？他说知识可以是来自经验的，直觉从具体的事物出发，在具体的事物中找到普遍要素。他举例说，从牡丹、芙蓉、荷花这些具体的事物中，人们直觉到它们的普遍性——花。这个过程是一个归纳的过程。归纳的过程就是思想从感官知觉或者从对个别事物的知觉中产生一般概念或普遍知识的过程。思维在这个过程中把握了真，思维与存在一致，用马克思的话来说，就是主观与客观相符。亚里士多德为知识的生产与验证立下了法则。大咖出场，话也说得在理，经验论者听了心里自然满意。

亚里士多德看着经验论者接着说，但是我们也应看到，知识的生产与验证不仅归纳一条路，还有另一条路，那就是演绎。什么是演绎？别急，亚里士多德说，我们先来看个例子。

> 所有人都是要死的。（大前提）
>
> 苏格拉底是人。（小前提）
>
> 所以，苏格底必定是要死的。（结论）

亚里士多德解释说，证明一个命题是否为真，要采用三段论不断证明它，直到证无可证，证无可证的最底层的那个命题一定是公理或基本真理，它无须证明，也就是没有命题先于它。经得起证明的知识是真的，经不起证明的知识为假。唯理论者听了，也给亚里士多德投来赞赏的目光。知识归纳于经验，但不是经验说了算，是不是真知，还需从理性那里取得通行证。亚里士多德成功缓和了"经验论"与"唯理论"的矛盾。

亚里士多德的逻辑学从此被当作"科学的科学"，每一门学科都必须自觉遵守。可是，亚里士多德的目的并不在解决"经验论"与"唯理论"的矛盾。他认为每一个学科都有自己的基本原理，有些原理也适用于其他学科，是普适性的，例如物理学中的熵增定理。"当一个学科的基本原理，具有普遍的适用性"，亚里士多德隆重地说，"请注意，这就是第一哲学或形而上学的原理"。原来亚里士多德解决"经验论"与"唯理论"的矛盾，提出归纳与演绎，最终目的是建立起自己形而上学的"大厦"。亚里士多德发展了芝诺的逻辑，完善了苏格拉底与柏拉图的辩证法，成为哲学的集大成者。

公元前 300 年左右，斯多葛学派将哲学比作出地，将逻辑学比作围墙，认为一般观念并不像经过推理而获得的真正的知识那样具有说服力。在科学体系里，一个命题通过逻辑必然性而从另一个命题推论出来。他们认为进行正确推理的能力是达到真理的手段。2000 多年后，德国莱布尼茨提出"充足理由律"和"矛盾律"。康德认为"矛盾律"与"充足理由律"都是真理的逻辑标准或形式标准。亚里士多德创立的逻辑学，不断被后人继承与发展，没有它，就不会有现在的计算机，不会有现在这个世界。有人曾说，影响现在这个世界的只有两个东西，一个是逻辑思维，一个是实证思维，这是非常中肯的评价。

　　逻辑思维不是批判性思维的全部，但是批判性思维过程中少不了逻辑思维的参与。这或许是国外教授批判性思维时传授逻辑学知识的原因，也是我在批判性思维溯源中介绍亚里士多德的原因。

第四节 弗兰西斯·培根——真理是思辨的女儿

弗兰西斯·培根自称"时代的号手"，他完全担得起这个称号。他拿起批判的武器，慷慨激昂、旗帜鲜明地发表他的观点：我反对亚里士多德和古希腊哲学，以前的理论歪曲了事物的形象；以前的理论一无所成，方法、基础、结果都是错误的。我们每一个人只要仔细看一看那些浩如烟海的科学技术书籍，就会看到，到处都在不断重复同样的东西，虽然在处理的方法上有所不同，但在实质上是没有新的东西的。这一切都归根于经院哲学，是对迷信和宗教盲目、狂热追求的结果。说实在的，弗兰西斯·培根有些观点也未免有点片面，但正是片面才具有毁灭旧事物的力量。

他对经院哲学及其统治下人们认识外界事物的思想根源和社会根源进行深刻的揭露与批判，目的是什么？目的是把套在人类的独立思考上的枷锁打开，在新的稳固的基础上，建立新的科学、技术和所有人类的认识，抛弃过去毫无成果的科学。说抛弃就抛弃吗？那得有新的思想与方法论。弗兰西斯·培根抛出新的逻辑与工具——以归纳法为灵魂的"三表法"，引导人们在自然科学中运用系统和有条理的观察、实验开展科学研究。他乐观地认为，一个新的伟大的时代即将到来。他的判断是如此准确，他的以归纳为灵魂的科学方法论，是一个崭新的里程碑。在论述"三表法"前，他认为扫除心灵中的"四假象"是必要的前提。

种族假象。许多专家对种族假象的阐释不尽相同，我们对比了美国弗兰克·梯利《西方哲学史》和我国张志平教授编写的《西方哲学史》，做出自己的理解：人在认识世界时，不是以客观现象为标准的，而是以自己的心灵感观、知觉为量尺的，这是人类的弱点。人往往不知不觉地将自己的个人意志和感情灌输在对事物的认识活动中，甚至将自己的愿望强加给外部的世界。这好像一种集体无意识，隐藏在人类心灵的某个角落，但经常跳出来影响人类的思考。弗兰西斯·培根提醒人们，在认识世界时，要充分认识到这一点，尽力排除这股力量对自己的控制，做出准确的、客观的判断。

洞穴假象。种族假象针对一个群体而言，洞穴假象则针对个体而言。因为人们的性格、教育水平、阅读经验、交往以及所崇拜的人物不同，在认识世界时，也就出现不同的认识路径与结果。弗兰西斯·培根认为人的理智一旦接受了一种意见，就把别的一切东西都拉来支持这种观点，或者使它们符合这种意见。虽然在另一方面可以找到更多的和更有力量的相反的例证，但是对于这些例证，人们会忽视或加以轻视，或者用某种分别来将它们摆在一边而加以拒绝。这好比是人们居住的一个洞穴，住在洞穴深处，不能正确认识事物的本来面目。

市场假象。人与人之间的交流总是凭借语词进行的。语词的界定不清，用语词来表述并不存在的事物等现象，常常会导致理解的混乱。人们在阅读或面对面交流中，往往任由联想信马由缰，做出主观的臆断、误读。这些都导致人们认识上的错误与停滞不前，导致人们一直在争论不休。"存在"一词，就是最好的例证。历史上不同的哲学家、不同的语境、不同国家的语言、不同的时期，"存在"一词的所指都有所变化。这一个词，简直就是一笔糊涂账，用现代计算机也无法算清。我想这也是语言分析哲学横空出世的必然原因吧！

剧场假象。真理是时间的女儿，但恰恰许多时候都是权威的女儿。哲学家片面的思想、学者虚假的理论、统治者精心编织的舆论，无时无刻不在剧场的舞台上演。它们以权威的、高高在上的面目示人。在剧场观看的人，没有独立思考，把自己的脑子当成别人的跑马场，盲目地、不假思索地崇拜、跟随。弗兰西斯·培根指出："真理是时间的女儿，不是权威的女儿。"我胆大一回，修改一下弗兰西斯·培根的名言，真理是思辨的女儿，人类要"使理智完全得到解放和刷新"。

弗兰西斯·培根的思想洋溢着强烈的批判精神，他的"四假象说"指出人类思维存在的误区，提醒人类在认识世界、探索科学的路上要肃清这些假象。他无愧于"时代的号手"的称号。他的"三表法"要求对收集的材料进行"适当的拒绝和排斥"，运用的就是理性分析、比较和批判的方法。在弗兰西斯·培根看来，"适当的拒绝与排斥"工作不是可有可无的，而是非做不可的，它是保证归纳法得出正确结论的重要前提。弗兰西斯·培根看到了批判性思维与创新思维的关系，启发了他的后继者。

第五节　笛卡儿——从确定走向确定

中世纪百姓是怎样生存的？那时人们只能学习经院哲学、数学、语言学，只能崇拜亚里士多德，只能相信《圣经》。教会收取人们十分之一的劳动所得，还会发行所谓的赎罪券蛊惑人们，说耶稣虽死，但他在这个世界还有许多余下的功德，人们可以用钱购买这些余下的功德，以减轻自己身上的罪孽，死后可以进入美丽的天堂。这也太荒谬了吧，谁信？可是越荒谬越有人信。有的人为了进天堂，在教会的蛊惑下，把自己的土地无偿送给教会，而成为教会的农奴。教会兴办各种生意，赚取百姓的钱财，甚至开设法院，收取费用……法院也可开办？真是闻所未闻了。信仰控制、人身控制、经济压迫、政治愚弄，真庆幸自己没有生活在暗无天日的中世纪。

天才笛卡儿就生活在那样的时代。他在学校里学习古代语言、经院哲学、数学。他生活的时代，新兴资产阶级已经登上历史舞台。但是，人们还是生活在经院哲学与神学的笼罩之下，破除经院哲学的愚昧，解除人们身上箍紧的"越是荒谬的东西越是可信"的上帝的符咒，成为笛卡儿的工作。

怀疑是笛卡儿打破符咒的方法。他怀疑孩童时期没有经过理性思考与检验的观念，认为这些观念也许会成为追求真理路上的绊脚石；他怀疑通过感性认识获得的一切，包括对自己的身体器官的认识；他怀疑现实生活不是实实在在的而是在做梦；他怀疑数学与几何里的广延、形状等性质，甚至数学的定理也要怀疑。怀疑这些也许不算什么，他以斗士的面目出现，竟然怀疑上帝的存在，可以说他怀疑一切。笛卡儿说："我眼见到它（经院哲学）经过千百年才智之士的研讨，其中还是找不出一件事不在争论之中，因而没有一件事是不可怀疑的。"

笛卡儿的怀疑是普遍怀疑，从他的怀疑对象可以看出，他其实是个彻头彻尾的理性主义者。他的怀疑与皮浪主义者不同。皮浪主义者认为人们不可能认识事物的本质；认为没有真伪的标准；认为在道德问题上，知识的确定性也是不可能的；认为世界不是理性的、完美的、和善的。皮浪主义者怀疑的这些，笛卡儿并不怀疑。

他到底怀疑什么？他怀疑的是人类知识的前提，怀疑人类以前建立知识的基石是否稳固，认为一切都要诉诸理性的权威，应放在理性的尺度上进行校正。他意图把人类知识体系成立的前提，用理性重新来验证，肯定那些明明白白、清清楚楚的，排除不确定的，"把浮土和沙子排除，以便找出岩石或黏土来"，建立万年不朽的基石。只有基石是稳固的，人类才能在上面建立起真理、真知的大厦。他断言，不可怀疑的真理真知的不可怀疑的标准，以及关于实在的整个真理系统是可以获得的。

知识大厦的稳固的基石是什么？他的论断的依据是什么？笛卡儿必须找到哲学的基础，或者说一个确定而自明的始发点。笛卡儿认为这个始发点就是怀疑。他认为怀疑蕴含着怀疑者，思维蕴含着思维者。怀疑意味着思维，思维意味着存在。人们在思考时，确证思考与自我的存在，他用一句话来说，即"我思故我在"。这是确定的、真实的，并且为人们清晰而明确地理解的。所有与这一情况相似并被人们清晰而明确地理解的事物都是真实的。笛卡儿就这样为人类知识的大厦找到了奠基的磐石。

笛卡儿以理性的精神批判权威、批判上帝，用怀疑的方法对经院哲学与神学进行分析、审查，确认了人的主体地位，解放了人们的思想，把人们从经院哲学与神学的桎梏中拯救出来，实现了哲学新的转向，这是他在哲学上的巨大贡献。他的方法与工具——怀疑，再次揭示出有怀疑才有问题，有怀疑才会有新思考。正是因为怀疑不断推陈出新，推动了科学、思想不断向前发展。他从审视、批判知识的正确前提开始，由此展开科学思想体系的建立。这个展开的过程可以描述为，从前提确定、过程确定，最终走向结果确定。笛卡儿给批判性思维创立了一种经典的理性的形态，深刻影响了康德对批判性思维的看法，对当今的批判性思维产生了重要的影响。

第六节　康德——理性何以可能

康德的生活仿佛一部精密的仪器，他每天按时起床、吃饭、讲学、散步，非常固定。邻居的老人们都以他为准校准自己手表的时间。有一天，康德读到了卢梭的《爱弥儿》，被书中的精彩深深吸引，像琼浆玉液、龙肝凤髓，欲罢不能，想一口气读完，于是只好暂停了散步。邻居的老人们一时醒悟不过来，不知道该不该以教堂的钟声来校准自己手表的时间……

如此刻板的一个人，他的思想却与海天一样广阔。西方哲学 2000 多年历史中，有两座入云的山巅，一是柏拉图，一是康德。如果测量一下两座高峰的海拔，康德还要高出许多。终生没有离开过家乡的康德，为什么会获得如此高的评价？

康德是 48 岁时开始研究哲学的。当时，理性哲学家与经验哲学家都认为，人类的理性能认识事物的本质，世界是存在真知的。可是哲学家总是不断在思考，人的理性凭什么可以成为真理、真知的哲学基础？好像自己给自己掘墓，理性哲学家把理性自身架在火上烤，再加把火就要外焦里嫩了。这把火还真有，当时神秘主义者与信仰哲学家反对理性主义，认为理性主义的结论是自负的、独断的，他们不愿意再相信理智的救赎，要在人类心灵中另辟蹊径，以抚慰对确定性的渴望。人一辈子都在追求确定性，确定性是人的执念，但上帝经常掷骰子，不确定性始终与人为伴。教了几十年书的康德深受震动，如果理性被驱逐出数学、物理、天文学，那么他所教授的自然科学课程的根基就被掏空了，成了"危房"，随时可能坍塌。"他看到了批评或审查人类理性的迫切需要，也就是说，需要一场审判，以确保理性的公正诉求并斥退其他无根据的诉求。"他决心回答理性何以可能的质问，开启了真正的哲学研究之路。

传统的认识论中，人们历来认为，认识的对象是客观存在的，认识要符合客观世界，这才是真的知识。康德不这样认为，他认为客观世界呈现出来，被人们感觉到，被人的知性加工，在理性统整下形成系统的知识体系。这个顺序的颠倒，被称为哲学上的哥白尼式的变革，也被称为"人为自然立法"。为了证明理性的可能，他举例证明了理性在数学、物理学、天文学里是可能的，换一句话说，他认为数学、物理学、天文学是有真知识的。这个证明过程太耗神，有兴趣的可以自己去研究一下。他以"人为自然立法"的方法，重新确立了理性在自然界的地位。

确定了理性在数学、物理学、天文学中的可能性后，康德并没有就此打住。他认为人的理性总有一种跨越界限的冲动，总想认识整个宇宙，而人以有限的理性面对浩瀚的宇宙，显得力不从心。于是，他提醒人类要认识到自己理性的渺小，不要以为自己有点小聪明就无所不能。可是，人类理性的冲动不仅想认识宇宙，还想探究灵魂的有无、上帝是否存在等问题。康德告诉我们，理性在这两个领域无能为力，想凭理性推理出灵魂的有无与上帝是否存在，这是理性的越界。人类对灵魂、上帝不可知，灵魂、上帝是不是就没必要存在？不是，这正是人的超越性、崇高性。人在明知灵魂不可知、上帝不可知的情况下，还是选择相信灵魂与上帝，这样的人才是真正的人。正如康德本人所说："有两件事物，我愈是思考愈觉神奇，心中也愈充满敬畏，那就是我头顶上的星空与我内心的道德准则。"有人说，不读康德，人的智慧在童年阶段；读了康德，人的智慧才长大成人。此语有理！

历经数百年的探索，启蒙运动到康德才真正得以完成。康德对人的认识能力的批判，是批判性思维早期哲学形态发展的一个重要转折点。他以巨人的眼光，带领人类看见了理性的合法性与理性的局限性，启示人们要全面把握客观事物，不能脱离主体的认识能力。对主体认识能力的批判，保证了主体对事物的认识在它可能的范围内进行。海涅对其给予高度评价，康德倡导的巨大的批判运动的意义，"与其说是通过他的著作的内容，倒不如说是通过在他著作中的那种批判精神，那种在当前已经渗入一切科学之中的批判精神"。

黑格尔从康德出发，提出理性反思自身、反思理性主体的理论，完成了人类理性进步过程中的又一次巨大飞跃。

第七节 黑格尔——理性的自我批判

听到黑格尔这个名字，我心里总会犯怵。自知无知，因为没法读原著，不能与巨人对话。但是我们要想到，不只有我们是这样，不必自责。

歌德年长黑格尔20多岁，他们俩是一生的朋友，黑格尔认为自己终生是歌德精神的儿子。黑格尔的《精神现象学》出版，歌德得到书后，打开书读起来："花朵开放的时候花蕾消逝，人们会说花蕾是被花朵否定了的；同样地，当结果的时候花朵又被解释为植物的一种虚假的存在形式，而果实是作为植物的真实形式出现而代替花朵的。这些形式不但彼此不同，而且互相排斥互不兼容。"苦涩、乏味，读到这，他再也读不下去，把《精神现象学》束之高阁。如果歌德翻过这一页，他也许会喜欢上这本书。只见下一页写道："但是，它们的流动性却使它们同时成为有机统一体的环节，它们在有机统一体中不相互抵触，而且彼此都同样是必要的，而正是这样同样的必要性才构成整体的生命。"看来，若想读懂黑格尔，还真需要有点耐心。

说起黑格尔，还得从康德说起。康德证明理性在自然科学领域是可能的，但是，他指出了理性在灵魂与上帝面前的无能为力，杀死了上帝，为自由、道德腾出了一片广阔的天地。黑格尔认为康德对理性进行批判是有道理的，可是那个"批判"是否"有资质""有能力"对理性进行批判呢？所以真正彻底的批判，应该是理性的自我批判。换句话来说，理性需要对自身进行反省。这就是黑格尔想解决的哲学问题。黑格尔与康德实现了完美的无缝对接。

理性能自我批判吗？黑格尔是怎样证明的？黑格尔证明这个问题的关键，在于证明思维是否能够刀刃向内，以自己为思考对象。黑格尔证明这个问题的过程一定大费周章。我们是否可以这样理解：时代在不断变化，知识在不断更新，人们会意识到自己的知识老旧了，而这个意识就是被理性识别出来的。这时，人的意识也就成了自己认知的对象，所以理性是可以自我批判的，是有能力自我批判的，而理性的自我批判，用现在的话来说就是反思。

黑格尔的反思有几种具体的表现，我们一起来看看。

从认识活动来看。人类认识事物的时候，事物呈现在人们的眼前，人类的感性对其进行感知，接着人们调动自己的理性对其进行考察，用逻辑对其进行检查、评估，做出正确的认识。这个考察、评估，实质上就是一种反思。正如张志伟先生认为，"认识活动本身就是理性自己考察自己、自己改变自己的发展过程"。

从概念发展来看。概念是搭建知识的建材，许多概念是知识网中的枢纽。概念是一个发展的、变化的、动态的过程。早期的概念往往不那么科学，或者不那么完整，或者内涵不太丰富。随着时代的发展，概念的内涵越来越丰富，表述越来越精确，要素越来越完整。黑格尔说，概念是"被把握在思想中的它的时代"，这个过程是在对前人认识的不断反思中完成的。

从辩证过程来看。黑格尔的名字与辩证法是紧锁在一起的，辩证法是他对哲学的伟大贡献。哲学的问题从某种角度来说就是方法的问题。黑格尔登上哲学舞台的时候，正是近代哲学方法问题陷入困境的时候。在他看来，近代哲学的困境在于其思维方式的片面性。黑格尔追溯辩证法之源，"将苏格拉底通过两个人对话而追问事物的本质的方式进一步深化为思想自己与自己的'对话'"。黑格尔的辩证法，大致分为三个阶段，即肯定—否定—肯定。否定环节是在否定中对有价值的东西进行保留，也在否定中产生了新的内容与形式，这个否定是扬弃的，是反思性的。黑格尔说："思维形式既是研究的对象，同时又是对象自身的活动。"

黑格尔的《精神现象学》是一部充满激情的天才之作，是在对人类的物理学、数学、历史、人类思维史、哲学等学科反思的基础上建立的。他为批判性思维提供了反思的理论形态，成为杜威等人提倡反思的思想之源。

第八节 穆勒——归纳也可以找到真理

穆勒，一个传奇。3 岁开始学习希腊文，阅读古希腊哲学原著；8 岁学习拉丁文，开始当妹妹的老师；11 岁帮助父亲修订《印度史》；12 岁掌握代数与初等几何，开始学习微积分、逻辑学；13 岁开始学习政治经济学；14 岁基本结束教育；15 ～ 18 岁编辑出版了边沁的五卷手稿；19 岁开始发表独创性学术论文……

谈论穆勒要从休谟谈起。休谟认为经验是知识的来源，存在即感知。我们知道存在是存在，但不一定被感知、被认识。例如暗物质、量子纠缠中的幽灵现象，它们确实存在，可是人们对它们知之甚少。时代的局限性像一片树叶，往往给人们带来遮蔽。休谟又认为知识只不过是固定的联想，在经验中没有任何事可以论证必然联系或因果。否定事物之间的必然联系或因果，休谟观点的破坏性不亚于在知识的海洋里投入了核弹，具有很强的颠覆性。他不顾别人反对，举例来证明自己的理论：人的意志与行为之间哪有什么必然的联系，意志说要做什么，人就做什么，意志与行为之间不存在因果关系。听听好像也有点道理。人们问他，那事物之间的联系是怎样建立的？他认为事物之间的必然联系是通过联想建立的。我们没听错吧？是的，没有听错。休谟认为一些观念唤醒在意识中与之相关联的另 些观念，必然性就是这样一种固定的联想、一种习惯。学习就是排除偶然的、瞬息的联想，揭示永恒的、持久的、反复再现的联想。我们静下来想一想，学习是建立永恒、持久、反复再现的联想，这是不是动物学习理论的鼻祖？这就是休谟的联想律的主要内容。

穆勒在认识论上也是经验主义者，他从休谟的联想律中得到启发。休谟的联想律在穆勒的归纳法中可以看到影子。我们来看看穆勒说了什么。穆勒认为，人们可从一个或众多相似的事物中归纳出原理，再把这个原理拓展到更多的相似事物中，走出一条从已知发现未知的路。也许我们会问，这样的推理凭什么可以？穆勒认为，凡在某一实例中为真者，在其他所有同类实例中也皆为真，世界就是这样构成的，这是一个普遍的事实，他把这样的原则叫作自然进程齐一。"自然进程齐一"，多漂亮的哲学概念，穆勒不会也研究过语言吧？如果你是这样想的，恭喜你，猜中了。穆勒接着说，当确定的条件出现，某一确定的事实就一定会发生，而条件缺乏时就不会发生，所以齐一性是自然规律。运用归纳法发现的原理、规律，从来都不会由于条件的变化而失效或悬置，这就说明事物内部必然存在因果关系。他认为因果律是普遍的规律，凡有起始之事皆有原因。因果关系是事物之间必然的、前后相继的关系。穆勒从休谟联想律出发，但却肯定了事物之间存在因果关系，为自己的归纳法找到了根基，虽然这根基不太稳固。

也许天才都有些许自负，穆勒认为自己的归纳法融合了历史上所有相关理论的精粹。他的归纳法，人们叫"穆勒五法"。求同法是指各个不同场合出现某种现象，只有一个相同的条件，这个相同的条件就是被研究现象的原因。求异法是指不同场合出现某种现象，只有一个不同的条件，这个不同的条件就是被研究现象的原因。求同求异法是指有一种共同的因素使某种现象出现，这个现象不出现时就没有这个共同因素，那么这个共同的因素就是被研究现象的原因。共变法是指条件不变，某一现象与另一现象一起变化，前一现象就是后一现象的原因。剩余法是指某一复合现象中，已知某部分与某因素有直接关系，那么剩余部分就是其他因素作用的结果。"穆勒五法"为实证科学的发展做出巨大贡献。

穆勒关于知识的表达也有独到的地方。他认为知识是语言表现出来的，只有分析语言才能正确把握知识。分析语言时，要辨析事物名称的准确意义。他还认为，知识总是用命题的方式来表达，命题是定义的基础。命题表达的不仅是观念，也是客观的事物。我们来看一个例子。"张三不是好人。""张三"是名称也是这个命题的主语，谓语"是"表示肯定，"不是"表示否定。在简单的命题中，谓语是对主语进行肯定或否定的。命题的主语表示普遍名称，谓语肯定或否定主语时是全称命题，谓语只肯定或否定主语的部分时是特称命题。例如"所有人都是凡人"是全称命题，"有些人是聪明的"是特称命题。穆勒的观点为语言分析哲学提供了有益的借鉴，而语言分析哲学也是批判性思维的源头之一。

事物有所起必有所因。休谟否定事物之间存在必然的、持久的、前后相继的原因的观点是不正确的。穆勒的归纳法为人们确定原因提供了方法，是人们开展批判性思维活动的参照依据，当然，这个方法在实证学科内运用得更多。他的语言分析技能是批判性思维技能中的重要技能之一。学习语言分析的技能是逻辑学的内容，掌握这项技能有利于促进批判性思维发展与形成。这也正是我要介绍穆勒的原因。

第九节　马克思——批判催生创造

写下马克思这个名字，心底里有一种亲切之感流出。自以为平时也常读点马克思主义哲学的文章，从批判性思维这个角度写点文字也许不难，殊不知差点溺死在马克思主义研究文章的浩瀚大海之中。

马克思是在批判中淘到宝贝，也在批判中发现糟粕，从而构建起自己的哲学体系的大厦的。

黑格尔可以说是马克思的对手，也是马克思的密友。黑格尔认为概念、范畴是不断发展完善的，寓居在概念、范畴的变化过程中的理性精神也经历曲折发展的过程。人在这个过程中，认识到世界上一切都是由人的理性也就是意识决定的，意识理所当然成了世界的本质，这个过程即是人的异化的过程。人的理性精神、意识不断异化，最终回到上帝那里，回到精神的老家。这是黑格尔整个哲学的基本思路。

马克思肯定了黑格尔异化论认识到精神劳动的重要性，肯定了黑格尔认识到人的意识具有主观能动性与创造性。马克思对黑格尔说："前辈，但是你把精神与物质搞反了，精神哪是世界的本质？精神也是物质决定的嘛。前辈你再看，你的异化理论只发生在精神劳动领域，那会不会发生在物质生产劳动领域？"马克思接着说："工人从事生产劳动，工人主体的价值应在劳动中得到体现，劳动的产品应归劳动者所有。但是在资本主义社会里，'工人生产的财富越多，他就越贫穷。工人创造的商品越多，他自己就变成廉价的产品。物的世界的增值同人的世界的贬值成反比'。工人在劳动中体会不到劳动的乐趣，无时无刻不在痛苦之中。劳动的异化使人的自由、自觉、自主的活动能力被剥夺，劳动者像动物一样任人支配。劳动的异化导致人成了商品，成了资本家的奴隶，还导致人与人之间关系失睦。"唉，仿佛一边给黑格尔一记又一记响亮的耳光，一边又给出一颗又一颗糖果，马克思就这样批判黑格尔的精神异

化论，创造了自己的劳动异化论，从人的异化论中发展出了人的全面发展的
学说。

我们都知道马克思的辩证法是从黑格尔那里改造来的。黑格认为概念、范
畴的成熟是运动发展的过程。这个过程中前一阶段思考的结果是后一阶段的
准备，后一阶段的结果是对前一阶段的否定与扬弃。黑格尔在他的书中写道：
"扬弃了的质等于量，扬弃了的量等于度，扬弃了的度等于质，扬弃了的质等
于现象，扬弃了的现象等于现实，扬弃了的现实等于概念……"黑格尔辩证
法解决了近代哲学固执于差别和对立，无法将差别与对立统一成一个整体的
问题。

马克思说："前辈，你的辩证法中的否定、扬弃是你的哲学的真正秘密。
你的'辩证法就是死，但同时也是精神花园中欣欣向荣、百花盛开景象的体现
者……统一的精神火焰之花就是从这些种子中萌发出来的'。"马克思接着说：
"你的辩证法最大的优点在于'在对现存事物的理解中同时包含对现存事物的
否定，即对现存事物必然灭亡的理解……辩证法不崇拜任何东西，从本质来
说，它是批判的和革命的'。"这么热情讴歌黑格尔的辩证法，人们一不小心
还以为马克思是黑格尔的同党呢！马克思说："前辈，但是，你的辩证法'对
象仅仅表现为抽象的意识，而人仅仅表现为自我意识'。也就是说，你的辩证
法局限在思维活动里，是抽象的思维活动，是纯思想的辩证法，你应把唯心辩
证法倒个个儿，变成唯物辩证法。"马克思这一招乾坤大挪移，移出了一个崭
新的世界观与方法论。

黑格尔认为家庭、市民社会、政治国家是精神的存在。他赞赏政治国家，
贬低市民社会，认为政治国家是绝对精神发展到极致的完美产物。马克思认为
这位前辈再　次弄错了。马克思对黑格尔"政治国家决定市民社会"的观点进
行批判，他认为黑格尔本末倒置，倒果成因，倒因成果。"条件变成被制约的
东西，给定其他东西的东西成了被规定的东西。"马克思说，不是政治国家决
定市民社会，而是市民社会决定政治国家，来来来，来倒个个儿，把市民社会
作为政治国家的基本前提。正是从市民社会这个起点出发，马克思得出了历史
是劳动人民创造的，并创立了唯物史观，也描绘了共产主义社会的美好未来。
看来创新也不难，翻个跟头就与伟大为伍了。

马克思的批判是辩证的批判，他的认同不是苟同，他的不同不是为了不

同。他的批判是层层深入揭示真理的批判，是批判中借鉴它山之石的批判，是对问题毫不留情的批判，是充满激情的批判，是构建性、创造性的批判；更有对自己的严苛的自我批判。马克思的批判精神及学说，对法兰克福学派产生重要影响。我们要深入学习马克思的批判精神、态度与技巧。

第十节　维特根斯坦——语言的游戏

维特根斯坦原来学的是航空，半路出家成了大哲学家罗素的学生。据说维特根斯坦博士毕业论文答辩时，在台上只讲了两分钟，他对导师说："我研究的东西你们听不懂。"罗素问一起参加答辩的同事："你们懂吗？"同事也说听不懂。维特根斯坦就这样用了两分钟顺利完成了论文答辩。导师的虚怀若谷，学生的出类拔萃，成就了一段佳话。

说起分析哲学，先得聊两句分析哲学诞生的背景。唯理论认为，理性是一切知识的源泉，唯理性知识最可靠。他们曾豪迈地宣称，一切知识要想存在，必须在理性法庭面前陈述自己存在的理由。经验论强调经验、感觉的重要性，在他们看来，一切知识均来自经验，唯经验最为可靠。二者在哲学的王国里长期因为主张不一而争论不休。可谓"没有一门别的科学像哲学这样，有如此多的争论和意见分歧，在哲学中，真是公说公有理，婆说婆有理"。于是人们想，哲学究竟能不能像数学这样的学科一样具有无可争议的确定性？人们又认识到，喋喋不休的笔墨和口舌之争中，也有语言表达混乱不清的原因。在这样的背景下，分析哲学应运而生，哲学出现了一种新的影响巨大的思潮——语言学转向。维特根斯坦与罗素成了分析哲学的重要代表人物。

让我们回到数学上，究竟是什么让数学成为一个无可辩驳的学科？哲学家们发现，数学中的逻辑保证了数学知识的可靠性、确定性。哲学也应像数学一样，以逻辑为哲学护航，为哲学找到护法大使，否则哲学的根基就被动摇了。维特根斯坦为了这个目标，提出了世界是事实的总和，而不是事物的总和，事态是构成事实的基本单位，事实是事态的复杂单位。维特根斯坦把事态称为"原子事实"。江怡教授举例说："一块石头是事物，人们捡起它扔出去，石头在一定时间内穿过了一定的空间是事实，而石头在时空中运行轨迹的每一个点就是事态。"为什么提出"原子事实"？因为每一个"原子事实"背后都有其"原子逻辑"。

跟上天才的思维，你也会渐渐成为天才。听一个故事，看看天才是怎么思考的。服兵役的维特根斯坦在前线战壕中看到一本画报，上面有一幅表示交通事故的图画，画面中汽车、人、路等个体的外形、空间位置和排列状况构成一幅图像，准确地告诉人们发生了什么事。哲学的敏感性使他立即想到了自己苦恼的疑问，于是将上述关系作了某种颠倒，提出了著名的图像论。"原子事实"与"原子逻辑"对应，客观世界与逻辑图像对应。原子事实用命题表达，一个命题是一个图像。人们用语言、命题描述世界上的事实，如同画家用图画描述事物，于是维特根斯坦开始了哲学的语言分析。

我们来感受一下如何进行语义的哲学分析。维特根斯坦的老师罗素有一个很著名的例子。这个命题是："当代法国国王是秃子。"我们看一下简化版的分析。这个命题分为三项：（1）有这么一个X，并且最多只有一个X；（2）X是当今法国国王；（3）X是秃子。这三项构成了这个命题的逻辑结构，一共有八种组合情况，因为排列组合只能排列出八种。这八种组合情况就是这个命题的逻辑空间，也是人们可以逻辑思考的范围，即可能性之网。这三项是三个不同的命题，这三个命题中有一个为假则整个命题为假。因为当今法国没有国王，于是整个命题是假命题。只有三项都是真的时，这个命题才是真命题。

维特根斯坦创立了分析哲学的一个学派——语义学分析哲学。后来他离开剑桥大学，来到一个偏远的山村当起了小学教师。一个大哲学家去当小学教师？是的。金子到哪都会发光，小学的教学生涯比他在大学里获得的启示有过之而无不及。他在与学生交往的过程中发现，尽管学生对语言掌握还不是太熟练、准确，交流时用一些词汇，再加上肢体语言，却准确表达了他们想表达的内容。这样的场景让维特根斯坦顿悟，于是他得出结论：语词的意义是在具体语境中得到确定的，在言语活动中，语词的意义并不是词典中的意义。他经过反思，开始否定自己早期提出的"原子事实""图像论"等思想，提出了"语言游戏论"，分析哲学从此开始了又一个转向——语用学分析哲学。维特根斯坦是一生创立了两个学派的人物，被称为"天才的典范"。

分析哲学是语言哲学的故乡，或者说是语言哲学的嫡亲父母。维特根斯坦关于语言的思想，至今还是语文教学中的指导思想。分析哲学在逻辑的规范下，运用分析的方法分析命题逻辑结构、厘清概念内涵的逻辑关系，指明了人们判断真假是非的路径，这为批判性思维发展提供了有益的借鉴，成为批判性思维发展之路的一个重要节点。

第十一节　斯蒂芬·图尔敏——非逻辑批判的温暖

　　亚里士多德创立了逻辑学，形式逻辑成为理性的代言人，像一条巨蟒若隐若现地潜伏在西方哲学之中，成为哲学背后的"护法大使"，哲学身边聚集着命题、概念等一批"帮手"。随着数理逻辑的出现，再加上科学的快速发展，理性与形式逻辑取得了至高无上的地位，成了各个学科必守的行动准则。

　　形式逻辑身居高位，并没有意识到自己只生活在人工语言的殿堂之中，在人们日常生活语言运用的许多领域里并不是太有用武之地，比如法庭上控辩双方的辩论、人们围绕一个论题论证自己的观点、商业谈判桌上的协商会谈……人们开始反对逻各斯中心主义，从形式逻辑的老祖宗亚里士多德那里找到理据。学者们举例说，亚里士多德、柏拉图与苏格拉底的论辩中，真理逐渐显明，但是他们也没在论辩中使用形式逻辑。一语惊破水中天，形式逻辑的统治地位受到了质疑。斯蒂芬·图尔敏等创立了非形式逻辑，被称为逻辑的语言转向，非形式逻辑深刻地影响着世界。批判性思维更是深受其益，从以前大前提、小前提、演绎推理这条唯一的泥泞的枯燥的道路中走出来，更贴近生活的实际，更有人情味，更丰富多彩。

　　斯蒂芬·图尔敏究竟是用什么把批判性思维从语义学转向了语用学？大家还记得前一节提到的哲学天才典范——维特根斯坦吗？他一生创立了两个学派。斯蒂芬·图尔敏从他的"语言游戏论"及其他人的思想中得到启发，成为非形式逻辑的开山鼻祖。当时，斯蒂芬·图尔敏的理论也还不完美，但是他基于形式逻辑创立的论证模型可以说是白璧无瑕。他的论证模型包括以下六个要素：主张、根据、理由、支援、限定词、反例。只有前三个要素是基本模式，六个要素是完全模式。这个论证模型对于语文教学开展批判性思维或思辨教学太有价值了（见下图）。

正当理由（W）：允许人们从所引用的那种类型的根据推论特定类型的主张

根据（G）：推理和论据所凭借的基础

限定词（Q）：指示正当理由授予从根据到主张的推论的强度

主张（C）：通过论证中的推理或辩护所达至的命题

反驳（R）：破坏支持根据力量的非常的或例外的环境

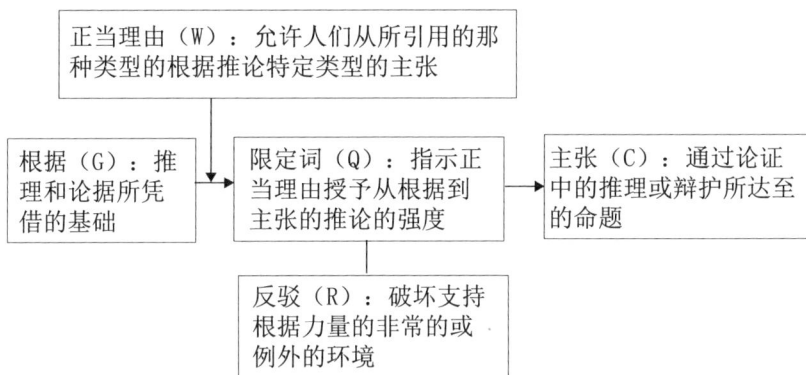

　　斯蒂芬·图尔敏是用法庭论辩来举例说明这个模型的。我们一起来简单地"开一次庭"，体会这个模型的巨大价值。我们在法庭上提出自己的主张，图中用C表示。法庭是讲事实证据的地方，你的主张必须有事实根据，这个在图中用G表示。有事实根据还不行，我们得有法律依据，图中用W表示。如果有明确的法律依据，那可以凭着事实与法律条文证明我们的主张，因为事实清楚、条文明确，这时我们陈述主张一定底气很足，于是在论辩过程中，就会用上"必然"这样的修饰词，这样的词叫限定词，图中用Q表示。可是，有许多时候法律是滞后的，没有明确的条文支持我们的主张，那么就要寻找法律解释、行业规则等进行支援，图中支援包含在W之中，有的学者将支援从W中独立出来，用另外的字母来表示；可是有时候法律条文不明确，行业规则也不那么清晰，这会对我们的论辩很不利，于是在论证中，我们往往会采用"也许""可能""大概"等限定词。论辩到这个时候还不算完毕，还得考虑对方的反驳或反面的不利于达成我们主张的反例，承认反例的存在会削弱论证的力度，但是，不承认反例的存在更会对自己的主张不利，图中用"R"表示反例或反驳。

　　这是一个伟大的思维模型，绝不是夸张。这个模型不排斥严格的形式逻辑，但又允许论证中存在一些小瑕疵，具有普遍的使用价值。在语文教学中，只要把模式中的"主张"换成学生的观点就一路绿灯了。这个模型不仅适合语文阅读教学中的论辩，也适合习作中议论文写作，还适合平时交流中为自己的观点辩护。

　　斯蒂芬·图尔敏等创立的非形式逻辑是批判性思维的一次飞跃。语文批判性思维教学需要形式逻辑的严肃护佑，更需要非形式逻辑的温暖相伴。

第四章

思辨的六条逻辑理路

什么是理性？什么是理性思维、理性精神？理性思维与逻辑思维、批判性思维、辩证思维、高阶思维、创新思维有着怎样的关系？批判性思维与中国学生核心素养存在怎样的关系？批判性思维与思辨有什么关系？

理性思维的列车行驶在逻辑的轨道上。支撑中国学生核心素养大厦的支柱是批判性思维。思辨是批判性思维的中国化表达。我们从西方批判性思维发展的脉络及中国文化中提出思辨的逻辑理路，为思辨阅读教学模式奠基。

第一节　理性与理性思维

2022 版《义务教育语文课程标准》提出，要发展学生的理性思维与理性精神。"理性是什么？""理性有什么特点？"我们无法绕开，只有硬着头皮搞明白这两个问题，才有底气思考理性思维与理性精神。让我们以日行千里的速度，重走理性内涵的发展之路。

古时候，因为科学技术不发达，人们无法科学解释自然，所以迷信是不可避免的。古希腊一批被称为自然哲学家的人认为，世界有它的本质，有的把这个本质解释为"火"，有的解释为"水"……这时候，理性表现于他们对世界本质的追寻与理解之中。巴门尼德认为，人们探索世界，不能"以茫然的眼睛、轰鸣的耳朵以及舌头为准绳"，因为经验是不可靠的。他的弟子芝诺提出"飞矢不动"的悖论。理性表现在巴门尼德探索世界的方法中，表现在芝诺的逻辑中。师徒俩的观点成为人类历史上理性的第一次飞跃。

柏拉图是西方历史上伟大的哲学家，他认为世界背后有一个神秘的力量，是这个神秘的力量创造了世界，柏拉图称其为理念，我们可以理解为世界的本质。他的学生亚里士多德继承了老师合理的东西，但他"吾爱吾师，吾更爱真理"，在创立自己的哲学的过程中创造了逻辑学。我们来看人们常举的一个例子：所有人都是要死的；苏格拉底是人；所以苏格拉也会死。此时，理性表现在柏拉图对世界本质的理解中，表现在亚里士多德对权威的质疑中，更表现在亚里士多德运用逻辑寻找知识的确定性的尝试中。亚里士多德的观点成为人类历史上理性的第二次飞跃，他创立的逻辑学，像一条巨蟒潜伏在西方哲学与科学之中。

中世纪，哲学成了神学的"婢女"。这个漫长的黑夜里，理性的种子并没有被毁灭。理性以另一种方式存在，神学把人类的理性强夺下来，冠在上帝的头上，宣扬是上帝创造了世界，推动着世界，上帝因而成了理性的化身，成了至善、至美、至真的本体。因为理性的种子得以保存，所以当人类想成为自己的时候，人们证明人类拥有解释《圣经》的权利，反对盲目信仰，主张理性应是宗教纷争的最终裁定者。一批人文学者提出无神论，将上帝彻底打趴在地。另外，自然科学取得了长足的进步，人们没有发现上帝的存在。众人拾柴火焰高，人们从上帝手中夺回本属于自己的、光荣的、至高无上的理性。中世纪虽然黑暗，但正如哲学家所说，"理性"这个词成为那个时代的中心。

走过漫长的中世纪，进入了近代。笛卡儿提出了"我思故我在"，怀疑是他的哲学方法。他不是什么都怀疑，他相信世界自有真理、真知。他怀疑的是人类知识的基础是否稳固。他要求人类用理性对所有已有的知识，包括数学定理在内，都得重新接受理性的审判。怎么审判？当然是用逻辑重新进行检验、审查，把不确定的知识排除出去。在笛卡儿这里，理性既表现在他的哲学观上，也表现在他的方法论上。笛卡儿成就了人类理性的第三次飞跃。

人类的理性总有越界的冲动。康德为人类理性划出界限，认为人类理性不是万能的，人类理性想完整把握这个世界是困难的，人类理性无法推理出上帝的存在。在康德这里，理性表现为对人类自己的理性能力的理性判断，即人类理性有所能，有所不能。他成就了人类历史上理性的第四次飞跃。

理性还表现在哪里？在苏格拉底那里，理性表现在对概念的澄清里，表现在一次次否定与诘难之中；在黑格尔与马克思那里，理性表现在辩证法里，表现在辩证法的扬弃或否定里；在分析哲学家那里，理性表现在对语言的逻辑分析里；在图尔敏那里，理性表现在非逻辑而又不排斥逻辑的论证模式里；在后现代的学者那里，理性表现在他们的方法及批判的前提里。理性在西方历史中从未缺失，它存在于人认识世界、表达世界、改造世界的过程之中，存在于人发现自己与反省自己的过程之中，存在于创造文化与对文化的反思之中……

那什么是理性？理性有什么特征？人们常说下定义是吃力不讨好的事，所以我们不想踮着脚尖而为之。简单说，理性就是一种建立在证据和逻辑推理基础上的思维方式。它具有如下特点：一是理性以世界可以被人们认识为前提；二是在人们认识世界的活动中，以形式逻辑为工具，运用严格的推理进行思考；三是在实践活动中，按照某种理论，做出合乎逻辑的方案与计划，并严格执行；四是在形成成果时，遵守逻辑的规则，运用概念、命题进行清晰准确的表达，并与客观世界相符。厘清了理性的要义与特征，我们大致可将理性精神理解为以理性思维品质为内核的一种精神品质。

　　厘清了理性的来路与大致特征，我们就明白了理性思维在西方传统里是讲形式逻辑、证据、推理、抽象，直指事物规律、本质的思维。同理，理性精神也是以这样的思维品质为内核的一种精神。

第二节　理性思维与批判性思维

西方文化的家庭里，理性思维是一件老古董了。我们用精密的仪器替这老古董做一次全身体检，可以发现直观与演绎、分析与综合、列举与归纳、判断与推理、抽象与概括是它的有机成分。透视这些组织成分，可以发现逻辑理性是这古董的基因。

我们参照以上经验也将批判性思维拆解，大致可以分成三块，分别是批判性思维倾向与态度、批判性思维技能和反省思维。只分成三块，不利于我们观察吧？我们再用显微镜仔细观察，你别说，还真发现了其中细小的成分：分析、判断、推理……

我们正要下结论时，有人站出来说话了：你们只研究了一件古董就下结论，你们的发现是不是偶然的？听说保罗、霍尔普恩、恩尼斯三位行家手上都有批判性思维技能的病理切片，你们借来研究研究再下结论也不迟。

借了东家借西家，我们终于把这三位行家手上的批判性思维技能的切片借出来，大概地研究一番，记录整理成下面的表格，虽不完全，但也可窥一斑。

	目的、问题、信息、假设、推论、概念、效应	保罗
批判性思维技能要素	语言推理技能、论题分析技能、假设检验的技能、概率和统计技能、决策和问题解决技能、认知监控技能	霍尔普恩
	分析论据；澄清问题与概念；判断信息来源；观察判断并报告；演绎并对演绎进行判断；归纳并对归纳进行判断；定义术语和判断定义；价值判断；考虑前提、理由、假设、立场一致性；合乎情境；有序性；适当修辞……	恩尼斯

保罗、霍尔普恩与恩尼斯都是批判性思维最著名的研究者。我们发现，他们三人的批判性思维技能有些许出入，但是无一例外地都将分析、判断、推论、推理、概念等列为批判性思维技能。这也太奇怪了吧？这三位家伙是不是

一起商量的？与谁商量的？如果我们这样质问他们三位，他们一定会告诉我们相同的答案，他们三位都是与一个神秘人物——理性思维商量，都与理性思维串通一气，所以他们的批判性思维成分与理性思维有着诸多重合。

我们去恩尼斯家做一次客吧。如果我们问他，他的批判性思维技能里有根据前提、理由、假设、考虑立场的前后一致性的要素，这是为什么？恩尼斯一定会说，别急。在讨论这些要素之前，我们一起用快进的方式回顾一下逻辑四律，即同一律、矛盾律、排中律、充足理由律。简单地说，同一律是指思考与论证中所使用的概念、命题、判断的意义是清晰的，前后保持同一个意义；矛盾律是指思考论证中，自己的思想不能前后矛盾，必须是一致的；排中律是指两个矛盾的命题，其中必有一个是真；充足理由律是指我们要有充足的、真实的理由、证据证明自己的观点。当恩尼斯讲完逻辑四律，聪明的我们一定会恍然大悟。原来"根据前提、理由、假设、考虑立场的前后一致性"与逻辑四律中的同一律异曲同工，或者根本就是从同一律中迁移而来的。我们由此可以得出一个肯定的结论，在西方，理性思维从未缺失，逻辑思维是构成理性思维的核心成分，理性思维中的逻辑思维是批判性思维的核心成分，是批判性思维的根基。

拜访了恩尼斯，我们再去见见保罗，他曾给批判性思维提出了九个方面的评价标准。清晰性，要求言而有序、前后连贯、语义晓畅明白；准确性，要求表达传递出事物真实的样貌与性质；相关性，要求表达的内容与问题之间的关联是直接的而不是间接的。同时还要求人们把握事物具体细节、排除个人偏见、直抵事物内核、把握问题本质等。我们虚心向保罗请教："为什么你会给批判性思维设置这样的评价标准？"保罗是位循循善诱的长者，他说："语言是思维的外壳，语言的清晰是什么清晰？逻辑，是吧！思想相互支撑、前后一致是什么一致？也是逻辑吧！相关性要求观点与证据之间有直接联系，这直接联系是什么？还是逻辑吧！"保罗肯定地说，所以批判性思维与理性思维关系密切，批判性思维的主根是从理性思维延伸过来的。

听君一席话，胜读十年书。理性思维与批判性思维的关系如此密切，我们又提出新的问题：理性思维是不是等同于批判性思维？保罗让我们去请教斯腾博格。斯腾博格引导我们讨论"认知监控"这个概念。他说认知监控在认知心理学那里叫元认知，元认知成分具有以下九个方面的作用：

（1）认识到需要解决什么问题；（2）对完成任务所需要的较低序列成分进行选择；（3）对较低序列成分之间的各种联合的策略进行选择；（4）对信息的一个或多个的心理表征与组织形式进行选择；（5）成分性资源的定位；（6）对问题过程的监控；（7）理解反馈的意义；（8）判断如何在反馈的基础上行动；（9）根据判断进行行动。

斯腾博格告诉我们，元认知不能说与理性思维全无关系，黑格尔就曾论证了理性是能反省自身的。但是，心理学家在研究元认知时，是从思维的角度来研究的。批判性思维研究专家把元认知引入批判性思维之中，元认知成为批判性思维的重要成分，要看到它们之间的联系与区别，把批判性思维与理性思维等同起来是不尽合理的。批判性思维还包括倾向性、习惯、公正、负责任的意识、与批判对象保持距离等成分，甚至有专家认为批判性思维还包含情感、道德的因素。这些都是理性思维所没有的。

理性思维是批判性思维的根基，批判性思维技能包含理性思维中逻辑的技能，更重要的是，批判性思维始终高举理性的旗帜，始终站在理性的立场发声。

第三节 批判性思维与创新思维

创新思维团队主要有创新个性、创新思维、创新能力三个成员。创新个性是创新者稳定的心理特征和行为倾向。美国心理学家吉尔福特深入研究创造个性心理特征，将以下八项列为创造性人才的共同心理特征：

（1）有高度的自觉性与独立性；（2）有旺盛的求知欲；（3）有强烈的好奇心，对事物机理有探究的动机；（4）知识面广，专注观察；（5）工作中讲究严谨性、条理性、准确性；（6）有丰富的想象力、敏锐的直觉，喜欢抽象思维；（7）富有幽默感，有艺术天赋；（8）意志品质出众，长时专注某个感兴趣的问题。

一般认为一个成熟的批判性思维者具有这样的个性倾向与态度：理智的谦虚、勇气、自主、诚实、坚持、公正、换位思考等。1990年，45位来自不同领域的批判性思维专家讨论通过了《德尔菲报告》，在报告中指出"理想的批判性思维者喜欢探索、了解全面、信任理性、思想开放、立场灵活、评价公正"，还指出理想的批判性思维者"诚实面对个人偏见、判断谨慎、愿意重新思考、理解论题清晰、对复杂问题思考有条理、不断搜寻信息、选择标准合理、考察专注、追求精确结果"。

根据以上陈述，我们将创新个性心理团队成员与批判性思维个性倾向团队成员整理成下表：

序号	批判性思维倾向	创新个性
1	喜欢探索	有旺盛的求知欲、有强烈的好奇心
2	考察专注、坚持	意志品质出众，长时专注某个感兴趣的问题
3	不断搜寻信息	长时专注某个感兴趣的问题
4	了解全面	知识面广，专注观察
5	判断谨慎	工作中讲究严谨性、条理性、准确性
6	勇气、自主	有高度的自觉性与独立性

从表中可以清楚看出，双方成员之间存在巨大的交集。批判性思维倾向与创新个性两个团队都将有强烈好奇、持久专注、知识面广、判断严谨、反复思考等的成员聘为自己团队的核心成员。这还是和尚头上的虱子——明摆着的，如果再深入分析，还可以找到更多隐性的相关联的地方。为什么这两个团队都喜欢将这些成员纳入麾下？我们请理性出来说句话。理性也许会说，这些优秀品质哪个团队都喜欢，它们在哪，就使它们的团队有所作为，它们是智力因素的兴奋剂，是创造性思维的带动轮。所以，当我们发展批判性思维倾向的时候，也就是在发展创新个性。

批判性思维与创新思维不仅在个性倾向或个性心理上有诸多相似的地方，批判性思维技能与创新思维成分上也是你中有我，我中有你。著名批判性思维专家霍尔普恩提出，问题决策技能是批判性思维重要技能之一。在问题决策过程中，批判性思维要经历比较、论证、评价、反思……创造性思维参与问题决策时，也必须经历比较、论证、评价、反思……两个团队共同努力，最终产生新的方案，因此问题决策过程中，聚合思维在批判性思维与创新思维中实现了"两栖"。"假设论证"是批判性思维的技能，在论证假设时，批判性思维会思考假设还有没有隐蔽的意义、这个假设是否合理、还有没有更合理的，这时就需要发散思维的参与，而发散思维是创新思维团队中的重要成员，曾被人们称为创新的关键因素。我们再来看"替代考察论证"这项批判思维技能，它指"创造及考察不同观点、论证结论，进行竞争比较、排除"。这项技能需要思考者突破现有的思路，充分发挥想象力，寻找不同的方案，创新思维中的发散性思维又起着重要作用。打个比方来说，批判性思维技能与创新思维两个团队核心成员情同手足，工作时心往一处想、劲往一处使，常常是协同作战的。

批判性思维与创新思维关系密切还体现在，批判性思维是创新的前提，是创新的源泉，批判性思维肝脑涂地替创新开辟道路。批判性思维直接催生了创新的例子数不胜数。爱因斯坦对牛顿方程、麦克斯韦方程等进行细致审查，在此基础上创造出了相对论。马克思对黑格尔彻底全面地批判，汲取其中合理成分，创造出了马克思主义哲学。改革开放以来，我们国家的理论创新主要就是批判性思维在推波助澜。我们回顾一下"真理标准"的确立过程。当时理论界所面对的一个重要问题就是，"两个凡是"是不是真理呢？是"是"还是"非"？是不是检验真理的标准呢？如果"两个凡是"是真理，那么党内许多曾经处理错了的案件就得不到纠正，实践就不是检验真理的标准，实践标准就不是真理。江苏的胡福明同志发表了《实践是检验真理的唯一标准》的文章，引发了真理标准问题的大讨论。可以想象，当时"两个凡是"的大背景下，如果没有反思的理性，没有批判性思维的能力和勇气，谁又能够怀疑甚至否定这样的理论错误呢？

批判性思维与创新相互依存，发展批判性思维同时也激发了创新思维。有位学者说，如果教育还是沿着记背知识的老路前行，不运用批判性思维解放学生、质疑权威、激发学生创新思维与能力，创新型国家会成为空谈。这句话很有力量，但愿能穿透重重雾霾，给教育带来光明。

第四节　批判性思维与辩证思维

辩证思维与批判性思维有什么关系？这一定是我们都想弄明白的事儿。辩证法虽然不是产生于中国，但中国是辩证法的衣钵传人。教师有必要思考辩证思维与批判性思维的关系。

批判是扬弃。辩证过程大致会经历"正—反—合"，或者说"肯定—否定—否定之否定"这样三个思维阶段。马克思评价黑格尔的辩证法时曾说，扬弃是辩证法的真正秘密。扬弃是对旧事物的批判、评价、审察、推理、判断的过程，它发生在"肯定—否定—否定之否定"的全过程，也发生在这个过程中的每个环节，它寓含着新事物的诞生，也寓含着旧事物的灭亡。所以我们认为，辩证法自身寓含着批判性思维，或者说，批判性思维是辩证法或辩证思维有机的组成部分。

批判是前提。马克思不相信神，自己也不是神。他是在对黑格尔哲学全面、深刻批判的基础上建立自己学说的。例如，黑格尔认为政治国家决定市民社会，他贬低市民社会，抬高政治国家。马克思对这个观点展开批判、分析，认为黑格尔是倒因为果，倒果为因。马克思不是一味地否定，他也汲取了黑格尔市民社会理论的合理性，在此基础上，提出历史是人民群众创造的唯物史观。这样的例子在马克思身上还有许多，在此不一一赘述。如果我们请马克思本人出来说句创造马克思主义哲学的感悟，他一定会说，批判是辩证思考的前提条件。

批判是量变。批判性思维不仅是辩证思维的前提条件，也是辩证思维的必经阶段，每次量变都为质变到来做准备。我们来看几个例子。理性这个词的内涵是在人类历史进程中不断发展的。巴门尼德把人类引向了追求真理的道路，指出了经验是不可靠的，提醒人们在探索真理的路上不要被经验绊倒。亚里士多德眼里，逻辑、真理与形而上学是同一的，这是亚里士多德在他那个时代的认识。笛卡儿认为，人类已有的所有知识、真理，都必须在理性面前陈述自己存在的理由。康德则指出人类理性是不能越界的，理性是有所能有所不能的。人类对理性的每一个阶段的认识都是那个时代的精华，但他们都只认识到理性的一个侧面，而不是全部。正是历经了不断的批判、反省、扬弃，不断积聚量变，人类对理性特征的辩证把握，即质变，最终才有可能形成。

也许大家不喜欢我们老是提哲学的内容。我们来看一个语文的例子。什么是语文？叶圣陶提出口头为语、书面为文，以此为基础提出语文工具论。20世纪，人们又经过批判、讨论，认为语文不只是冷冰冰的工具，还有温暖的人文。当老师们的课堂一个劲地弘扬人文精神的时候，人们在教学中又发现了语文实践性的特点，指出语文教学要加强语文实践活动。时代日新月异，国家在飞速发展，人们又认识到语文的文化性，要求树立文化自信，要汲取古今中外先进文化。前一个阶段的认识是后一个阶段认识的基础，后一个阶段认识是前一个阶段认识的发展。人们对语文这个学科的性质的思辨越来越全面。人们无法从工具性这个阶段的认识一下跳跃到当下这个阶段的认识，每一个阶段都是辩证认识必然经历的无法跨越的阶段。

批判的推理。郑善侃教授认为，辩证思维的推理过程中批判性思维经历了三个步骤。一是揭示事物最初的最简单的关系，即事物赖以存在的内在根据，推出客观事物之所以然；二是从事物的基本关系出发，分析事物的矛盾的各个侧面；三是在矛盾充分展开的基础上，推理出矛盾发展的必然趋势。毛泽东的《论持久战》中批判性思维推理与辩证思维推理过程高度一致，准确分析了中国与日本的实际情况，批判了"速胜论""亡国论"，推理出中日之间的战争是一场持久战，而胜利必将属于中国人民。实践证明，毛泽东的分析、论证及推理过程是完全正确的、辩证的。

批判的目的。大海上的航船需要灯塔，夜间飞机的飞行需要导航。批判的展开需要辩证认识指引方向，也是以辩证认识达成为目的。在辩证批判的过程中，我们审视前人观点的前提，发现前人观点的立足点；审查前人分析与综合、列举与归纳、直观与演绎的论证过程是否科学有效；审思结论是否与客观世界相符，发现可能的新的生长点。这个过程始终以辩证认识的形成为方向和目的。没有辩证认识为方向，分析与综合、列举与归纳、直观与演绎会走更多的弯路。有了辩证认识指引，人们才能既守正也创新，既见树木也见森林，既看见历史也看见未来。

对事物展开批判性思考是形成辩证认识的前提条件，也是辩证认识形成的必备阶段，辩证思维指导下展开的批判性思维推理是科学的、有明确方向和目的的。

第五节　批判性思维与高阶思维

布鲁姆是最早把思维分为高阶思维与低阶思维的心理学家。低阶思维指的是对知识的简单记忆和复述，即记忆、理解、应用；高阶思维则指向为达到某个目标而对知识进行组织或者重组的心理过程，即分析、综合与创新。布鲁姆的分类，把思维看成静态的，这是不符合人类思维实际的。

杜威认为批判性思维是高阶思维，是一种人们在需要评估信息、做出判断时经历或进行的合乎逻辑的反思性思考。另一种观点是将高阶思维看成创造性思维。"创造"指的是"将要素整合为一个内在一致、功能统一的整体或形成一个原创的产品"。如果我们从高阶思维、批判性思维与创造性思维三者的成分来看，它们之间确实存在彼此重叠的部分，但是这样的认识是浅显的、表面的。

建构主义认为个体在与环境互动的过程中会不断接收新的信息，这些信息有些会对已有的知识形成补充，有些则可能与已有的知识产生冲突，造成认知的不平衡。为了达到认知平衡状态，个体通过同化将新信息纳入已有的认知结构中进行理解，或者通过顺应来调整已有的认知结构以适应新的情境。

受建构主义理论启发，研究者们开始研究何种认知情境能够促进个体知识结构的重组和调整。皮亚杰是建构主义理论的代表人物，他提出"图式"的概念来描述个体在思维过程中所形成的抽象的、高阶的认知结构。基于以上观点，人们认为高阶思维所包含的认知过程指向信息的转化以及认知图式的更新与发展。

华东师范大学教育心理学教授马淑风提供了一个高阶思维概念图。我们认为这个概念图较好地解释了高阶思维在信息加工过程中的机制，也可以清楚地看到高阶思维、创造性思维、批判性思维的关系（见下图）。

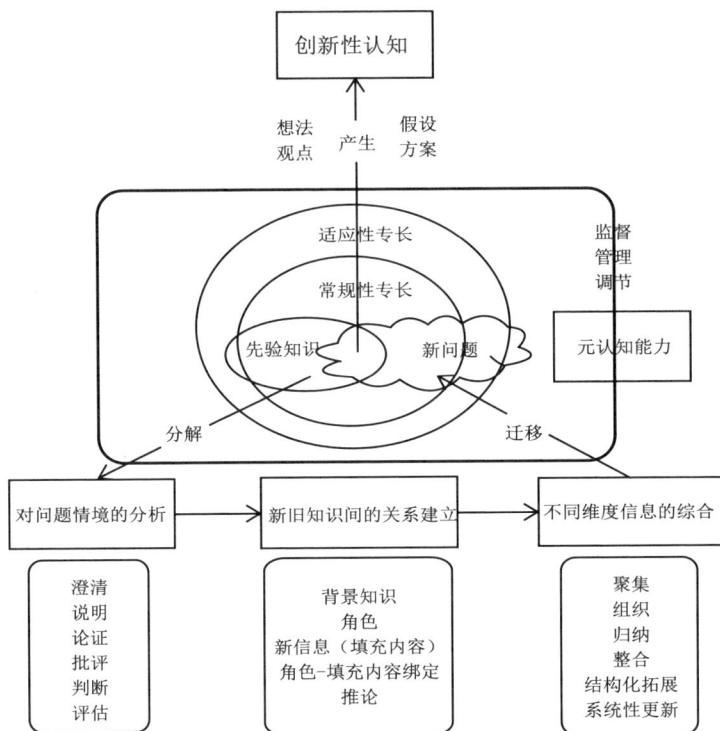

马教授认为，高阶思维并非单一的思维过程，而是多种认知成分协同作用的复杂思维过程。现将高阶思维工作机制简单介绍如下。

高阶思维的第一个环节是对问题情境的分析。澄清问题，确保自己和他人都清楚地理解了问题所承载的含义；抓住并说明要点，解释关键术语的含义，处理模棱两可的概念，明确没有公开陈述的假设，推断问题背后隐藏的信息；提供能够支持立场、主张或陈述的细节和理由，或者提出具有支持性的证据或者说明性的例子……批判性思维在这个环节起着关键的作用。

高阶思维的第二个环节是新旧知识间的关系建立。从记忆中提取相关背景知识；识别背景知识在新问题中充当的"角色"；将新信息填充到已被识别的背景知识之中，使新旧信息建立联系。

高阶思维的第三个环节是不同维度信息的综合，即将相互关联的新旧知识通过聚集、组织、归纳和整合进一步形成结构化、系统化的知识。认知结构的更新和拓展代表了创新性认知的产生，这是高阶思维的第四个环节。除了上述几种认知成分，高阶思维过程还需要元认知能力来监督、管理和调节认知过程。

　　高阶思维、批判性思维、创造性思维三者在成分上互相重叠，在思维过程中相互协同，很难将三者完全分割开来。这也启发了我们，在教学中我们要从整体上发展这三种思维能力，最合理的办法是以批判性思维为抓手，同时推动创新思维与高阶思维的发展。

第六节　批判性思维与核心素养

核心素养是学生成长的目标，也是评价指南。为适应世界教育改革发展趋势、提升我国教育国际竞争力，我国公布了学生核心素养。我国的学生核心素养以"全面发展的人"为旨归，主要包括文化基础、社会参与、自我发展三个领域，三个领域下有六个方面，分别是人文底蕴、科学精神、责任担当、实践创新、学会学习与健康生活，共有18项核心素养。

中国学生核心素养与批判性思维有什么关系？我们从显性与隐性两个方面来探究。

文化基础领域这样阐述理性思维："崇尚真知，能理解和掌握基本的科学原理和方法；尊重事实和证据，有实证意识和严谨的求知态度；逻辑清晰，能运用科学的思维方式认识事物、解决问题、指导行为等。""理性思维""逻辑清晰"是批判性思维的本质特征，它来自西方哲学，是西方从古至今从未缺席的思维品质。"尊重事实和证据"是批判性思维的技能要素。"解决问题"是批判性思维的目的。"指导行为"这个短语，可以说直接来自恩尼斯批判性思维的定义。

学会学习方面这样阐述信息意识："能自觉、有效地获取、评估、鉴别、使用信息；具有数字化生存能力，主动适应'互联网+'等社会信息化发展趋势；具有网络伦理道德与信息安全意识等。"我们所处的时代是个信息爆炸的时代，搜集与自己研究相关的信息、鉴别信息真假、判断信息价值是批判性思维中非常重要的技能，美国小学一年级英语课"忧天的小鸡"，就指导学生鉴别信息可靠性，以及根据信息做出可靠的推论。

"具有对自己的学习状态进行审视的意识和习惯，善于总结经验；能够根据不同情境和自身实际，选择或调整学习策略和方法等"是学会学习方面对"勤于反思"的阐释。批判性思维从杜威开始提倡反省，后来的批判性思维学者认为元认知成分是批判性思维不可缺少的成分。"选择或调整学习策略和方法"正是批判性思维的元认知成分中的重要内容。中国学生核心素养框架中，像这样明显与批判性思维有关的短语还有许多，比如"独立思考""独立判断""做出选择和决定""好奇心""开放的心态"等，只要大家依据批判性思维成分进行判断即可。林崇德教授指出，中国学生核心素养中的"批判质疑""勇于探究"是与批判性思维对应的，而"问题解决""技术运用"对应问题解决和创造性思维。

除了这些一目了然的地方，还有许多地方，只要认真分析一下，也能看出它们与批判性思维的紧密关系。中国学生核心素养框架中，在"人文底蕴"中要求学生"具有古今中外人文领域基本知识和成果"。我们来问一问，"要具有哪些成果？怎么具有？陈述中在"人文领域基本知识和成果"前没有限制语，所以可以理解为人文领域一切基本知识和成果。"一切"都要具有？是的。怎样才能科学地具有这一切？那就是拿起批判性思维，对其进行批判，取其精华，去其糟粕。在这里，批判性思维是隐在背后的。

"国际理解"是18项学生核心素养中的一项。它要求学生"具有全球意识和开放的心态，了解人类文明进程和世界发展动态；能尊重世界多元文化的多样性和差异性，积极参与跨文化交流；关注人类面临的全球性挑战，理解人类命运共同体的内涵与价值等"。这里的"开放的心态""尊重多元文化"及"差异性"本身就具有批判性思维倾向性。我们再来看文化交流，文化交流不是唱几首歌、演几部戏，那是浅层次的交流，真正的文化交流是对他者文化进行研究、反思、评价。对他者文化，同不是苟同，异不是为异而异，而是做出公正的、辩证的评价，只有这样的文化交流才会达成国际理解的目的。所以，真正的文化交流背后是批判性思维在起作用。另外，学校要落实国际理解教育，培养学生批判性思维也是最好的方式。

批判性思维或明或暗地融入学生核心素养是不争的事实，是人的全面发展所需，也是时代百年未遇之大变局的要求。

第七节　批判性思维与思辨

我们称为"批判性思维"的东西，在西方用"Critical Thinking"这个词表示。"批判"（Critical）一词源自希腊文"Kriticos"和"Kriterion"，分别表示"辨明是非与判断的能力"和"标准"。从词源上来讲，批判性思维表示一种能够做出判断与分析、根据客观的标准去看待问题的态度。国内许多学者将"Critical Thinking"翻译成"批判性思维""高层次思维能力""审辨式思维"或"思辨"，其中将它翻译为"批判性思维"的学者较多，也有许多学者将它翻译为"思辨"。

将"Critical Thinking"翻译为"思辨"的学者认为，思辨在哲学上是指以逻辑思维为指导，进行纯概念、纯理论的思考。"思"涉及分析、推理、判断等意思，"辨"是对事物进行理性的辨别。西方哲学一直有思辨的传统，从康德开始，思辨就被看作纯粹理智范围内的哲学推论。黑格尔用"思辨"一词指辩证的方法或思维的高级阶段。将"Critical Thinking"翻译为"思辨"与哲学中的求真精神是一脉相承的。

"博学之，审问之，慎思之，明辨之，笃行之"出自《中庸》一书。博学，学习要广泛涉猎；审问，有针对性地提问请教；慎思，学会周全地思考；明辨，形成清晰的判断力；笃行，用学习得来的知识和思想指导实践。"思辨"一词应该就出自此处，在中国人的交往中，只要一提到"思辨"一词，很容易想起《中庸》中的这一句话，而这句话的精神与"Critical Thinking"指明的要素有许多相通之处。比如"Critical Thinking"强调的掌握全面信息与"博学"相通，"Critical Thinking"提出的分析、推理、判断与"慎思之，明辨之"相通，"Critical Thinking"提出的谦虚、包容等品质与"审问之"相通。可以说翻译成"思辨"与"Critical Thinking"的意思是非常契合的，也符合中国人的情感，容易被人接受。周开发教授认为，中国自古就有批判性思维，并认为"博学之，审问之，慎思之，明辨之，笃行之"就是非常好的批判性思维的模式。

从目前来看，使用"批判性思维"这个概念的人要比使用"思辨"这个概念的人多。有的学者认为，"批判"一词是一个中性词，武宏志教授考察了"Critical"的词源，认为把"Critical"翻译成"批判的"反映了英语的本义，而且与希腊词源相一致。但是，"批判"这个词因为历史上某些原因，容易引起误解，容易把批评背后的分析、评价的意思遮蔽或忽略。综合以上分析与比较，将"Critical Thinking"翻译成"思辨"也许更容易得到大家的认可。

2022 版《义务教育语文课程标准》是不是真的将"Critical Thinking"翻译成"思辨"？我们来看 2022 版《义务教育语文课程标准》中关于思辨的阐述：

> 本学习任务群旨在引导学生在语文实践活动中，通过阅读、比较、质疑、讨论等方式，梳理观点、事实与材料及其关系；辨析态度与立场，辨别是非、善恶、美丑，保持好奇心和求知欲，养成勤学好问的习惯；负责任、有中心、有条理、重证据地表达，培养理性思维和理性精神。

分析一下这段话，可以看出，一是比较、质疑、讨论这些阅读方式与理性思维紧密相关，并且也是国外培养学生"Critical Thinking"的重要方法；二是"梳理观点、事实与材料的关系""辨析态度与立场"是"Critical Thinking"的要素，"好奇心、求知欲、负责任、习惯"是"Critical Thinking"的倾向性，"重证据"是"Critical Thinking"最根本要素与理性精神的表现。上面这段话的阐述中，唯一中国化的表述是"辨别是非、善恶、美丑"，但是这也与"Critical Thinking"提倡理性精神及道德要求是完全相符的。通过以上分析，我们可以肯定地说，《义务教育语文课程标准》修订专家们是将"Critical Thinking"翻译成"思辨"的，换句话说，"思辨"等同于"Critical Thinking"，等同于"批判性思维"。如果读了图尔敏与维特根斯坦的相关章节，我们就会得出更确切的结论：思辨就是指非形式逻辑指导下的批判性思维。

写到这，我们总算完成了思辨与批判性思维之间关系的揭秘。这节之后，我们就开始使用"思辨"这个概念取代前面章节里使用的"批判性思维"这一概念。

第八节　思辨的六条逻辑理路

从巴门尼德到维特根斯坦，从形式逻辑到非形式逻辑，从批判性思维到思辨，可谓翻山越岭，历尽艰难，我们为的是深入哲学与思辨（批判性思维）腹地，发现思辨阅读可能的逻辑理路，引导学生以教材为例子，在阅读中学习思辨。

产婆思辨模型。苏格拉底是西方启发式教育的鼻祖。苏格拉底创设平等对话的空间，从人们原始的认知出发，对人们不断诘问或呈现矛盾的内容，形成与原始认知的强烈冲突，帮助人们修正、产生新的观点。这不是苏格拉底唯一的途径，有时苏格拉底也从人们原始的概念出发，展开演绎论证。原人教版四年级上册《幸福是什么》，说的是三位青年疏浚水源，思考什么是幸福的故事。我们利用表格支架，引导学生从文章中提取信息，理解三位青年各自对幸福的感悟，归纳出幸福是利他。此时，我们不断诘问学生，促使学生陷入思维困境，否定自己原初观点。我们又让学生寻找出"养活自己""救活许多人""帮助许多人"背后相同的东西——利己。学生们终于归纳出幸福既有利人的一面也有利己的一面。历经 2000 多年，"产婆术"教学思想仍然闪烁着耀眼的光芒。这样的思辨是按照苏格拉底的逻辑理路展开的思辨。

辩证思辨模型。马克思的辩证法，从思维角度讲，大致经历了"肯定—否定—否定之否定"三个阶段。扬弃参与了整个过程及每个环节。马克思是唯物辩证法的老祖先，我们却是辩证法的衣钵传人。小学语文教材中，有许多课文需要辩证地思考才能得出正确的观点。二年级《我要的是葫芦》说的是事物普遍联系的道理，看不到叶子与葫芦的联系，只要葫芦不要叶子，这是违反客观规律的。《我是一只小虫子》说的是做一只平凡小虫子的烦恼，但是做一只平凡的小虫子也有自己的快乐。烦恼与快乐是对立的、矛盾的，唯物辩证法告诉我们，烦恼中有快乐，快乐中也有烦恼，既矛盾又统一。《"精彩极了"和"糟糕透了"》一文，对于同一首诗，妈妈极尽赞美之词，父亲却毫不留情地批评。赞美与批评是矛盾的对立统一。这样的文章还有许多，思辨这些文章的道理，都需要唯物辩证法逻辑的指导。换句话说，这些文章可以按唯物辩证法的逻辑展开思辨。

科学思辨模型。科学发现的基本程序大致有假设、实验、结论、验证几个步骤。科学探究大都采用归纳法得出结论。小学语文课本中，安排了许多与科学相关的文章，这些文章现在大多归入实用性文本之列。《蟋蟀的住宅》是昆虫学家法布尔写的文艺性说明文，教师教学这篇文章时，可以引导学生根据科学研究的基本方法对其展开思辨：法布尔观察到的蟋蟀的习性具有普遍性吗？以文艺性说明文来写为什么？《夜间飞行的秘密》讲的是科学家在实验中发现蝙蝠夜间飞行的秘密从而发明了雷达的故事，教学这篇文章同样可以遵循科学思维的逻辑进行思辨。

逻辑思辨模型。亚里士多德创立了逻辑学，认为知识只有经得起三段论不断演绎推理，一直穷尽到最后的命题，最后命题是人们公认无须证明的知识才是真知。两千多年来，西方哲学家们用它检验知识的确定性。思辨是理性思维，也是逻辑思维。小学语文课本中，有许多课文可以按形式逻辑的理路展开思辨。《咕咚》一文说的是小兔子在湖边听到"咕咚"一声巨响，看见湖面溅起水花，吓了一跳，赶紧逃走，其他小动物也跟着一起跑，大象带领它们弄清了事情原因的故事。教学这篇课文时，可以引导学生找出事实与观点，还原小兔子的推理过程：遇到危险要逃离；"咕咚"很危险；赶紧逃命。教师引导学生看见小兔子及动物们荒谬的推理，在思辨中获得启示。这样的思辨是按形式逻辑的理路展开的。

非逻辑思辨模型。形式逻辑是理性的代表，可以说，讲形式逻辑就是讲理性。形式逻辑式思辨的过程遵循演绎推理的基本思路，促进学生逻辑能力的发展。但是，人们日常生活中运用形式逻辑进行思辨的机会并不常见，更多的是围绕一个主题进行论证以说服他人，也就是非形式逻辑式思辨。语文教学中需要形式逻辑式思辨的理性加持，更需要非形式逻辑式思辨的温暖相伴。《一块奶酪》一文说的是蚂蚁队长控制自己欲望、战胜自己欲望的故事。教学中可以围绕"你认为蚂蚁队长是否胜任队长这一职位？请找出合适的证据，说一说自己的观点"来展开。在学生细读文本后，教师给出思维整理支架，开展辩论。这样的教学围绕话题、找出证据、思考论证、推理结论、说服他人，是非形式逻辑指导下的思辨，也是当前语文教学中使用较多的思辨形式。

鉴赏思辨模型。语言表达的内容容易被人感知，而语言表达的形式只有有心人才能得之。鉴赏思辨模型的教学往往从语言形式入手，拨开语言形式的遮蔽，显现出语言的内容，最后又返回语言形式，品味语言形式如何巧妙表达思想内容。这个过程分为三步：语言形式—语言内容—语言形式。这就是许多专家口中所谓的"二进二出"。《搭石》一文中有这样一句话："假如遇上老人来走搭石，年轻人总要伏下身子背老人过去，人们把这看成理所当然的事。"句中的"伏"字，从语言形式上说是"春秋笔法"，即一字寓褒贬。教学中可以引导学生从"伏"字入手，体会当地年轻人的美德，鉴赏作者仅用一个"伏"字就表达了作者的价值观，把当地人美好的传统品质显现出来。

这六条思辨理路从西方哲学中走来，从中华民族的传统文化中走来，从小学语文教学实际中走来。我们清楚不止此六条理路，我们也知道，研究批判性思维的许多学者认同的只有形式逻辑这一条理路。

第五章

思辨阅读的支架

　　支架原指建筑行业的脚手架，引入教学领域是指在学习者需要的时候，为其提供恰当的可能的支持，帮助他们快速有效地进入"最近发展区"，获得潜在的发展水平。搭建支架是技术活，撤除支架也是技术活。为了思辨的过程、结果及思辨能力的提高，教师需要适时为学生提供思维模型支架，帮助学生学会思辨；需要为学生搭建支架，帮助学生搜集信息，找到思辨的线索与思辨的依据。问题也是支架的一种，好的问题可以产生思维冲突，激发思辨的兴趣与探究的欲望，设计好的问题或追问都是有规律可循、有它山之石可供借鉴的。

第一节　支架何以可能

"支架"一词的运用始于 1300 年，原意是指建筑行业的脚手架。引入教学领域是指"由教师或辅导者对学习者所提供的即时支持，这种支持能促进学习者（被辅导者）有意义地参与问题解决并获得技能"。简单地说，支架即帮助。那么，学习支架是怎样发挥作用的？在哪里发挥了作用？

人类既研究宏观宇宙怎样生成与运行，也研究微观的世界怎样构成与运动。人类还把自己作为研究对象，想解开藏在自己身上的秘密。有个黑箱子也许是人类最想打开瞅瞅的，那就是人类的大脑是怎么学习与思考的。动物心理学家提出了"刺激—反应说"，把动物学习理论搬到了人类学习身上。"顿悟说"马上跳出来表示反对，认为人类学习不只是简单的 S—R。他们在中间加上了"O"，把人类学习过程解释为 S—O—R。这"O"是个什么东西？从教学支架的角度来说，这"O"是顿悟的支架，有了这个支架，人类才能从刺激中形成持久而固定的反应。长江后浪推前浪，来了一拨学习信息加工心理学的人，他们说认知过程是信息加工的过程，学习过程不是 S—O—R，而是注意新知—意义解码与编码—习得新知。这不是把人当成电脑了吗？这理论来得太生硬，即便是电脑，硬件与软件的版本好像也高不到哪里去。但是，也不至于一无可取。从学习支架的角度来说，学习支架可以在意义解码与编码阶段大有可为。

建构主义者在一个个假说中信步走来。其中有位名字叫皮亚杰的，他一边拿出一张图（见下图），一边解释说，认知是同化、顺应的过程。同化是指学习个体对刺激输入的过滤或改变的过程；顺应是指学习者调节自己内部结构以适应特定刺激的过程。他将同化与顺应锁在同一间小黑屋里，从学习支架的角度来说，这间小黑屋就是学习的支架。

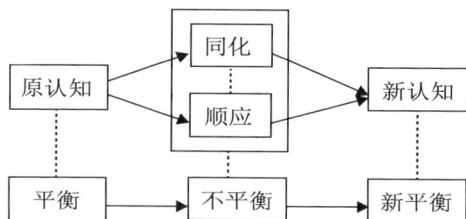

好像吃腻了"信息加工说""顿悟说"那些没多少营养的东西，听说建构主义开张营业，人们一拥而上，都去尝鲜。有位叫马扎诺的出来叫板了："'建构主义说'忽视了学习者的意愿，这显然不符合人们学习的实际。"他指着下图说："这学习意愿像个开关，闭上的话，即使掌握了诸多学习策略、学习技能，也等于零，打开了才会主动从内存里调取学习策略与技能。"别说，还真有点道理。在马扎诺学习模式的"元认知系统建立目标与策略""认知系统处理相关信息"两个环节中，学习支架或帮助学习者选择策略，或帮助学习者处理相关信息。

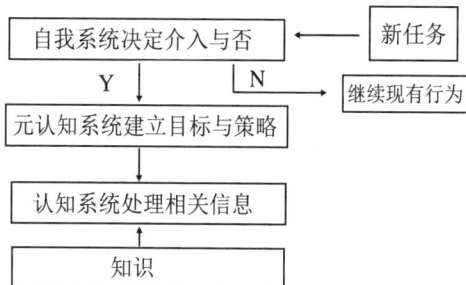

建构主义学说不完美，建构主义者自己是心中有数的。他们认为学生建构知识的过程还值得深入研究，仅用一个"重组"是服不了众的。他们把视线投向了苏联，研究、借鉴最近发展区理论，把支架理论引入学习建构，于是学习建构模型发生了改变，建构主义理论由此赢得更多人的支持。如下图所示：

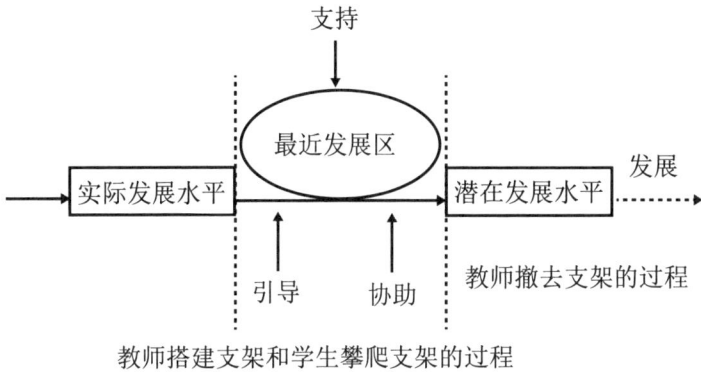

教师搭建支架和学生攀爬支架的过程

　　教师是学习支架的专业搭建者。在学生需要学习支架支持时，该出手就出手。优秀的教师不是为所有学生提供相同的学习支架，而是针对不同学习能力的学生提供不同的学习支架。教师为学生提供学习支架是为了以后不提供支架。教师要有意识地撤除学习支架，发展学生自主学习的能力。

第二节　五个思辨程序支架

人类发现了许多真知，创建了许多知识模型，同时也总结了许多思维模型。这些思维模型，就是思维的"脚手架"，帮助思维捕获猎物，享受思考的乐趣。

"5W1H"思维模型。1932年，美国政治学家拉斯维尔提出"5W分析法"，经过人们不断运用和总结，逐步形成了一套成熟的"5W1H"思维模型。"5W"是指What、Why、Where、When、Who这五个英文单词，分别表示什么事、什么原因、什么地点、什么时间、什么人，"1H"是指How，表示怎么做。美国许多教室墙上常年张贴着这六个词。《卡住了》讲的是小男孩弗洛伊德的风筝被缠在了一棵树上，为了取下缠住的风筝，弗洛伊德尝试将不同的东西往树上扔，结果无一例外全部卡在了树上，最后他剪了风筝线，拿到了风筝。课堂上，美国的教师请学生用"5W1H"模型提问。孩子们在"5W1H"思维模型的帮助下，提出了"故事里有哪些人物？""谁被卡住了？""它们卡在哪里？""为什么弗洛伊德要把东西往树上扔？""他怎样拿回他的风筝？"解决了这些问题，绘本的内容基本得到理解。解决完这些问题，教师又引导学生利用布鲁姆的思维六个层级提问，发展学生高阶思维与批判性思维。

论辩模型。斯蒂芬·图尔敏是非形式逻辑的代表人物，他的论辩模型包括以下六个要素：主张、根据、理由、支援、限定词、反例。基本模式只需要前三个要素。这个模型对语文教学开展思辨教学很有价值，如下图所示：

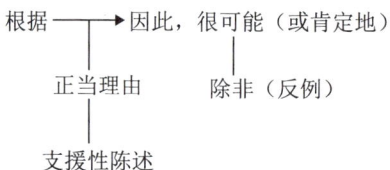

```
根据 ──────▶ 因此，很可能（或肯定地）
        │                   │
      正当理由          除非（反例）
        │
     支援性陈述
```

一般的语文课堂当中，学生论述一个观点往往只需要基本模式，也就是讲清楚自己的主张、有哪些证据可以证明自己的观点、这些证据的道理是什么就可以了。但也有例外的时候，那就是还需要考虑一些特殊的情况，即承认观点成立的限制条件。

"产婆术"模型。在批判性思维的哲学溯源里，我们提到苏格拉底的"产婆术"大致经历了三个阶段：一是引导讨论者讲出一个暂时的理解；二是运用例子不断诘难，对这个暂时的理解进行检验；三是引导讨论者归纳出新的理解。人们对"产婆术"进行完善，提出了这样的思维模型：聚焦问题—发现假设—分析概念—区分所知和不知—产生新观点。在《水浒传》英雄人物阅读分享中，师生一起聚焦"林冲是个怎样的人"，大部分学生只注意到林冲高超的武艺，从而得出结论说他是英雄。教师与学生一起分析"英雄"这个概念，厘清英雄的标准。教师向学生提供了"林冲妻子在庙里被高衙内调戏，林冲伸手想揪住衙内，可是当衙内转过身，林冲认清了是上司的干儿子手便软了下来"与"林冲站在陆谦家胡梯上叫唤却不破门而入抓住衙内"这两个情节，学生认真阅读后，心中英雄形象倒塌了。教师并没有到此为止，又提供了林冲杀王伦等情节，一次次给学生造成矛盾冲突，最后引导学生综合林冲形象。如果把"产婆术"模型改造一下，变成"质疑问难—确定起点—逻辑推理—得出结论"，就成了笛卡儿的思辨模型。

"QESDC"模型。保罗与诺希克认为，思辨的思维程序是从问题开始的，图中用"Q"表示；思辨者站在理性的立场，遵循形式逻辑的规则，图中用"E"表示；思辨者以学科内或跨学科的观点为评价标准，对问题进行思辨，图中用"S"和"D"表示；历经评价标准层层思辨，最后得出经过理性评审、逻辑检验的结论，图中用"C"表示（见下图）。举个例子来说，课堂上理解了毛泽东的《七律·长征》的内容后，教师引导学生评价这首诗，评价时可以从"诗言志""诗言情""浪漫主义""现实主义"等好诗的标准展开评价，最后综合得出对这首诗艺术性的、理性的、多个角度的、全面的认识。

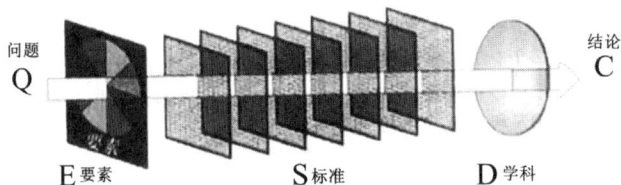

归纳模型。事物无限而语言有限，以有限的语言表达无限的大千世界，不可能事无巨细、面面俱到。怎么办？归纳！培根创立了归纳法。语文是归纳法的使用大户。《梅兰芳蓄须》用三件事表现梅兰芳先生的民族气节，从思维角度来说是归纳法；《我的伯父鲁迅先生》用四件事表现鲁迅高尚的品格，从思维角度来说是归纳法；《通往广场的路不只一条》用几件事证明条条道路通罗马，用的还是归纳法。我们课堂上概括一个人物品质的思维过程也是归纳法。归纳法有其合理性，所以成了科学研究的工具，但是归纳法也存在逻辑上不严谨的缺陷，阅读教学中，当师生使用归纳法的时候，教师一定要引导学生以完全归纳的思维方式进行思辨。

阅读教学中教师要把这些思辨模型有机渗透或传授给学生，引导学生学会思辨。思维模型还有许多，比如"SWOT"模型、"4P"模型、"4C"模型，这些思维模型成为不同职业者思辨的支架。这些模型里是否还有更适合充当语文思辨阅读支架的，有待进一步研究。

第三节　导图支架的常用类型

20 世纪 70 年代，东尼·博赞先生以"放射性思考"为基础发明的思维导图，是帮助人们思考的工具。它是一种思维的图解器，也是一种思维的可视化地图。广义的思维导图有鱼骨图、气泡图、维恩图、时间轴、表格……教师们在教学中还创造、命名了诸如"情节梯""观点椅""情感图"等信息与思维图示化工具。我们把广义上的思维导图经过教学技术处理，用于帮助学生学习的工具称为导图支架。

时间轴支架。统编版三年级下册《纸的发明》课后的练习题中，编者安排了一道练习题，要求学生想想每个自然段的意思，照样子填写下图。《纸的发明》按照时间顺序讲了纸发明之前，人们把文字刻在木片或竹简上；西汉时代，人们用麻造纸；东汉时代，蔡伦改进造纸术，以及后来造纸术对世界的巨大贡献。时间轴对应时间顺序，每个时间节点对应技术发展节点，并与行文思路一一对应。考虑到学生概括能力的实际状况，要求学生用句子来概括意思，真是一个标准的学习支架。

表格支架。统编版三年级下册《蜜蜂》记录了昆虫学家法布尔的一次实验经过。课后作业要求学生把示意图补充完整。这个示意图是表格支架的变体，要求学生填写实验步骤与实验结论。仅从示意图功能来看，这个支架起着信息提取与理解文章内容的作用。从设计角度来看，这个支架将行文思路、实验者实验过程和实验结论融为一体。可以说，这是一个跨越学科的思维支架，也是一个落实语文素养的支架。

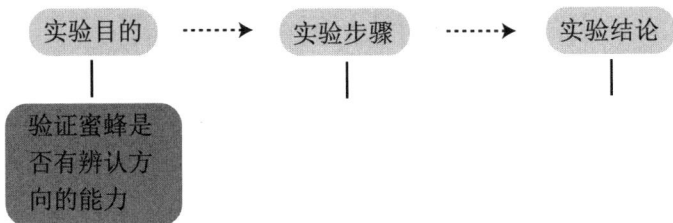

思维导图支架。《蜘蛛开店》是统编版二年级的一篇课文。蜘蛛想利用自己的特长开店，它先卖袜子，后卖围巾，最后卖口罩。课后练习要求学生根据下面的图说一说这个故事。这是一个思维导图支架，核心词是蜘蛛开店，三个主支是并列关系，三个主支内部是对应关系，整幅图遵循思维导图制作规则，展现了课文的大致结构。科学证明，人的脑子有读图的偏好，这幅图就像一个提示器，是学生复述故事的好支架。教师还可以图为基础，引导学生思辨蜘蛛是不是一个成功的经商者。

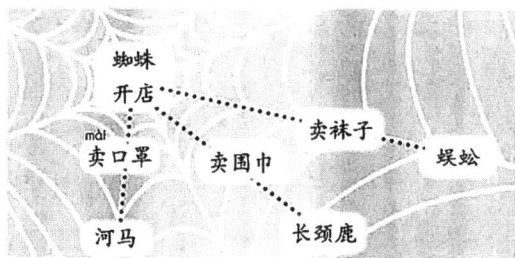

鱼骨图支架。鱼骨图是人们创造出来的分析事物成因的图像化工具。统编版四年级上册《牛和鹅》的课堂作业中，设计了如下的思维导图。教师们把它作为课堂教学支架，引导学生阅读课文并填写鱼骨图。

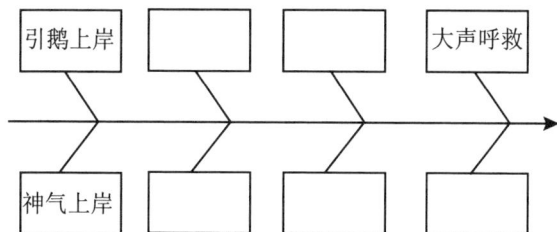

　　这幅鱼骨图上部要求填写"我"的神态与行为，下部要求填写鹅的神态与行为，两者的神态与行为要求一一对应。从支架功能来说，可以厘清课文相关段落的内容，也可以让学生在思辨中看见作者一面写"我"的神态与行为，一面写鹅的神态与行为，交替进行的表达特点。当然这还是概括能力的训练，是一个设计得很好的导图支架，用心的教师可以实现一图多用。

　　情感图支架。统编版四年级上册《陀螺》讲的是叔叔送给"我"一只陀螺，"我"和小伙伴斗陀螺的趣事。教师们用下面这个支架图帮助学生学习。这个支架从静态来看，主要有两个功能，一是概括课文主要的事件，二是体会文章中的"我"情感变化的脉络。单元语文要素得到落实，文章的结构与情趣得到显示。

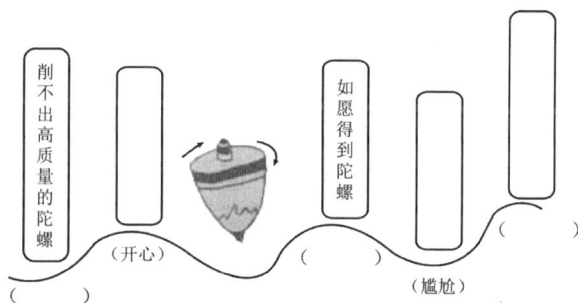

　　维恩图支架。我曾经把朱熹的《春日》、苏轼的《惠崇春江晚景》、杜甫的《江畔独步寻花·其五》三首诗整合成一组来教学。前两首大家都熟悉，在此不摘录，杜甫的《江畔独步寻花·其五》其中有两句是"桃花一簇开无主，可爱深红爱浅红"。在学生理解了诗意之后，我利用维恩图引导学生比较三首诗的异同，此案例发表在《语文报》。

　　三个不同时代的诗人都写春天。苏轼写的是"蒌蒿满地芦芽短"的初春，杜甫写的是"可爱深红爱浅红"的春天，朱熹写的是"万紫千红"的春天。虽都写春天，但三位诗人选取的景物各不相同，分别是一组景物、一种景物和一片景物。以此为基础，思辨诗人各不相同的感情抒发方式。杜甫是先抑后扬，苏轼是寄情于景，朱熹是直抒胸臆。学生们在支架中看见了三首诗的联系与区别。

观点图支架。教学《曹冲称象》一文时，教师让学生画出曹冲与大臣们的办法，引导学生把曹冲的办法说清楚，然后出示支架图，引导学生展开比较，在比较中看到曹冲称象方法的优点。在学生比较结束后，再鼓励学生开动脑子，想想有没有比曹冲的办法更巧妙的办法，在比较中论长短，在想象中见创新。

情节梯支架。《一块奶酪》这个故事中，蚂蚁们跟队长搬运粮食。蚂蚁队长宣布命令：大家不许偷嘴，否则重罚。蚂蚁队长发现了一块大奶酪，在搬运过程中掉下一小块。队长心里想偷偷吃了掉下的奶酪，但最终战胜自己的欲望，命令最小的蚂蚁吃掉奶酪渣。教师设计了下面的支架图，要求学生把故事情节填入相应的括号，在此基础上，引导学生思辨队长称不称职。

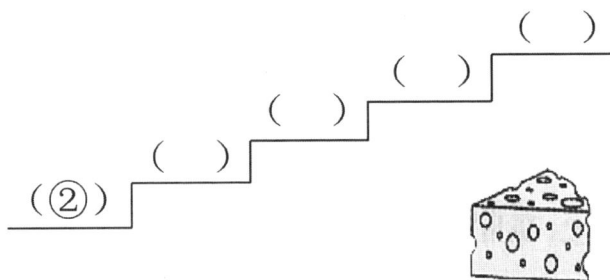

教师是搭建学习支架的专业人员。在教学中，教师们发挥自己的智慧，创造了许多的导图支架，帮助学生更快更好地穿越最近发展区。

第四节　思辨导图支架设计思路

好的导图支架三位一体，既是学生提取信息、深度学习、展开思辨的工具，也是教师教学思路的导航图，还是作者行文思路的显示屏。好的导图像下围棋一样布下活口，为学生思辨的展开埋下伏笔。我们反对只求形式美而不顾导图本身的特点与局限性，不顾导图与教学内容的契合度，抛弃教学要实现的目标的导图支架。表格支架就是教师们非常容易设计与操作的支架。我们以原人教版四年级上册《幸福是什么》为例，谈一谈思辨导图支架的搭建。

课文大致讲了三个牧羊的小孩在山上疏浚水源，修砌了一口井。一位仙子祝他们幸福。他们三人不知何谓幸福，决定各自寻找幸福的答案，相约十年后在井边相见。一位留在村子里种地，种出的麦子养活了许多人，他找到了幸福；一位到过许多地方，当过花匠，做过消防员，他所从事的工作对别人有用，他也找到了幸福；一位在城市里当了医生，救治了许多病人，帮助了别人，同样找到了幸福。教学这篇课文时，我们设计了表格支架，要求学生默读相关语段，填写下表：

青年	从事的工作	哪些词句能感受到他们的幸福
第一位		
第二位		
第三位		

已是四年级的学生，提取文本的信息并不难。学生在填写表格后，教师组织学生进行集体交流，着重引导学生深入语言文字，品味三位青年话中的自信与满满的幸福感。许多教师教到这，也许就结束了这篇课文的教学，若如此，教学就只停留在教学内容分析上。从思维角度说，只停留在理解的层面，就只

111

在低阶思维里打转。我们在上面表格的基础上，增加了一列，要求学生再读课文，完成下表中最后一列。

青年	从事的工作	哪些词句能感受到他们的幸福	幸福是什么
第一位			
第二位			
第三位			

这个时候，学生们需要概括、分析、综合等高阶思维介入。在学生完成自己的概括后，教师组织学生集体交流，学生们修正自己的答案，在表格相应栏目里写上：帮助别人、有益别人、养活别人。我们又把表格最后一列合并，要求学生比较三位青年的答案，概括幸福是什么。如下表所示：

青年	从事的工作	哪些词句能感受到他们的幸福	幸福是什么
第一位			
第二位			
第三位			

什么是幸福？此时，学生的思辨才真正开始。教师引导学生运用比较的方法，寻找三位青年对于幸福的理解的共同之处——利人，并在表格里慎重填入"利人"二字。在学生认同后，我们诘问："对别人有利就幸福吗？请举例子或联系自己实际来谈谈。"我们鼓励学生大胆说出自己的想法，学生们举出许多只利人不利己而幸福感不强的事，最终引导学生体会到：在对别人有利的同时也对自己有利才是幸福。我们让学生把"利己"二字写在表格中"利人"的前面。什么是幸福？利己利人！

一张简单的表格支架，学生用它提取信息，教师引导学生从填入表中的关键词深入品味词句，概括三位青年对幸福的感性认识，在比较中从感性认识上升到理性认识——幸福是"利己利人"，是小我与大我的有机融合，也是人之为人的底线。前一个教学环节是下一个环节的准备，下一个环节是前一个环节的逻辑展开，为思辨的瓜熟蒂落层层铺垫。表格从三列到四列，又到第四列合并，展现了支架动态变化的过程以及教学支架多次利用的效益。

第五节　思辨问题设计的它山之石

问题也是支架。优质的问题营造思维冲突，激发思辨兴趣，好像《桃花源记》中的那方小孔，穿越小孔，眼前芳草鲜美、落英缤纷、豁然开朗；好像在鱼池里撒入鱼食，群情激昂、你夺我抢。教师们一辈子都在发问或引导发问的路上。怎样提出或引导学生提出具有思辨性的问题？我们去美国做一次假想访问。

让我们直奔美国小学语文课堂。《卡住了》讲的是，小男孩弗洛伊德的风筝缠在了一棵树上，为了取下缠住的风筝，弗洛伊德尝试将不同的东西往树上扔，结果无一例外地全部卡在了树上，最后他剪断了风筝线，拿到了风筝。课堂上，师生没有停留在"故事里有哪些人物？""谁被卡住了？""它们卡在哪里？""为什么弗洛伊德要把东西往树上扔？""他怎样拿回他的风筝？"这些问题上，因为这些问题都在提取信息里转圈，在内容上逡巡。我们发现美国教师在解决这些简单问题后会这样问：

①在故事一开始，你觉得故事的主人公有什么样的感受？

②如果你是故事的主人公，你会怎么做？

③你觉得故事中的哪一个部分是最让你兴奋的？

④如果有一天你可以到故事发生的地方去，你会不会去？

⑤如果我们要为这个故事拍一个电影，请你设计制作一个海报。

我们对课堂观察到的这五个提问进行反思：从布鲁姆的思维层级分类来看，问题①处于理解的层级，问题②处于应用的层级，问题③的回答需要学生对文章做出分析，对于问题④，学生必须对故事发生的地方进行理性的评价，问题⑤显然已经涉及创新的层级。看了许多课，听了许多讲座，在提问词上，我们发现美国教师也有值得我们借鉴的地方。"列出""描述""找出""写出"

等是记忆层面的提问词;"描绘""改变""分类"等是应用层级的提问词;创造层级呢,美国教师们则常常用到"想象""设计""计划"等提问词。教师在课堂上只要借助适合的提问词,就能提出与提问词相对应的思维层级的问题。

除了这些正儿八经的提问,我们还发现美国教师课堂追问的秘密。在"澄清问题"时,他们会问"你的主要观点是什么?""事实是什么?""根据与理由是什么?""请你阐释一下你说的是什么意思。""你能描述一个相反的例子吗?"细细思考,这些追问对于我们的课堂追问具有重要的借鉴价值。正是这些追问,营造出了浓厚的思辨氛围,无疑是在培养学生追求事实真相的理性精神与思辨技能。

我们顺手拿起摆在我们面前的一本美国中学语文课本,其中有一课是《因为对书的热爱》。这是丽塔·德芙的一篇散文,讲的是自己与书的故事,在读书中享受读书的滋味,在读书中渐渐走上了文学创作之路。只见课文后面练习题中,安排了"文学和生活""阅读理解""思考"三个栏目,共十个问题。"阅读理解"栏目中有这样三个问题:

①丽塔·德芙对书有什么感觉?

②德芙觉得值得保留的第一篇习作是什么?

③是什么事情使德芙意识到她可以成为一名"真正"的作家?

这三个问题在布鲁姆的思维层级分类中都属于理解的层级,学生都可以在文章中找到答案。"思考"栏目有四个问题:

①德芙说盯着一本合着的书"就像注视着一盏神奇的神灯一样",她想表达的是什么意思?(解释)

②哪些因素对德芙成为一名作家的目标做出贡献?(推断)

③你认为如果德芙没有去参加那次签名售书活动,她会成为一名作家吗?(推测)

④在一次接受采访时,德芙说:"我(给年轻作家)的第一条也是真正唯一的建议就是阅读、阅读、再阅读。"读了这篇散文之后,你认为这是一条好的建议吗?请解释理由。(批评)

从这四个问题可以发现,这些问题都有较大的思维含量,每一个问题后面都标注了批判性思维技能，解释、推断、推测、批评这四项技能都是高阶思维。为什么要在问题后面标注思维技能？结合听到的"美国从国家到州到校都制订了批判性思维推进计划"，我们恍然大悟，这是美国国家意志的体现，也是对学生探索问题的指南，还是教师教学时对学生学习进行评价的标尺。可以怎么评价？我们找到了罗伯特·恩尼斯关于"推断"这项批判性思维技能中的几项子技能的描述。

①数据的典型性，其中包括在适当的时候，有效的样本的典型性；

②例示跟概括的符合程度；

③对例外情况有一个原则化的处理方式；

④例示的多少。

根据这些子技能，教师们就可以对学生回答"思考"栏目的第二个问题的答案进行有效评估。他们教、学、评一致与评价前置的理念，值得我们学习。

批判性思维在美国得到全社会的认同，形成了良好的批判性思维文化。学校在教室里张贴提问技巧，引导学生可以提哪些问题；张贴提问的关键词，指导学生选择合适的提问词，提出高质量的问题；张贴批判性思维技能图标，引导学生选择相关技能，自主开展批判性阅读活动。营造批判性思维文化，促进批判性思维真正渗入学生学习与生活，这也是值得我们借鉴的。

第六节 思辨问题的基本特征

问题是教师开展课堂教学不可或缺的支架。说起问题的设计，教师们大都能侃侃而谈，思考价值、核心问题、问题链、问题冲突，如此种种，都是教师们设计问题时考虑的因素。思辨性问题有什么特征？设计思辨性问题要注意什么？

良构与劣构。《一块奶酪》是统编版二年级的课文，教师在教学中设计了这样两个问题：①"蚂蚁队长发现了一块怎样的奶酪？"②"蚂蚁队长看着掉下的奶酪渣，他故意让队友们休息，自己想独自吃掉这块奶酪渣，你觉得它是不是合格的队长？"我们将两个问题作一番比较。问题①的答案是确定的、清晰的；问题②的答案是不确定的、多元的。问题①解决的策略、方案是确定的，且提示了解决问题的步骤，读一下课文，找出相关信息即可；问题②解决的策略、方案是不清楚的，不知遵循什么步骤。问题①是根据文中信息提出来的；问题②涉及人物的评判，有一定的情境性，与生活紧密相关。如果我们再仔细比较，还可发现两个问题之间更多的不同。我们将问题①这种初始状态、目标状态、操作以及解决问题的方法是明确的问题称为良构问题，将问题②这种与生活紧密相关、解决方法多样、解决方法策略步骤不清晰、问题答案多元的问题称为劣构问题。思辨性问题往往更接近劣构问题而非良构问题。

高阶与低阶。学生们在解决问题②时，要思考：这是一块怎样的奶酪渣？是它有意掰下来的吗？它想吃吗？为什么想吃？它吃了吗？为什么不吃？这块奶酪渣最后谁吃了？学生的思维过程是一个充满逻辑张力的分析过程。在分析之后，学生们还不能得出结论，还要思考蚂蚁队长想吃这块掉下来的奶酪渣是蚁之常情，换谁当队长都想吃，因为吃香美的食物是蚁与生俱来的欲望，何况这是一块香甜的奶酪，更何况队长最后也没吃，也就是说，学生们还得找到理论根据；有了理论根据，又有事实证据，还要考虑到客观的原因，学生们才可以得出合情合理的观点；有了观点还不行，学生们还得选择合适的语言，对观点进行辩护、说明、阐释、综合。回顾解决这个问题的过程，学生们用到了哪些思辨技能？有分析、论证、推理、说明、综合、选择合适的表达语言、监控反思等，这些技能中有多项是高阶思维或创造性思维。所以，一个好的思辨性问题必须是发展学生高阶思维、创造性思维及实践思辨技能的情境。可以说高阶思维、创造性思维及思辨技能是判断一个问题是不是高质量思辨性问题的分水岭。

一元与多元。人们解决问题②，最少有两条路径，一条是合格，另一条是不合格。论证合格有合格的证据，论证不合格有不合格的证据。证明队长是合格的论证思路如前文所述。我们来看不合格的论证。蚂蚁队长自己宣布命令，不得偷吃食物，否则要惩罚。可是，当看到掉落的奶酪渣时，它却支开了队友，想自己私下里偷吃奶酪渣。队长自己宣布命令，自己却想破坏规定，所以是不合格的、不称职的，队友无法相信它这一次控制住了欲望，下一次还能够控制。这条解决问题的思路，同样需要分析、论证、推理、说明、综合、选择表达语言、监控反思等思辨技能，同样需要高阶思维与创造性思维的介入。真有点条条道路通罗马之味。两条路径，通往两个目的地，达到两个思辨结论。两个思辨结论都有充分的证据，都能自圆其说，都合情合理。可以说，是否具有多条解决路径，是否具有多元结果，这是判断思辨性问题是否优质的另一个支撑点。

矛盾与冲突。在问题②的情境中，蚂蚁队长自己宣布命令，自己却想悄悄吃掉奶酪渣是一对矛盾，它想吃奶酪渣却让最小的蚂蚁吃也是矛盾。剧烈的矛盾冲突构成问题的张力，吸引学生探究与思考。在"青梅煮酒论英雄"阅读交流课上，我们向学生提出了这样的问题："青梅煮酒论英雄是一场不见硝烟的战斗，在这场战斗中，你认为是曹操赢了还是刘备赢了？请选择一个观点进行论证与阐释。"说刘备赢了，是因为刘备暂寄曹操手下，一心想掩饰自己的英雄本色，在后院开辟了菜园学种菜，施的是"瞒天过海"之计。刘备一一列举天下英雄，曹操一一否定。曹操道破天下英雄"唯孤与使君尔"，刘备吓破了胆，但是巧妙借惊雷掩饰自己内心慌乱，再一次成功实施了"瞒天过海"之计。说曹操赢了，是因为曹操本就认定刘备是天下英雄，他借"青梅煮酒论英雄"对刘备进行火力侦察，刘备一一细数，曹操一一否定，给刘备施加了强大的心理压力。当曹操道破天下英雄只有自己与刘备时，刘备的慌乱怎么能逃过曹操的眼睛呢？刘备害怕惊雷的借口，又怎能瞒过智慧的曹操呢？这个问题中，输与赢是一对不可调和的矛盾，但有趣的是，这场战斗的结果竟然是双赢，正是认知的矛盾带来的张力，使学生主动跃入思考的漩涡。

思辨问题设计应遵循其自有的逻辑——如其所是。

第七节 思辨问题问在何处

议论文中评判美与丑、善与恶，散文中叙议幸福与痛苦、高尚与卑微，小说中思考公平与正义、自由与民主。无一例外，文字总是在表达着思考。小学语文额头上写个"小"字，却往往蕴藏着大的思考。如果以小见大，往往会问出好问题，催动学生热情地参与思辨。

善恶。人性的丰富是文学作品永恒的主题。中国古代"性善说"为人立于天地找到立足点，"性恶说"为依法治国提供思想资源，性非恶非善的"白板说"为教育留下用武之地。西方"半天使半魔鬼说"为认识人的丰富性打下基础。《穷人》是一篇经典的短篇小说。安娜一家吃着臭鱼，住着海边的木屋。丈夫驾着木船在风浪里出没。西蒙惨死家中，无知的孩子睡在死去的西蒙身边。这让人仿佛看到了地狱。两个穷人的善良久久温暖了这个世界。教学这篇课文时，教师们可以提出这样的问题："同学们都说，安娜像天使一样善良，可是当她看到西蒙已死，对于要不要把孩子抱回家，她迟疑了、犹豫了，你们觉得她是不是天使？"引导学生在思辨中发现，正是反复纠结才展现出真实的人性，正是在困难中做出坚定的抉择，才显现出安娜人性的光芒。

欲望。人类的欲望推动自身的成长、自然的改造、社会的发展。欲望也有不好的一面，非到眼前无路之时不知回头。有的人控制不了个人的私欲，而走向了反面。欲望也是人类永恒思辨的话题。教学《一块奶酪》时教师们可以抓住蚂蚁队长的欲望进行提问："蚂蚁队长看着掉下的奶酪渣，他故意让队友们休息，自己想独自吃掉这块奶酪渣，你觉得它是不是合格的队长？"欲望人人都会有，何况近乎本能的进食欲望？能控制欲望的是人，被欲望控制的是兽，这句话不全对，因为这话没有区分合理的欲望与非合理的欲望。教师们在这里提问，可以引导学生从欲望、本能、职责等角度进行综合的思考。孩子们都是天生的哲学家，不必担心他们不会思辨，不信，请大家去读一读美国加雷斯·皮·马修斯的《哲学与幼童》。假如孩子们不会思辨，正体现了教师存在的价值。

规则。人生而自由，却无往不在枷锁之中。人们要有序生活，就必须让渡部分自由。人类社会有许多规则制约着人们的言行，以保证人们有序地生活。规则是人类永久思辨的话题之一。原人教版《钓鱼的启示》一文中，那漂亮的大鲈鱼在湖面"啪啪"拍打的是"我"激动的"怦怦"的心跳，银色月光下轻轻翕动的鱼鳃里有"我"放与不放的纠结。放还是不放？教师们在教学中提出了这样的问题："父亲主张放鱼，我主张不放，究竟该不该放？你们支持谁的观点？请给出理由。"这个问题的本质是要不要遵守规则。人的一生很多时候都会遇到类似的问题，有些人在规则面前讲灵活，于是满盘皆输；有些人慎微、慎独、慎始、慎终，严守规则，得到别人的尊重。教学中要引导学生思辨，该守的规则必须守，而对于有碍创新与进步的陈旧规则要勇于打破。

标准。"啊！我的身段多么匀称，我的角多么精美别致，好像两束美丽的珊瑚！""唉，这四条腿太细了，怎么配得上这两只美丽的角呢！"这是统编版三年级下册《鹿角和鹿腿》中鹿自言自语的两句话。鹿陶醉于珊瑚般的角带来的美丽，不满于四条腿的又细又丑。美丽的鹿角差点儿让它命丧狮口，而恰恰是四条细丑的腿使它狮口逃生。在课后练习中，编者要求学生思辨：是美丽的鹿角重要，还是丑陋的四条腿重要？归根结底，这个问题是美的标准问题。美的标准是流动的，是随着时代变化的。唐人以胖为美，时下以瘦为美。每个时代都有自己的审美标准。美与实用是不矛盾的。著名的文物长信宫灯，既是美的，也是实用的，无数事实证明，两者是可以兼而有之的。许多事物都有自己的标准，对标准展开思辨是大智慧。

根源。作家应是社会的良心，人人都睡着了，但他们得醒着。他们一只眼看着歌舞升平的世界，另一只眼紧盯着社会黑暗的角落。教材几经重修，可是《凡卡》这篇短篇小说好像扎了根，长期坚守在语文课本中。凡卡给爷爷写了长信，信中回忆与现实交织，快乐与凄惨相错，让人对凡卡的境遇与命运充满同情。凡卡把场景写得历历在目，把情感表达得不温不火，带着读者进入情境，却又与读者保持一定距离，这是大作家的手笔啊！可是在写信封时，却写了"乡下爷爷收"，曹文轩认为这是这篇小说最精彩的地方。我们是否可以提出这样的问题："凡卡能写出这么好的信，却写错了地址，为什么这样写？"教学中教师撕开这个问题，也就揭开了当时社会的黑暗，而这正是凡卡有家回不去，即使回家也没有活路的深层原因。

价值观。小我指个人或小团体，大我指集体乃至国家。我们国家是社会主义国家，思辨小我与大我、个人与集体的关系是具有重要意义的。《将相和》中廉颇陈兵边界以防不测，蔺相如有理有节，视死如归。一文一武，将与相齐心合力，即使强大的秦国也要敬畏三分。教师在教学《将相和》时，提出了下面的问题："廉颇说，蔺相如只凭一张嘴爬到他的头上，你认为这个观点合理吗？"廉颇看重自己个人利益的得失，没有深思，一时看不到将相齐心是国家稳定的重要条件。读一读历史可以知道，廉颇的短视严重影响了他人生的结局。蔺相如舍弃小我，以个人的勇气、才智与强秦作坚决的斗争，维护国家的利益与尊严。理想的社会一定是这样的：小我将自己的命运信任地托付给大我，与大我同生共死；大我为小我实现人生价值提供公平、公正的环境，让人人都有出彩的机会。这样的问题一定是永恒的问题。

人生观。苦与乐、得与失、幸福与痛苦、平凡与出众，人生有许多问题值得细细思辨。人最想过的生活是经过理性思辨之后的生活，思辨人生是人生的乐趣与职责。统编版三年级下册《我是一只小虫子》是一篇哲学式的童话，值得读一辈子，悟一辈子。教师们在教学时提出这样的问题："你认为当一只小虫子究竟好不好？请阅读课文找出你观点的根据。"学生们从文中找出信息，教师带着他们深入品味词句，体会到做一只平凡的虫子有它的烦恼也有它的快乐。快乐与烦恼如同一对双胞胎姐妹形影不离，我们做不到只要快乐而不要烦恼。人生不只有烦恼与快乐，还有顺与逆、生与死、幸福与痛苦、得到与失去……在人生价值观的领地里深耕，一定可以提出好的问题，也能发展学生的辩证思维。

哲学思考。矛盾是无处不在的。《坐井观天》一文，青蛙与小鸟的观点是对立的，"小鸟认为天无边无际大得很，青蛙认为天不过井口那么大。它们俩究竟谁说得对？"《精彩极了和糟糕透了》一文，对于同一首小诗，"妈妈说精彩极了，爸爸说糟糕透了，你支持谁的观点？"像这样蕴含着对立观点的文章还有许多。有许多课文表面没有对立的矛盾，但只要稍作分析，也能发现事物的矛盾。在观点对立、矛盾冲突之处发问，往往可提出高质量的思辨问题。

如果你想问出高质量的问题，请把问题问在值得人类永恒思考的话题上。同时也请你记住，思辨的价值不在于得到问题的答案，思辨本身就是目的。

第八节　思辨问题设计技巧

思辨问题的设计有其内在的特点。优秀的思辨问题，有其形可供人们把握，更有其精髓，供人们深思。

语用情境设计。陈颖墨是军旅作家，他曾多次到西沙、南沙体验生活，在此基础上创作了《小岛》。故事讲的是一位将军上岛视察部队，见到士兵们从家乡带来泥土与种子，种起了大棚蔬菜。将军改变行程，住在了小岛上。士兵们给将军端来一盘小白菜，将军深知蔬菜对于守岛军人的价值，把小白菜搅入汤桶，并给士兵们分汤。教学这篇课文时，我们设计了这样一个情境问题："老将军又接到部队邀请他讲故事的任务，这三十多年来，《小岛》这个故事他讲了很多遍了，这次到部队还给年轻的小战士讲《小岛》这个故事合适吗？请你们阅读《小岛》这个故事，帮老将军做出判断。"《小岛》是篇独立阅读课文，在篇首编者写道："用将军的口吻，讲述登上小岛后发生的故事。"教师设计的这个问题的情境与编者的要求相一致，学生在解决这个问题时，要深入理解语言文字，把握人物的性格，选择适当的语言评价人物，用自己的话讲述故事。这一串活动，是学生在真实的语用情境中，对祖国语言文字的理解与运用。

矛盾冲突设计。鲁智深是《水浒传》中个性最丰满的几个好汉之一。"花和尚"谐音"法和尚"。在五年级课外阅读分享课前，我们指导学生概括鲁智深的主要故事，了解鲁智深一生的主要事迹。课堂上，我们设计了这样一个问题："鲁智深是真和尚还是假和尚？请同学们选择一个观点展开论辩。"持"鲁智深是假和尚"观点的同学认为，鲁智深屡犯酒戒，大醉之后，大闹五台山，打山门、砸佛像；自己吃狗肉，还把狗肉带回庙里，塞给别人吃；离开五台山看守寺庙菜园时，整天与一伙"无赖"为伍，哪有和尚的半分样子。持"鲁智深是真和尚"观点的同学们认为，鲁智深有慈悲心肠，听不得女人哭，帮助金家父女脱离苦海。一路暗中保护林冲，在野猪林救了林冲的命。特别是他具有无上的智慧，迷路时遇到一个和尚，和尚随口说了几句话，他便悟到佛的意义，可谓智深，最后在听到钱塘江潮信时，以佛的方式圆寂，是真正的和尚。这个问题一真一假两个选项，具有强烈的矛盾冲突，深入这个问题，真正走进了鲁智深的内心世界。

策略运用设计。梁晓声的《慈母情深》讲述的是，愚蠢的欲望推动着我来到母亲工作的车间，向母亲要钱买一本《青年近卫军》。母亲不顾工友反对，不顾钱来之不易，毅然给了我购书的钱。教学这篇课文时，我们设计了这样的问题："我该不该得到这笔钱？请你扮演故事中的一个人物，阐述你的观点。"解决这个问题，需要多种学习策略的参与。扮演女工友的，可以运用速读策略，提取相关信息，稍加思考就能得出女工友反对的意见。扮演母亲的，需要提取母亲的语言、动作，从语言、动作中推理母亲的心理。扮演"我"的，需要文本细读的策略，从夹缝中看见"我"的愿望，找到认为"我"可以得到这笔钱，购买《青年近卫军》。需要从母亲的外貌、动作及工作环境的细节描写中推理"我"的心理，找到"我"得到这笔钱不合理的依据。快速读、文本细读、抓住动作与环境细节读等策略参与了问题解决的过程。

技能运用设计。这里的技能指的是思辨的技能。思辨的问题设计需要融入多种思辨技能，让学生在思辨实践中学习思辨。孙悟空是《西游记》的主要人物。在课外阅读课上，我们与学生一起概括孙悟空被佛祖压在五行山下之前的故事后，我们设计了这样的问题："孙悟空被压在五行山下，他究竟是被什么压了五百年？"学生们从来没思考过这样的问题，许多教师也一定没有思考过这个问题。与其说孙悟空是被佛祖压在五行山下，不如说是被自己那颗心压在五行山下。学生们要解决这个问题，需要概括与孙悟空相关的故事情节，需要从故事情节中评价人物特点，需要从众多故事情节中整体上进行合理推论，需要论证自己的观点与人物言行是否真的存在逻辑关系，需要从书外寻找材料进行补充论证，需要反思自己的论证过程是否合理。思辨技能设计是思辨问题的真正本质与特点。思辨问题设计完成后，教师可以从以上几个方面进行反思，完全可以参考美国教材，在问题后面用个小括号标注一下问题的思维层级或思辨技能。发现设计中高阶思维、创造性思维、思辨技能缺乏、重叠、不均衡等情形时，及时做出调整。

课堂追问设计。思辨课堂追问与平常课堂追问不同，思辨课堂追问，往往问在思辨技能或思辨品质上，或推动学生反思、或推进学生分析、或要求学生阐释、或要求学生论证……需要学生反思时，教师可以这样追问："你能更加清晰地表达自己的意思吗？""这个观点、方案，你能加入一点新的东西吗？"需要学生进一步分析推理时，教师可以这样问："你认为这个方法永远有效，为什么？""你怎么反驳？""你还能想到哪些可能性？""你认为你的观点与事实相融吗，在哪一点不相融？"学生在实验时，可以这样问："哪些证据、数据可以证明观点？""你如何证明证据与数据的真实性？""你的证据典型吗？""你的观点能解释证据吗？""整个实验过程是否前后一致？"学生在鉴赏文学作品时，可以这样追问："作者怎样思考这个世界？""故事是怎么给你启示的？请说明。""这个故事还可以从哪个角度来写？""故事的结局可以改变吗？为什么可以？怎么做？"

思辨型情境问题加上思辨型追问营造出具有思辨气质的课堂。如果再加上思辨型课堂评价量规，引导学生对思辨展开相互评价，势必促进课堂教学转型。这里不妨再以《小岛》为例，教师针对"老将军又接到部队邀请他讲故事的任务，这三十多年来，他把《小岛》这个故事讲了很多遍了，这次到部队还给年轻的小战士讲《小岛》这个故事合适吗？请你们阅读《小岛》这个故事，帮老将军做出判断。"这个问题，引导学生运用以下评价量规，对学生的思辨技能与品质展开评价。

（1）粗略概括观点与事实；

（2）证据的典型性；

（3）寻求正、反面证据；

（4）观点与已知事实相融；

（5）已知事实与反向观点不相融；

（6）证据数量；

（7）为寻求正、反面证据真诚努力；

（8）结论有利于解释证据。

思辨的语用情境问题＋思辨型追问＋思辨型问题量规，可以促进思辨型课堂教学生态形成。

附：

因为对书的热爱

丽塔·德芙

当我被问到这个问题"是什么使你想成为一名作家的"时，我的回答一直是："书。"最初的也是最主要的，现在，从前，一直，我都对书充满着热情。从我孩提时开始阅读起，我就喜欢感觉书在我手中的重量和它们亲密地压在我大腿上所造成的温暖，喜欢书页翻动时那清脆的"低语"，旧纸的麝香味和新书页的微微刺鼻的油墨味，而皮革的装订则会使我狂喜。我甚至喜欢盯着一本合着的书，幻想里面可能会有什么样的内容——这就像注视着神奇的神灯一样。当然，我最喜欢的神话故事就是《一千零一夜》——想象一下用故事来交换你的生命！而我最喜欢的卡通书就是在那些坦诚的人睡觉时，各种有生命的东西突然跳出来举办晚会的那一种。在书里，我可以到任何地方去旅行，成为任何人，了解那些已经久远的世界和想象中的未来国度。我有一个最廉价的想法，就是到公共图书馆去，顺着一排排书架漫步，然后抱着一堆堆到我下巴的书出来，这些书是我的，全都是我的！有两个星期的时间——不收费！

我记得在那些漫长的夏日里我做得最多的事情就是在日光浴里浏览那些书架，看看有没有加上去的书。我和这一排排的书一起长大，我知道每一本书在书架上的位置，可以立刻找到新加上去的书。如果几个月过去了，还没有新书的话，我就会想：好吧，我想我要试试这本——然后发现这本土褐色封面或是字印得很小，那是我不愿读的书。比如路易斯·温特梅尔的《我最喜爱的诗歌宝库》，有一种让人恶心的甜甜的丁香气味，金色的封面，还厚得可怕，但我最后还是把它从书架上抽了出来，从中得到感情和语言上的巨大喜悦。然后就是莎士比亚了——他曾是我很多年畏缩不前的作者，因为这是收集了他全部作品的全集，那红葡萄酒色封套的书，一卷卷的是那么厚，以至于看起来不像是书，而像超大块的牛肉结成的立方体，然而正是那毫无趣味的标题——"莎士比亚全集"——吸引了我，因为那是他一生的作品——一生！在两部紧凑浓缩的书里，我从那首长诗《卢克里斯的强暴》开始……我尝试了几首十四行诗，我觉得很美但是相当成熟；最后我漫步进入戏剧部分——首先是《罗密欧和朱丽叶》，然后是《麦克白》《尤里乌斯·凯撒》《仲夏夜之梦》《第十二夜》——我被那语言，被那诗歌编织而出的故事迷住了。当然我不是每个词都能理解，我那时太小了，还不知道这应该是很难的；而且，还没人等着考我什么东西，所以，没有任何压力地，我一头扎了进去。

同时，我的哥哥，他比我大两岁，成了一名科幻小说爱好者，所以他读完的《模拟》和《幻想与科学》这些杂志，我也逐一读过。有一个故事特别使我着迷：一个小镇里的智障少年开始在他的后院建造一座雕塑，用的都是废旧材料——可乐瓶子、碎铁片、线绳和瓶盖。所有的人都嘲笑他，但他还是坚持下来了。突然有一天，他消失了。邻居们去找他，才发现那雕塑被拉到后院的门廊上，那隔板门敞开着。这个故事的讲述者不知怎么明白了怎样开启这座雕塑：后门框开始发光，当他穿过那扇门走进去的时候，他进入了一个交替的宇宙，一个本城镇的镜像——连颜色都是镜像中的，玫瑰是绿色的，天空是橙色的。他穿越这个城镇走到中心广场上，那里竖着一座雕像——还有谁呢？——那个智障少年。

我喜欢这个故事，我喜欢那个在一个世界里做梦、脾气温和而又健忘的少年能够成为另一个世界里的英雄的想法。在某些方面，我和那个智障少年颇为相似，因为在真实生活中我害羞、笨拙得令自己痛苦，我觉得自己最活泼的地方就是书页之间。

虽然我那么爱书，但是在很长一段时间里我都没有要成为作家的志向。这种可能性超出了我的想象。然而，我喜欢写作——在长长的夏日里，当我没有东西可读，或是因为连续几小时蜷着身子坐在长椅上而双腿麻木的时候，我就编织着自己的故事。这些故事中的大多数都被我中途放弃了，而那些有结尾的，我既没有给别人看，也没想过要保留下来。

我认为值得保留的第一篇作品是名为"混乱"的长篇小说，是关于机器人接管地球的故事。那时我大概上三四年级，这篇小说有 43 章，每章有 20 行或更少，因为我把每周的单词拼写表作为每章的基础，而每个拼写表里有 20 个单词。在那一年里，我每星期写一集，我不知道接下来会发生什么故事——是那些单词引导着我，而不是我引导着它们。

那时我以为写作不是人们允许从事的职业。很久以后，我到了高中二年级，我的英文老师，欧纳斯小姐，带我去参观了一次在市中心的饭店里举行的签名售书仪式。她并没问我愿不愿意去，而是征求了我父母的意见，然后，有一天，她就替我和另一个同学（现在是一个文学教授）登记了，把我们带出了学校，去见一个作家。那个作家是约翰·西亚迪，他是个诗人，也翻译过但丁的《神曲》，我曾模模糊糊地听说过这本书。那时我意识到作家原来是真实的人，而一个人在房间里的私人空间写下一首诗或一个故事，然后让整个世界来读它，原来是可能的。

第六章

论辩思辨教学模型

　　论辩，深入解剖文本的手术刀；论辩，学生思辨能力的挖潜器；论辩，学生思辨技能的演训场。论辩可以针对内容展开，也可以针对语言形式展开。论辩，在推理、演绎、抽象、判断的形式逻辑的轨道上奔跑，也在自据其理、自圆其说、论证合理性的非形式逻辑的水面上飞驰。非形式逻辑论辩有理可循，有模型可依：围绕观点，找出支持观点的事实根据，剖析支持观点证据的理论，承认反方观点不可不承认的合理性以及例外的情形。这是非逻辑论辩的基本范式。语文教学开展论辩思辨教学，要有形式逻辑的护佑，也要有非形式逻辑的保驾护航。

第一节　论辩思辨教学模型

论辩也称辩论。语文课堂教学中常有论辩的环节。教师们用论辩的方式进行表达方式的品析，或用论辩的方式理解文章的观点与事物。

《稻草人》是小学四年级必读书目。《小青石与小黑石》是《稻草人》中的代表作之一。小青石与小黑石被水冲到了岸边，身边长着青葱的小草，开着烂漫的野花。小青石与小黑石在沙滩上晒晒太阳，看看蝴蝶，生活宁静而舒适。日子久了，小青石觉得这样的生活单调乏味、没有意义，总想成为城市里哥儿的纽扣、小姑娘头上的发簪。小黑石觉得这样的生活挺自在，认为石头的本性就是待着不动。工人把它们铲上了车，小青石对未来充满了期待，小黑石却从车上"掉"下来。在整本书阅读交流课上，我们引导学生扣住"掉"字提出思辨问题："小黑石是掉下来还是跳下来？请你选择一个观点准备开展小辩论。"

辩论开始了，支持"掉下来"的学生认为，装沙石的车子往往装得很满，道路颠簸，石子从车上掉下来是正常的事；支持"跳下来"的学生认为，小黑石习惯了舒适宁静的生活，它没有理想，认为待着不动是石头的本性，所以上了车，最终还是跳下来了。一方从生活经验出发进行论辩，一方深入文本，从小黑石的心理与价值观出发，双方都想证明自己的观点是合理的。支持"掉下来"的证据单一，支持"跳下来"的证据数量较多而充分。双方论辩结束，教师让参辩双方评价对方的合理之处，形成自己的观点，最终学生们达成了一致意见：认为掉下来这种情况是存在的，但是小黑石更有可能是自己跳下来的，因为它想过舒适宁静的生活。"叶圣陶先生为什么不用'跳'而是用'掉'？"教师进一步激发学生思考。学生们认为，用"掉"字，表现了叶圣陶爷爷尊重小黑石的选择，如果用"跳"就会含有一丝的贬义。

我们一起尝试用图尔敏论辩模型对这个案例进行分析。在分析前，我们回顾一下图尔敏论辩模型。他的论辩模型包括以下六个要素：主张、根据、理由、支援、限定词、反例。基本模式只需要前三个要素——主张、根据、理由。在这个案例中，小黑石是"跳下来"还是"掉下来"，这是学生要证明的主张。学生们根据自己初步阅读得到的信息，选择"掉下来"或"跳下来"：装沙石的车子往往装得很满，道路颠簸，石子从车上掉下来是正常的事，这是支持小黑石是"掉下来"的根据；小黑石习惯了舒适宁静的生活，觉得这样的生活挺好，这是"跳下来"的根据。为什么会"跳下来"？小黑石还有着更深层的价值观——待着不动是石头的本性，这是小黑石"跳下来"的原因。教师让学生评价论辩双方的合理性，学生认为掉下来是有可能的，更大的可能是不想抛弃现在舒适宁静的生活。这里的"可能""更大的可能"是图尔敏论辩模型中的限定词。对于支持跳下来这个主张的学生来说，反方的观点——装车过满，道路颠簸，正是例外，是他们在论辩中必须考虑的情况。可以说，这个案例就是一个图尔敏论辩模型在语文教学中运用的典范。

这样的案例还有许多。反思这一类教学案例，它们基本遵循这样的教学流程：教师提出情境问题，学生选择主张——教师提供支架，学生阅读探索——教师巡视指导，学生尝试解答——教师组织论辩，学生呈现证据——师生品析词句，理解双方理由——教师组织评价，学生重构观点。这一类课型大致遵循了图尔敏论辩模型的非逻辑理性，学生从主张出发，经历自主探索、寻找证据、发现理由、尝试用证据支持主张、运用语言准确表述主张、扬弃对方观点、重构原始观点、改善自己思维的过程。我们把遵循图尔敏论辩逻辑展开的思辨教学模式称为论辩思辨教学模型。

第二节　论辩思辨教学模型依据

"模型"一词是英文model的汉译名词。model还译为"模式""范式",一般指被研究对象在理论上的逻辑框架,是经验与理论之间的一种可操作性的知识系统,是理论性的简化结构。从模型的定义可以知道,一个模型不仅是一个结构,具有可操作性,更重要的是有它的理论依据。模型一头连着理论,一头连着实践。论辩思辨教学模型有哪些理论支撑?

论辩思辨教学模型最重要的理论来源于图尔敏的论辩模型。哲学的殿堂里长期争辩不休,有哲学家说:"没有一门别的学科像哲学这样,有如此多的争论和意见分歧,在哲学中,真是公说公有理,婆说婆有理。"于是人们想,哲学究竟能不能像数学这样的学科一样具有无可争议的确定性?哲学家们认为数学成为数学,原因来自亚里士多德开创的形式逻辑。形式逻辑渐渐成为至高无上的主宰,成为理性的代言人,成为各个学科必守的规则,也促进了数理逻辑的发展。

人们在探索哲学的确定性的同时,也发现哲学的不确定性来自语言的混乱不清。哲学家们认为要对哲学的语言进行排障,确定哲学语言中某些概念、命题的意义。于是,人们以语义分析为主要手段,开启了哲学的语言学转向。维特根斯坦是分析哲学的重要代表人物之一。但是,他后期否定了自己前期的思想,提出"语言游戏论",认为语言的意义是在语境中得到确定的。他开启的分析哲学的语用学转向,为非形式逻辑的诞生提供了哲学依据。

人们渐渐认识到日常生活语言运用的许多领域里,形式逻辑并不是太有用武之地。日常语言里,人们的语言是丰富的、富有人情味的,人们在交往中更多的是围绕一个论题论证自己的观点,以说服他人、影响他人为目的,而不是以严谨论证为目的。学者们从亚里士多德、柏拉图与苏格拉底的论辩中,发现真理逐渐显明,但是他们也没有在论辩中使用形式逻辑。形式逻辑的统治地位受到了质疑，非形式逻辑呼之欲出。图尔敏等一批哲学家创立了非形式逻辑，实现了形式逻辑的语用学转向。图尔敏建立的论辩模型，成了论辩中人们论证自己主张的有力工具。这里提供图尔敏论证模型的另一种变式（见下图）。

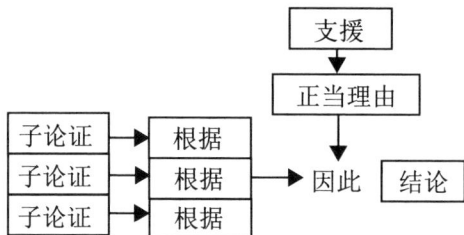

再次梳理图尔敏论证模型形成的线索，目的是从源头寻找论辩思辨教学模型的理论基点。图尔敏论辩模型与论辩思辨教学之间有什么关系？我们认为主要有以下几个方面。

一是图尔敏的论辩模型是在语用学的母体中诞生的，也在具体的语言情境中运用。语用学认为语言的意义只有在具体的语言链条中才能得到确定。论辩模型的哲学依据与语文教学的哲学依据是相同的。

二是图尔敏的论证模型是非形式逻辑思想的代表，非形式逻辑也是研究思维的，它研究的是论辩思维的逻辑，即如何在论辩中正确使用概念、命题、推理、论证。人的思维遵循思维模型可以减少思维错误，发现别人思维的谬误。图尔敏的论辩模型可以为师生思辨提供有益的思维支架，提高思辨的质量，改善思辨者的思维方式。这与语文教学中培养学生思辨能力的方式是一致的。

三是论辩在具体的对话情境中展开，围绕一个主题有目的地进行，它不像形式逻辑以论证有效性为目的，而是以说服他人、影响他人为目的。语文教学中的论辩也不以论证的有效性为唯一目的，更多的是阐明自己的观点及依据，说服同学与教师。论辩是发展学生思辨能力的语言实践活动。

四是图尔敏的论辩模型是不排斥形式逻辑的，他的论辩模型整体框架是严谨的，重视证据支持结论，结论必须从证据中得出。这给语文教学中发展学生思辨能力提供了有益的借鉴。

五是论辩的过程中，论辩双方就一个存在冲突的问题展开多角度、多层次、多回合的对话，在对话中不断借鉴双方的观点，修改各自观点，最终重构原初观点，形成全面的、系统的、结构化的观点。这个过程与知识建构有着相同的特点。

第三节　论辩思辨教学特点

一个事物不同于其他事物是由其本质特征决定的。论辩思辨教学有什么本质特点？我们来看几个案例，然后从案例中进行归纳。

有位教师教学《父亲、树林和鸟》这篇课文时，在带领学生整体感知课文后，创设这样的问题情境："文章最后写道，'我'心里掠过一阵沉重。'我'也由衷地感到快乐，因为父亲不是猎人。'我'的心为什么沉重？'我'为什么由衷地感到快乐？父亲究竟是不是猎人？请选择'是'或'否'两个观点中的任意一个，自主阅读课文，完成下面的表格。"

我的根据（因为）	我的推测（所以）

这篇课文很有趣的地方是，支持"否"的许多证据也是支持"是"的证据，支持"否"的同学要深入文章中父亲的情感，去寻找依据或联系实际进行论辩。在大多数学生都有了三两个依据之后，教师展开分组，让观点相同的同学坐在一处，然后交流依据，准备证明自己的观点。论辩展开阶段，教师相机理解父亲三次判断的依据，指导课文的朗读训练。最后引导学生在反思、评价论辩中重构新的全面的观点。

《一只窝囊的大老虎》一文中，有的人认为'我'的表演连豁虎跳也没有，真是一次失败的表演，可是同学与老师却被'我'的表演逗得哈哈大笑，这不是表演成功的依据吗？有位教师设计了"你认为我的表演窝囊吗？"的问题，引导学生展开思辨，取得较好的教学效果。

我们可以将《小青石与小黑石》《父亲、树林和鸟》《一只窝囊的大老虎》

及其他的案例放在一起比较思考，从论辩思辨教学过程的角度，尝试归纳论辩思辨教学模型的一些显著的特点。

观点论证过程。论辩学习过程中，学生的学习是围绕论辩的观点进行论证的过程。在《小青石与小黑石》一文的教学中，学生紧扣是"跳下来"还是不小心"掉下来"进行论证。《父亲、树林和鸟》中围绕父亲是不是猎人展开论证。《一只窝囊的大老虎》中学生围绕"窝囊"或"不窝囊"展开论证。既有合理性论证，也不排除逻辑性论证。学生在学习中需要寻找事实根据与理论依据，对观点进行论证。在找到证据后，学生还得论证证据、理论与观点之间是否具有直接联系、哪些证据最具杀伤力、哪些证据需要加上限定条件……

证据探究过程。学生论证自己的观点是否成立，关键是要给出事实证据与理论依据。探究、搜集证据的过程是学生不断深入文本，在具体的语言环境中探究、发现的过程。因为论辩问题情境中提供的解决问题的信息不完整，提示的解决问题的思路不清晰，多元的答案对应着不同的策略，彼方证据有时也是我方证据，所以证据搜集过程是个复杂的探究过程。这个过程的探究性、复杂性，还在于学生有了证据之后，要不断思考证据与观点之间的逻辑关系、证据是否能够支持观点、观点是否可以阐释证据……教师在教学中，要为学生提供合适的支架，帮助学生完成探究任务，为论辩环节做好准备。

论辩对话过程。对话是论辩的本质属性，也是教学的本质属性。在学生与文本深入对话，找到支持观点的证据后，教师往往开展集体对话交流，有序组织持不同观点的双方，紧扣所持观点，呈现支持观点的证据，说明证据与观点之间的逻辑联系，用证据对观点进行合理的、有序的阐释说明。一方呈现证据，另一方认真听取、监控、思考对方的陈述，必要时指出对方证据与观点之间的不当之处。反之亦然。这样的过程，是多维度、多层次、多回合的对话过程，是辩与驳相互穿插的过程，是语言实践的过程。正是这样的过程，促进了学生思辨能力的提升。

观点重构过程。法庭上双方律师论辩，是为了促使法官做出有利己方的结论。课堂上的论辩不是以改变教师观点为目的，而是以发展学生思辨能力、改善学生思维为目的。学生从原始主张出发，经过论证、论辩、反思、评价等一系列的思辨活动，既吸收了自己团队的营养，丰满了自己的证据与观点，又汲取了反方观点中的合理性，重构自己的观点，优化自己的思维。

第四节　论辩思辨教学技巧

　　许多年轻的教师喜欢看别人的课堂教学操作，我们曾经也是，关注课堂操作技术是不可跨越的阶段。论辩思辨在课堂教学时要注意些什么？

　　设计论辩问题。论辩思辨往往是从辩题开始的，设计一个高质量的辩题显得特别重要。《小岛》这篇小说，写的是将军上岛视察，发现了一块菜地，他意识到这块菜地的巨大价值，决定留下来住在岛上。晚饭时，战士们给他上了一盘小白菜，他看到战士们吃的是罐头，却把唯一一盘小白菜给了他，他吃不下去，想把小白菜分给战士们，他知道守岛的战士太需要蔬菜了，他把小白菜倒入了汤桶，给战士们分汤。第二天清晨离开小岛时，他向小岛敬了个军礼。教学这篇课文时，我们创设了情境辩题："老将军又接到部队邀请他讲故事的任务，这三十多年来，《小岛》这个故事他讲了很多遍，这次到部队还给年轻的小战士讲《小岛》这个故事合适吗？请你们阅读《小岛》这个故事，帮助老将军做出判断。"这个辩题的情境符合课文导语的要求，情境中特意提到"三十多年"，表示时间已久远，给年轻的战士讲这么古老的故事合适吗？强调时过境迁，矛盾冲突。从问题本身看，情境信息不完整，解决路径、答案不确定，与劣构问题相似。从这些分析来看，这是一个好的思辨性问题。

　　设计学习支架。论辩思辨课堂要紧紧围绕论证自己的观点展开教学，发现、搜集、梳理证明观点的证据是教学的重要环节。如果就让学生们带着问题去读书找证据，然后集体讨论，课堂难免出现一问一答的现象。教师需要设计学习支架，帮助学生发现、搜集、梳理证据。在教学《小岛》一文时，我们设计了下面这张表格，把学习的权利、时间还给学生，让学生细读文本、自主探究，发现"故事适不适合再讲"的根据。表格中"言行与心理"这一列是概括人物品质的依据，"人物品质"这一列是对人物品质进行评价，同时也引导学生对证据进行归类、梳理。整张表格可以说是证据的搜集与整理器，为学生论辩做好准备。

人物	言行与心理	人物品质
将军		
战士		
官与兵		爱岛

设计语言实践。论辩思辨课堂是在语用学指导下，在具体的文本情境中展开的，语言学习与运用是不可忽视的。在论辩思辨课堂中，千万不要只顾着思辨问题，而置语言文字实践活动于不顾。《小岛》的教学中，在集体交流"这个故事是否适合讲，是否值得讲"时，我们根据学生的汇报，相机开展朗读及人物心理、神态、言行揣摩等语言文字实践活动，落实语文学科素养。例如，我们引导学生揣摩将军把小白菜倒入汤桶使劲"搅"了起来，战士们一个个都"躲"开的动作中的心理。正是在语言文字实践活动中，学生深入理解了这个故事的精神——兵爱官，官爱兵，兵和官都爱岛、爱国，这是中国人民解放军的优良传统，这传统是值得代代相传的。而这正是这个故事适合讲的真正理由，它不会因时代变化、时间更替而贬值。

设计课堂追问。每位学生从文中找到两三处信息填写表格，教师让学生在小组内开展交流。学生充分交流后展开集体交流与对话。为了使对话紧扣辩题，为了促进学生不断思辨，教师需要设计具有思辨特点的追问。《小岛》一文的教学中，我们设计的辩题具有论证的性质。我们设计以下追问："你们觉得这个推测有证据吗？""你们觉得这个证据支持力度强吗？""你们觉得这样评价负责任吗？""你们觉得这样评价的根据在哪？"设计思辨追问并不难，可以用"根据""证据""推理""判断""负责任""证据关联强度"等词作为中心词进行追问设计。

设计课堂评价。课堂评价是推进思辨展开、营造思辨氛围的必备技能。思辨课堂的评价具有其本身的特点，它是针对学生思辨过程中的推理、判断、评价、创造、分析、综合等思维活动过程及其结果的适切的评价。"你的观点有理有据。""你的推理有证据支持。""你的评价是中肯的、负责任的。""你的分析富有逻辑。""你的综合发言选择语言是经过慎重思考的。""你的反思很深入。"俗话说，吃什么补什么，这句话是不科学的，但是放在课堂评价中是有一定道理的。我们不要生搬硬套的课堂评价，也不要风马牛不相及的课堂评价。当然，以上这些评价语，也具有一定的普适性，可以在思辨教学中选择性地使用。

第五节 《小岛》教学设计

教学目标：

1.学生借助鱼骨图讲述故事，在讲述中受到教育。

2.从人物言行、神态中提取信息，推测人物心理，评价人物品质。

3.思辨、论证故事的价值。

教学准备： PPT与视频

教学过程：

一、创设情境，提出问题

铁打的营盘流水的兵。三十多年来，老将军已记不清多少次给年轻的新兵讲《小岛》的故事了。这不，部队又邀请他去给新兵讲故事。老将军想，时代更迭变化，这个故事还适合再讲吗？老将军想请同学们参谋一下。

评点：创设真实的问题情境，激发学习内驱力，提出富有思辨价值的问题，贯穿全课始终。

二、初读课文，把握情节

1.这究竟是一个怎样的故事？替将军完成鱼骨图。

2.教师选择填写错误较多的学生作品进行讲解。

3.学生修正自己的鱼骨图，尝试讲一讲故事主要内容。

评点：利用鱼骨图，整体把握小说故事的情节，针对学生情节概括中易错的地方进行针对性指导，体现教为学服务的意识。

三、自主探究，论证价值

1.同学们，读完这个故事，你们认为这个故事还适合在部队里讲吗？适合或不适合，请你选择一个观点，从故事里找出依据说服将军。

2.学生自主学习，完成学习单中的表格。

人物	言行与心理	人物品质
将军		
战士		
官与兵		爱岛

3.屏幕提醒：（1）有价值的信息；（2）有依据的推测；（3）负责任的评价。

4.按"适合"与"不适合"分小组交流，根据屏幕提示，尝试对自己或同学的学习过程与成果进行评价。

评点：创设学习任务，落实学生学习主体地位，提供自主探究机会。出示学习提示，引导学生提高学习效率，为学生反思、评价自己学习过程与结果提供参照标准，落实教学评一致的理念。

四、集体交流，论证价值

1.讨论不适合再讲这个故事的依据。

2.讨论适合再讲的原因。

（1）表达支架：我从（　　）推测他当时的心理是（　　），从他的心理推测出他具有（　　）的品质。

（2）表达支架：因为（　　），所以我认为（适合或不适合）。

3.追问预设：

（1）你们觉得这个推测有证据吗？

（2）你们觉得这个证据支持力度强吗？

（3）你们觉得这样评价负责任吗？

（4）你们觉得这样评价的根据在哪？

4.深入品读，评价人物

（1）因为主要吃罐头，有的战士上岛一段时间后，就会牙龈溃烂，嘴里起泡。

出示资料，引导评价：维生素C，又称抗坏血酸，为白色结晶或结晶性粉末，久置微黄，呈酸性，易溶于水，促进胶原蛋白的合成，是结缔组织的重要组成部分。体内维生素C不足，意味着结缔组织不能正常形成，会导致牙齿松动、牙龈出血等一系列坏血病症状。1497年，葡萄牙航海家达·伽马率领177

人的船队成功绕过非洲最南端的好望角，驶入印度洋。返回后，船员仅剩55人。1740年，英国海军中将乔治·安森率领2000余人的队伍驶入太平洋，突袭西班牙舰队。活着回来的水手不到200人，海战中只有3人阵亡，1500多人死于坏血病。

（2）岛上的战士知道您身体不大好，又上了年纪，一致要求务必让您吃上蔬菜。大家不是把您看成首长，而是一个长辈。

请思考：首长就是首长，长辈就是长辈，能把首长看成长辈吗？

（3）将军看了看他们桌子上的罐头，喉咙哽了一下，说："同志们……"停了一下，又说："孩子们，我给大家分菜，每人一筷子。"

请思考：这个句子中的省略号表达了什么内容？

（4）他走过去，把手中的菜倒进汤里，而后拿起汤勺，在桶里搅了几下。随后，他舀起一勺汤。

试比较：他走过去，把手中的菜倒进汤里，而后拿起汤勺舀起一勺汤。

（5）他向着太阳，向着那片绿色，也向着小岛，行了一个标准的军礼。

请思考：将军为什么向着那片绿色与小岛敬礼？

5.学生重新选择观点，综合陈述自己的观点。

6.预设课堂评价："你的观点有理有据""你的推理有证据支持""你的评价是中肯的、负责任的""你的分析富有逻辑""你的综合发言选择语言是经过慎重思考的""你的反思很深入"。

评点：抓住人物的语言、动作、神态推测人物心理，关注语文素养，落实语文要素。引进课外资料，加深对守岛战士精神的理解。引导学生开展思辨活动，有理有据地推测人物内心活动，评价人物品质，论证文章的主题价值。前后联系不断修正、完善自己的观点，改善思维结构。追问与评价营造思辨的文化与氛围，具有针对性。

五、角色扮演，练讲故事

1.给将军提出讲好这个故事的意见。

2.扮演角色，练讲故事并展示。

评点：创设讲故事情境，落实语文要素，感受人物精神，增进爱国、爱军的情感。

第六节 《鸟类不认恐龙做祖宗了》教学设计

统编版四年级下册《飞向蓝天的恐龙》是关于鸟类起源的假说之一，介绍了科学家们推测恐龙的一支进化为鸟类的过程。学完这篇课文后，我们以群文阅读的理念，带领学生学习《鸟类不认恐龙做祖宗了》这篇文章，拓宽学生的视野，完善学生的思维结构。

教学目标：

1.理解鸟类起源于槽齿类动物的科学假说。

2.借助课堂辩论的形式，发展学生利用证据为自己观点辩护的能力。

3.学习准确选择、运用语言表达观点。

教学准备：PPT

教学过程：

一、速读课文，找出观点

1.同学们，读了《飞向蓝天的恐龙》这篇课文，科学家们推测鸟类是从恐龙的一支进化而来的。这个假说可信吗？回忆一下，有哪些有力的证据？

2.请同学们读课题"鸟类不认恐龙做祖先了"，谈一谈你的感受。

3.科学家们在《鸟类不认恐龙做祖宗了》中又提出什么假说呢？请同学们默读课文，找出科学家的观点。

评点：回忆《飞向蓝天的恐龙》中关于鸟类起源的证据，为营造认知冲突做准备。适时推出学习内容，使学生产生认知冲突，激发学生学习内驱力。

二、选择观点，探究证据

1.关于鸟类的起源，文章有两个观点，一派是恐龙派，另一派是槽齿派。你赞成哪一派？请选择自己支持的观点。

2.请同学们仔细阅读课文，为自己支持的观点找到证据，完成下面的表格。

观点	证据	证据星级

找到观点相同的队友，交流补充证据，尝试用上证据说一说自己观点。

评点：提供学习选择机会，尊重学生主体地位。设计学习任务单，自主阅读，提取支持观点的信息与证据，鼓励学生对证据的强度进行评估。在自主学习的基础上，组织学生小组交流，交换学习发现与心得，为辩论做好准备。

三、分组辩论，集体汇报

1.请支持恐龙派的同学发言，优先汇报星级较高的证据，师生相机讨论下面的句子。

（1）现在看来，鸟类骨骼中空、构造轻巧，颈椎较长，的确与一些兽脚类恐龙相近。

（2）古生物学家发现了许多带羽毛的恐龙，特别值得一提的是，在中国辽宁西部发现的恐龙和鸟类化石……

（3）目前大部分古生物学家都是恐龙派。

①你发现了什么证据？

②你还从哪个词里发现了证据？（的确、许多、大部分）

2.请恐龙派的同学参考下面的模式综合刚才的讨论做一次总结发言。

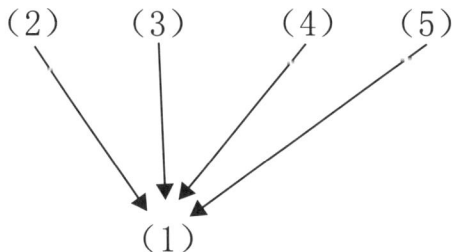

3.支持槽齿派的同学，你们对恐龙派同学的发言认同吗？请你们拿出证据来反驳。

（1）这样推算一下，鸟类的起源非常古老，比大部分兽脚类恐龙生活的时代还要早！

请你来说一说推算的意思，解释一下槽齿派科学家是怎么推算的。

（2）最早的鸟即始祖鸟出现在侏罗纪，比那些兽脚类恐龙生活的晚白垩纪要早7千万年，鸟类不可能起源于比自己年代更晚的动物吧？恐龙派难以解释这个问题，只能含糊地辩解……

①你发现了什么证据？

②含糊是什么意思？恐龙派含糊在哪？

（3）正是由于鸟类的大腿骨固定得很死，还有肌肉限制其活动，鸟类的肺部气囊才得到了保护，不会因为大腿骨活动幅度过大而造成肺部破裂，进而导致鸟类的死亡。这个发现表明，鸟类几乎不可能从爬行动物中的兽脚类恐龙中起源，两者在肺部结构和大腿骨结构上的差异太大了，一点点的改动可能就很致命。

①鸟类的股骨与爬行类动物的股骨有什么不同？

②鸟类的股骨为什么必须是固定的？

（4）鸟类学家质疑，迅猛龙其实更像是一只鸟，而不是一只恐龙，从结构上看，说迅猛龙起源于鸟类，比说它起源于恐龙更合情理。

4.请槽齿派的同学参考上面的模式综合刚才的讨论做一次总结发言。

5.请同学们再读课文，看看还有没有证据支持自己的观点。

6.组织两派学生自由辩论，适当点拨以下句子中的关键词。

（1）在中国辽宁西部发现的恐龙和鸟类化石，似乎表明恐龙和鸟类的亲缘关系很近，也许鸟类真的是从小型兽脚类恐龙一步步演化而来的。（品析"似乎"一词）

（2）鸟类几乎不可能从爬行动物中的兽脚类恐龙中起源，两者在肺部结构和大腿骨结构上的差异太大了，一点点的改动可能就很致命。（品析"几乎"一词）

评点：组织学生深入语言发现支持观点的证据，依据观点解释证据，或依据证据推理观点。交流中得鱼不忘筌，引导学生深入品味语言表达的倾向性与科学性。提供思维模型，帮助学生做出综合的科学的总陈述，发展学生高阶思维与思辨能力。

四、整合认识，科学预测

学了《鸟类不认恐龙做祖宗了》和《飞向蓝天的恐龙》之后，对于鸟类的起源，你有什么新的看法？请你根据这两篇文章的观点与事实对将来鸟类起源假说的发展做一个预测。

评点：将两篇课文的观点重新联系起来，为学生深度思考再创机会，改善学生认知结构，改善学生思维，鼓励学生做出预测，从发展的观点看待鸟类起源的假说。

第七节 《一封信》教学设计

教学目标:

1.识记"封""削"等14个生字,读准"重""朝"等多音字,会写"封""信"等10个生字。

2.正确流利地朗读课文,体会两封信不同的情感。

3.理解两封信的不同内容,在比较中思辨两封信哪封更妥当。

教学准备: PPT

教学流程:

一、揭示课题,提出问题

1.板书课题,教学"封""信"两个生字。

2.读了课题,你想知道什么?

预设: 谁给谁写信? 写了什么? 为什么写?

二、初读课文,整体感知

1.读通课文,注意生字新词,难读的句子多读几遍。

2.边读边想: 谁给谁写信? 写了什么?

3.标出文章的自然段。

4.学习生字词。

(1)多音字:重新、结束、朝阳。

(2)读短语:一封信、一束花、一沓纸、一个纸团、一支圆珠笔。

(3)读生字词,书写"圆""起"两个生字。

评点:字词教学是二年级的重点,教师抓住本课字词的特点,积累数量词,辨析多音字,书写上抓住两个较难写好的字作必要的指导,当堂书写,注意写好汉字的语文基本功训练。

5.再读课文,整理信件。

（1）读课文，找出两封信各写什么内容。

（2）交流汇报，PPT出示两封信的内容，有感情地朗读两封信。

第一封：亲爱的爸爸，你不在，我们很不开心。以前每天早上你一边刮胡子一边逗我玩。还有，床头柜台灯坏了，我们修不好。从早到晚，家里总是很冷清。

第二封：亲爱的爸爸，我们过得挺好。太阳闪闪发光，阳光下，小狗又蹦又跳。请爸爸告诉我们，螺丝刀放在哪儿了。这样，我们就能自己修台灯了。还有，星期天我们去看电影。爸爸，我们天天想你。

评点：这个环节既是课文内容的整体感知，也是朗读训练的落实，更有价值的是，把两封信的冲突呈现出来，为思辨问题的提出做好准备。

三、提出辩题，比较阅读

1.露西爸爸出差了，要过半年才能回家。她思念远在他乡的爸爸，给爸爸写了两封信，你更喜欢哪一封信？请同学们默读课文，找出支持自己观点的证据，填写下面的表格，准备课堂辩论。

我喜欢的信	我喜欢的原因	备注

2.按照选择的不同，重组学习小组，组内交流证据，修改自己的表格。

3.请喜欢第一封信的同学先来发言。

（1）床头柜台灯坏了，我们修不好。（爸爸是依靠）

（2）每天早上你一边刮胡子一边逗我玩。（爸爸带给我快乐）

（3）从早到晚，家里总是很冷清。（爸爸带给家庭快乐）

（4）有感情地朗读第一封信。

4.请喜欢第二封信的同学发言。

（1）太阳闪闪发光，阳光下，小狗又蹦又跳。（快乐、阳光）

（2）请爸爸告诉我们，螺丝刀放在哪儿了。这样，我们就能自己修台灯

了。（自信、乐观）

（3）还有，星期天我们去看电影。（幸福、温馨）

（4）有感情地朗读第二封信。

5.同学们公说公有理，婆说婆有理。两封信究竟哪封更适合寄给远方的爸爸？我们来做一下比较。请大家完成下面的表格。

信	相同点	不同点	我喜欢
第一封			
第二封			

（1）小组交流，修改表格。

（2）集体交流学生作品后学生修改表格内容。

（3）参照表格的内容，评一评哪封信更适合寄给远在他乡的父亲。

评点：提出"喜欢哪封信"的辩题，学生可以根据自己的理解选择学习的内容，激发了学生的学习内驱力。设计表格，引导学生找到依据支持自己的观点。重视自学，在自学基础上开展小组学习交流，丰富证据，尝试根据证据得出观点。开展课堂小辩论，在辩论中落实语言文字训练。通过表格开展比较阅读，为学生深入理解文本，评价两封信哪封更适合，以及重构观点、完善思维结构提供了支架。

四、完成课堂作业

附：

鸟类不认恐龙做祖宗了

鸟类起源于恐龙？一些科学家说："不，一些恐龙起源于鸟类！"

飞机发明之前，人类只能站在地面，羡慕地看着鸟类自由自在地翱翔于蓝天之上，心中充满了疑惑："这些长着翅膀的家伙是怎么出现的呢？"

鸟类起源 众说纷纭

这个问题其实困扰了人类几千年。在科学发展起来后，关于鸟类的起源，逐渐形成了两大派别。一派是恐龙派，认为鸟类起源于恐龙，最早由英国著名科学家、进化论的提倡者赫胥黎提出，他发现小型的兽脚类恐龙与始祖鸟有许多相似的构造。现在看来，鸟类骨骼中空、构造轻巧，颈椎较长，的确与一些兽脚类恐龙相近。

更让恐龙派大行天下的事情是带羽毛的恐龙的发现。最近一些年，古生物学家发现了许多带羽毛的恐龙，特别值得一提的是，在中国辽宁西部发现的恐龙和鸟类化石，似乎表明恐龙和鸟类的亲缘关系很近，也许鸟类真的是从小型兽脚类恐龙一步步演化而来的。

另一派是槽齿类派，认为鸟类并非起源于恐龙，而是起源于另一类非常古老的爬行动物——槽齿类。槽齿类动物中的一些种类是两足行走的，骨骼也非常纤细，部分骨骼中空，眼眶很大，这些都和鸟类的特征很近似。槽齿类派一度在关于鸟类起源问题上占据过上风，但是自从带羽毛的恐龙发现之后，这一派的声音就被压制下去了，目前大部分古生物学家都是恐龙派。

鸟类可能不是来自恐龙

但是，恐龙派一直有几个不好解释的难点。比如，鸟类最重要的特征是羽毛，而从生物进化的角度看，羽毛显然是从动物的鳞片变化而来的，比如企鹅的翼、鸵鸟的脚、始祖鸟头部的羽毛都呈现出鳞片状，由此可以看出羽毛来自鳞片的改变。羽毛是很复杂的结构，如果要从其他动物身上的鳞片变成鸟类身上的羽毛，肯定需要相当长的演化时间。这样推算一下，鸟类的起源非常古老，比大部分兽脚类恐龙生活的时代还要早！

这就出现了问题，最早的鸟即始祖鸟出现在侏罗纪，比那些兽脚类恐龙生活的晚白垩纪要早 7 千万年，鸟类不可能起源于比自己年代更晚的动物吧？恐龙派难以解释这个问题，只能含糊地辩解，一个人就算是死了的时候，也可能会有个远房叔叔才出生，鸟类与兽脚类恐龙可能有共同的祖先，这个共同的祖先也是恐龙类。

最近鸟类学家的研究给了恐龙派又一沉重打击。美国俄勒冈州立大学的学者研究了鸟类的股骨，也就是我们俗称的大腿骨，发现这部分骨骼往往被固定得很死，所以鸟类在地面奔跑的时候，实际上更多地利用了膝盖的弯曲，而不是股骨的移动来协调运动状态。相反，许多陆地动物，比如大象、狗、蜥蜴、人类以及已经灭绝的恐龙，大腿骨是有很大的"活动空间"的，能够随着运动状态而移动。

这个发现和鸟类起源有什么关系呢？关系可大了。我们知道，爬行动物是冷血动物，而鸟类是温血动物，在正常活动状态下，鸟类的需氧量是同等大小的爬行动物的 20 倍，这就要求鸟类的肺非常强大，有气囊一样的结构，能够高效地进行气体交换。如果鸟类的大腿骨也像爬行动物的大腿骨那样灵活，在剧烈运动时鸟类的肺就很容易破裂。正是由于鸟类的大腿骨固定得很死，还有肌肉限制其活动，鸟类的肺部气囊才得到了保护，不会因为大腿骨活动幅度过大而造成肺部破裂，进而导致鸟类的死亡。这个发现表明，鸟类几乎不可能从爬行动物中的兽脚类恐龙中起源，两者在肺部结构和大腿骨结构上的差异太大了，一点点的改动可能就很致命。

有些"恐龙"其实是鸟

新的发现支持了过去被打压的槽齿类派的观点，鸟类可能起源于比恐龙还古老的爬行动物，比如说槽齿类，这一古老的物种可能分别演化出了恐龙类、鸟类和鳄类。所以鸟类和许多兽脚类恐龙有相似之处，这只是因为它们都起源于槽齿类，有共同的祖先，并不表示鸟类起源于恐龙。

此外，大量早期鸟类化石的发现，对于槽齿类派也不都是坏消息。比如人们发现，早在晚侏罗纪鸟类就已经出现了分异，出现了许多种类，这说明鸟类的祖先出现在更早的时期。而且早期鸟类化石的头骨特征很原始，它们肯定起源于很古老的爬行动物，而不是后来才繁盛起来的恐龙。

鸟类学家还进一步提出，不仅恐龙不是鸟类的祖先，实际上有些"恐龙"甚至可能起源于鸟类！

此言一出，举世哗然。但鸟类学家说这话并非言过其实，他们还是有证据支持的。就拿迅猛龙来说吧，它只有火鸡般大小，是肉食性的，身上长有羽毛，爪子十分尖利。迅猛龙和鸟类有许多共同的特征，因此长期以来人们把它看成是鸟类起源于恐龙的证据之一。但是鸟类学家质疑，迅猛龙其实更像是一只鸟，而不是一只恐龙，从结构上看，说迅猛龙起源于鸟类，比说它起源于恐龙更合情理。其他的一些小型的"带羽毛恐龙"和迅猛龙的情况类似，我们也许应该称呼它们是"似恐龙的鸟类"，它们可能都起源自古老的鸟类。

当然了，起源于鸟类的这部分"恐龙"并不多，绝大部分恐龙还是起源于古老的爬行动物，也许它们也是起源于槽齿类。

为什么那些起源于鸟类的"恐龙"和真正的小型兽脚类恐龙的结构、习性相近呢？鸟类学家解释说，这是因为那些鸟类变成了在陆地上跑的猛禽后，由于生存环境与小型兽脚类恐龙类似，因此在身体结构上也趋近于后者了，进化出许多适应陆地生存的功能结构，让人们误以为它们是恐龙，其实它们仍是如假包换的鸟类。

如果鸟类学家的研究站住了脚，也许我们对于恐龙和鸟类的分类就要重新调整一下了，一些原本属于恐龙家族的成员，将认鸟类为自己的同类，而鸟类则不该把恐龙认作祖先了。

第七章

『产婆术』思辨教学模型

人真是万物的尺度？知识自认为真即为真？如果怀疑论是时代的最终结论，人们终将生活在虚无的世界。知识自有它的客观性，人的心灵能自生真知。但是，人们对自己脑中的知识观念往往缺乏审查，并不理解其真正意义。苏格拉底以澄清人们心底的混乱概念为己任。他以人们原始的认知为起点，以诘问为工具，让参与对话的人不知不觉坠入剧烈的思维冲突，引导对话者不断修正自己原有的认知，在归纳中形成新的概念，在演绎中检验新的概念。"产婆术"思辨教学模型遵循苏格拉底思辨逻辑。

第一节 "产婆术"思辨教学模型

"产婆术"思辨教学模型起源于古希腊哲学家苏格拉底。在批判性思维哲学溯源中，我们已介绍过苏格拉底与欧提德莫斯关于正直的那场著名的对话，教师们可以回读相关章节。为了提出"产婆术"思辨教学模型，在此我要介绍苏格拉底另一个著名的案例。因为只有两个案例合在一块，才能整体把握"产婆术"思辨教学模型。

苏格拉底与人论辩"好公民"时，这样与对方展开对话：

"你是说你所推荐的这个人比我推荐的人更是一个好公民吗？"

"我确实这样认为。"

"为什么我们不首先考虑一下，一个好公民的义务是什么？"

"让我们这样做吧。"

"那么他不是在管理公共钱财从而使国家更富有这一点上更为优秀吗？"

"毫无疑问。"

"他不是在战争中更善于战胜敌人吗？"

"那当然。"

"他不是在外交事务中更善于将敌人变为朋友吗？"

"肯定如此。"

"他不更善于让人民停止纷争、团结一致吗？"

"我认为是这样。"

批判性思维哲学溯源那个章节里，苏格拉底与欧提德莫斯关于正直的那场著名的对话过程是归纳的，而这场对话过程是演绎的。这两场论辩合在一起所体现的精神，才是基本完整的苏格拉底"产婆术"。

我们来看"产婆术"在语文教学中的案例。原人教版四年级上册《幸福是什么》大致讲了三个牧羊的小孩在山上牧羊时疏浚水源，修砌了一口井。一位仙子祝他们幸福。他们三人不知何谓幸福，决定各自寻找幸福的答案，相约十年后在井边相见。一位留在村子里种地，种出的麦子养活了许多人，他找到了幸福；一位到过许多地方，当过花匠、做过消防员，他所从事的工作都对别人有用，他也找到了幸福；一位在城市里当了医生，救治了许多病人，帮助了别人，他同样找到了幸福。教学这篇课文时，我们引导学生深入语言文字，品味三位青年话中的自信与满满的幸福感，分别从三位青年的话中概括幸福是什么。经过一番思考，学生们分别概括出幸福是帮助别人、有益别人、养活别人。

我们又要求学生进一步思考：什么是幸福？此时，学生的思辨才真正开始。教师引导学生运用比较的方法，寻找三位青年感受的共同点——利人。在学生认同幸福是利人后，我们要求学生举出利人就有幸福的例子。学生们纷纷举例，帮助别人感到幸福，替别人着想感到幸福，为别人谋利获得幸福。这时我们诘问："对别人有利就是幸福吗？"并举例说，"你在学校天天不上课，只为同学与老师服务，这对别人有利，你觉得幸福吗？"学生们纷纷摇头。我们接着问："你长大后，开了公司，当了老板，把赚的钱都发给员工，你自己住在破旧的房子里，天天吃方便面，你会幸福吗？"学生们都说"肯定不幸福"。我们又接着问："你参加了工作，单位里的事你一个人来做，大家都不做，你觉得你会幸福吗？"学生们大声说"一定不幸福"。"那幸福究竟是什么？"学生陷入了思维困境。我们让学生从课文中找出"养活自己""救活许多人""帮助许多人"背后还有相同的东西——利己。学生们终于归纳出幸福既是利人的也是利己的。我们又让学生举出例子，证明利人利己会感到幸福。学生们纷纷举例，教同学做题时，自己把题讲清楚了，道理更明白，同学也懂了，利人利己，那就是幸福；帮助受伤的同学上厕所，同学感谢，老师表扬，做自己力所能及的事，获得赞赏，那就是幸福……

让我们把目光聚焦在讨论"幸福是什么"这个问题的过程上。讨论时，教师是从学生对幸福的原始认知开始的。教师在学生认同幸福是利他后，提出诘问："幸福就是利他吗？"在学生思考时，教师举出三个矛盾的例子，证明幸福是利他这个观点是不尽合理、不够全面的，以造成学生的认知冲突，否定原始的认知，诱导学生自己得出幸福不仅是利他的也是利己的结论。教师并没有就此停手，又鼓励学生从结论开始，运用演绎的方式展开论证。从教师角度来看，这个过程用流程表示为：抓住原始认知——提出思考问题——举出反面例子——诱导得出结论——展开演绎论证。从学生学习的角度来说，学生从原始认知出发，在教师诘问与所举的反面例子中形成认知冲突，产生探究问题答案的动力，运用归纳方法得出正确观点，在教师诱导下，自己运用演绎方法证明观点是否正确。这个过程用流程表示为：原始认知——思维冲突——归纳综合——形成概念——演绎论证（见下图）。

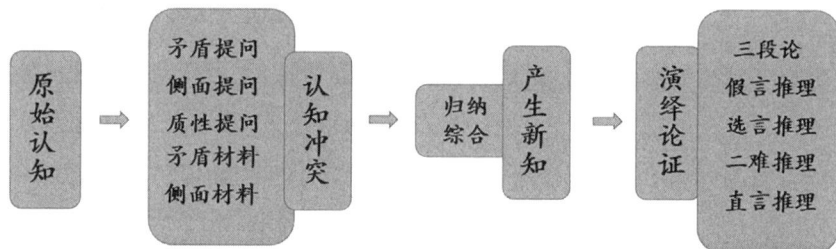

在这个教学案例中，教师与学生展开平等对话，教师不为学生提供答案，学生自主发现观点前后矛盾之处，自主修正观点，自主建构新观点。学生在教师帮助下得出新的知识、新的观点，就像孕妇在接生婆帮助下生下孩子一样。我们将遵循苏格拉底思辨逻辑展开的教学称为"产婆术"思辨教学模型。

第二节 "产婆术"思辨教学模型依据

苏格拉底生活的时代，有些智者以教授学生为生。智者学派认为人类思维有局限性，人类的思维能力不能够解决宇宙论者提出的问题，认为事物没有实在的性质。智者认识到人类的心灵是获取知识的重要因素，知识依赖具体的认知者，一个人看来是真的东西，对他而言就是真的，不存在客观真理。普罗泰戈拉认为"人是万物的尺度"。这句话可以理解为，个人在知识问题上是他自己的法则。他认为两个相反陈述可以都是真的。高尔吉亚的观点则更极端，他认为所有的观点都是不真的，认为不存在任何事物，即使有某种事物存在，人们也无法知道它，即使有事物能被人所认识，也无法将知识传授给别人。

苏格拉底认识到智者学派所持的怀疑论立场与相对主义观的弊端，认为智者学派的观点动摇了整个知识大厦的基石，甚至威胁到道德和国家的基础。如果怀疑论是时代的最终结论，人们最终将生活在虚无的世界。与智者学派相反，他认为知识是有客观性的，人心中能自己生长出知识。但是人们对自己脑中的知识观念往往缺乏审查，并不理解其真正意义。苏格拉底认为需要纠正智者学派的真理观、知识观，而最迫切的任务是使人们的观念明晰，理解术语的真正含义。从个别到一般，从特殊到普遍，去寻找不同观点背后一致的东西，给自己的观点提供依据，并用事实证明。

苏格拉底没有建立自己的哲学体系，也没有承认"产婆术"是自己的哲学方法。人们有理由认为，他对自己的"产婆术"是做过理性思考的。他用他的"产婆术"把哲学从天国拉回人间，帮助人们更有智慧、更美好地生活在这个世界。他的"产婆术"的思想是"产婆术"思辨教学模型理论的原点。结合前文提到的苏格拉底的两个案例，我们认为苏格拉底思辨具有以下理论特征。

概念明晰的过程。苏格拉底与欧提德莫斯的谈话，是从欧提德莫斯对正直的临时定义开始的，或者说是从欧提德莫斯对正直的原始理解出发的。这个原始理解是模糊的、没有经过理性审查的、带有个人偏见性质的。苏格拉底举出一串反面的例子：将军在作战时欺骗了敌人，运走了财物，战胜了危害他的祖国的敌人；部队已经丧失了作战的勇气，军心涣散，将军欺骗他们说"援军即将来了"，从而使他们鼓起了勇气，取得了战争的胜利；一个人偷走了朋友自杀的刀子；父亲哄骗生病的孩子吃药。欧提德莫斯认识到自己原始的对"正直"的理解是片面的、先天不足的，最终形成"正直"的概念。这个过程是对原始认知进行审查，理性思维使"正直"这个概念逐渐明晰的过程。

归纳演绎的过程。苏格拉底与欧提德莫斯谈话时，并没有告诉欧提德莫斯什么是正直，欧提德莫斯要得出正直的概念，必须运用归纳法对苏格拉底举出的否定的事实例证进行归纳而得出概念。这是一个从个别到一般、从特殊到普遍的过程。我们也应看到，这个归纳是不完全归纳，而不完全归纳是产生知识的有效方法。在归纳出结论后，苏格拉底往往还会运用演绎的方法对结论进行论证。让我们再来回顾下面的例子。苏格拉底与人论辩好公民时，提出了一串问题：你是说你所推荐的这个人比我推荐的人更称得上是一个好公民吗？为什么我们不首先考虑一下，一个好公民的义务是什么？那么他不是在管理公共钱财从而使国家更富有这一点上更为优秀吗？他不是在战争中更善于战胜敌人吗？他不是在外交事务中更善于将敌人变为朋友吗？他不是更善于让人民停止纷争、团结一致吗？这一串问题都是从好公民这个原点演绎出来的。既归纳又演绎是"产婆术"最基本的特征。

恪守逻辑的过程。逻辑学有四个定律，分别是同一律、矛盾律、排中律和充分理由律。在苏格拉底与他人的对话过程中，苏格拉底让对话者说出自己对某一事物的原始认知，并要求其肯定自己的原始认知，接下来展开的对话，对话者都得坚持自己的原始认知。我们回顾一下苏格拉底与欧提德莫斯的对话。欧提德莫斯的一次次肯定回答，始终都是基于原始认知做出的，即遵守逻辑学中的同一律。如果对话者不遵守同一律，对话有如鸡同鸭讲而离题万里。苏格拉底举出与对话者原始观点相矛盾的事物，两个矛盾的事物不可能同时为真，也不可能同时为假。所以，苏格拉底的"产婆术"恪守逻辑的同一律与矛盾律，这是苏格拉底"产婆术"又一理论特征。

苏格拉底的"产婆术"具有辩证法的思想，是柏拉图辩证法的思想源头。同时"产婆术"也具有现象学的意味——揭示矛盾使真理得以显现。苏格拉底"产婆术"的内在思想是"产婆术"思辨教学模式的理论原点。

第三节 "产婆术"思辨教学特点

从具体的教学案例中提炼教学模型，采用的是归纳法，依据的是某类教学案例具有的内在的如其所是的东西。"产婆术"思辨教学模型具有其内在特点，这些内在特点决定了"产婆术"思辨教学模型成为"产婆术"思辨教学模型的原因。"产婆术"思辨教学模型具有什么特点？限于篇幅，我们不能举太多的例子，让我们用快进的方式，再来简单回顾《幸福是什么》这个教学案例。

三位青年历经十年的探索与感悟，理解了什么是幸福，但是他们对幸福还只停留在感性层面的认识。幸福是什么？这是对幸福的本质属性的把握。教师引导学生运用比较的方法，寻找三位青年感受的共同点——利人。但是这只是幸福的一个侧面，这时我们诘问："对别人有利就是幸福吗？""你在学校天天不上课，只为同学与老师服务，这对别人有利，你觉得幸福吗？"学生们纷纷摇头。我们引导学生聚焦"养活自己""救活许多人""帮助许多人"三个观点，归纳其背后还有相同的东西——利己。在学生认识到幸福是"利人利己"时，我们又让学生举出例子，证明利人利己才会感到幸福。专门利人毫不利己那是伟大的人，只利己不利人那是自私的人。人生活在这个世界，必须处理好利人与利己的关系，否则不会有幸福可言。结合前面章节苏格拉底的论辩案例，我们认为"产婆术"思辨教学模式主要具有以下教学特点。

自我建构过程。建构主义认为，人们学习时，脑子不是一片空白的，学习是在前经验、前认知的基础上建构。学习过程是前经验、前认知在新知识、新观念的作用下不断重组的过程。"产婆术"思辨学习过程符合建构主义学习观。在《幸福是什么》这个案例中，学生原有认知是"幸福是利于他人的"，随着教师不断提供新的信息、诘问，学生原有内部认知发生冲突，他们会想："在学校天天不上课，只为同学与老师服务，这对别人有利，但是肯定不幸福；长大后，开了公司，当了老板，把赚的钱都发给员工，自己住在破旧的房子里，天天吃方便面，也不会感到幸福；参加了工作，单位里的事自己一个人来做，大家都不做，也不会幸福。那幸福究竟是什么？"学生必须将原有认知重新组合，按皮亚杰的观点，应是改变内部知识结构以顺应外部新的知识。

对话展开过程。在"产婆术"思辨教学模型中，教师的作用不是代替学生思考，不是直接给学生答案，不是越俎代庖，而是为学生提供学习与思考的支架，让真理在支架中自己显现。教师积极为学生提供反面的或侧面的具体的事实，从反面或不同的侧面进行诘问。"你在学校天天不上课，只为同学与老师服务，这对别人有利，你觉得幸福吗？""你长大后，开了公司，当了老板，把赚的钱都发给员工，你自己住在破旧的房子里，天天吃方便面，你会幸福吗？"一次次诘问，为学生提供思辨的机会、思维内部对话的机会、师生平等对话的机会、生生互动对话的机会。在平等互动的对话中，教师帮助学生顺利穿越最近发展区，实现新的发展，最终得出幸福是利他同时也利己的结论。

思维发展过程。在"产婆术"思辨教学模型中，教师引导学生产生原始认知，这个原始的认知是片面的、未经理性审查的、模糊不清的。教师从不同侧面或反面提出事实与诘问，与学生的原始认知产生巨大的矛盾冲突，使学生陷入了思维困境。孔老先生说："不愤不启，不悱不发。"愤悱之境是课堂教学最美丽的风景，看着学生呆呆思考，教师心里别提有多享受。在《幸福是什么》这个教学案例中，教师一次次诘问，引导学生从三位青年的感性认知里归纳出幸福具有利他的品性，还需要从三位青年为社会、为他人的服务中分析、归纳、抽象出幸福也有利己的一面，最终得出幸福是利人的也是利己的。得到幸福是利他与利己相统一的结论后，学生还要对结论展开演绎论证，检查结论的普适性，联系生活，运用举例子等方法，对结论进行检验。整个过程是一个理性思维的过程，也是分析、综合等高阶思维不断参与其中的过程。

苏格拉底是西方启发式教学的鼻祖。"产婆术"教学模型历经 2000 余年，至今还闪烁着思想的光芒，对于思辨教学具有重要的借鉴价值。

第四节 "产婆术"思辨教学技巧

"产婆术"教学技术经常被应用于心理治疗与课堂教学之中。掌握"产婆术"教学技术需要经过专门的学习与训练。只有掌握"产婆术"教学技术，才能真正开展"产婆术"思辨教学。"产婆术"思辨教学有哪些主要技巧？

质性追问。《柏拉图全集》中的"拉凯斯"篇讨论的是勇敢。苏格拉底要求拉凯斯首先确定勇敢的性质，让拉凯斯告诉他什么是勇敢。拉凯斯说，勇敢的人就是不逃跑、坚守阵地、与敌人作战的人。苏格拉底并不满意这个回答，认为拉凯斯答非所问。苏格拉底说，他问的不是重装步兵的勇敢，不是骑兵和各种士兵的勇敢，不是波涛翻滚的大海上冒险者的勇敢，不是忍受疾病、贫穷的勇敢，不是政治事务中的人的勇敢，不是抗拒痛苦或恐惧的人的勇敢，不是抗拒欲望和快乐的人的勇敢。所有这些人都勇敢，但是有些人在抗拒快乐中表现出勇敢，有些人在忍受痛苦中表现出勇敢，有些人在克服恐惧中表现出勇敢。当然他也知道，在相同情况下，有些人则显得胆怯。他要问拉凯斯的是一般的勇敢与胆怯的普遍性质是什么，渗透在各种事物中的普遍性质是什么，苏格拉底要求拉凯斯用术语来回答。这个案例虽来自柏拉图，但是柏拉图的思想与苏格拉底的思想是很难分割的。从这个案例我们可以看到，苏格拉底的追问是指向事物的本质特征的，他想澄清"勇敢"这个概念的内涵，而不是这个概念的具体表现。他想引导拉凯斯从肤浅的感性认识走向深刻的理性认识，对自己脑中含混不清的观念作一个清晰的表达。苏格拉底指向事物本质的追问方式是语文阅读思辨教学非常值得借鉴的。

反向提问。这里的反向提问是指抓住事物矛盾提出疑问。我们还是来看苏格拉底与欧提德莫斯谈论正直的例子。苏格拉底问欧提德莫斯"如果一个将军战胜了危害他的祖国的敌人，并且奴役他，难道也不正直？""如果他在作战时欺骗了敌人，又运走了财物，这种行为正不正直？""如果一个将军所统率的部队已经丧失了作战的勇气，军心涣散，他便欺骗他们说'援军即将来了'，从而使他们鼓起了勇气，取得了战争的胜利，这是正直的呢，还是不正直的呢？"仔细体会一下这三个提问，苏格拉底抓住欧提德莫斯原初认知的片面性、不合理性、具体性，提出与欧提德莫斯原初认知相矛盾的问题，造成欧提德莫斯的思想困境，促使欧提德莫斯放弃原初认知，重新组合新旧信息，得出新的关于正直的观念。反向提问是苏格拉底的拿手好戏，是我们应好好向这位哲学家学习的提问技术。

侧面提问。事物是复杂的，一个事物往往具有多方面的性质，一个人物往往有多方面的品质。拿科学精神来说，实事求是是科学精神，不畏困难、勇于探索是科学精神，淡泊名利、献身科学也是科学精神。这些精神品质合于一处，才是真正的科学精神。《跨越百年的美丽》是原人教版教材中的课文，教师在教学这篇课文时，学生对于居里夫人不畏艰难、勇于探索的科学精神是容易理解的，但是往往容易忽视居里夫人实事求是、淡泊名利的精神。教师在教学中要从这两个侧面提出问题，引导学生思考。居里夫人投身科学不是为了自己获得更多的利益，而是造福人类，推动人类社会向前发展。从多个侧面、多个角度探索后，再要求学生对居里夫人身上的科学精神进行归纳、综合，形成较全面的、整体的、理性的认识。这也是"产婆术"提问的重要技术。

多维内容。"产婆术"思辨教学技术不仅仅是提问，教学中，我们有时也可以运用多媒体技术或资料，呈现矛盾的、多侧面的学习内容。在《草船借箭》一文的教学中，学生认为曹操是个多疑的人，这样的认识是片面的。课堂上，我们提供了《三国演义》中曹操在官渡之战时，毫不迟疑地听取一个刚刚投降到自己手下、人品有严重问题的许攸的意见，不顾下属劝阻，亲自率军直袭敌方粮草库，一举统一北方的故事；又提供了陈寿《三国志·魏武本纪》中的片段：

> 卓闻兵起，乃徙天子都长安。卓留屯洛阳，遂焚宫室。是时……卓兵强，绍等莫敢先进。太祖曰："举义兵以诛暴乱，大众已合，诸君何疑？向使董卓闻山东兵起，倚王室之重，据二周之险，东向以临天下；虽以无道行之，犹足为患。今焚烧宫室，劫迁天子，海内震动，不知所归，此天亡之时也。一战而天下定矣，不可失也。"遂引兵西……

　　两个事例从反面否定了曹操多疑的特点，与学生刚刚形成的最近认识产生矛盾，造成思维强烈冲突，为学生思辨与整体把握人物特点提供了机会。深入研究"产婆术"助产的机理，有利于"产婆术"思辨教学模型的运用。

第五节 "三国人物之曹操"教学设计

教学目标：

1.运用抓住人物的言行、心理的阅读方法把握人物特点。

2.运用比较、归纳、综合等思维及方法，在思辨中理解人物复杂的性格。

3.拓展学生阅读面，激发学生阅读《三国演义》的兴趣。

教学准备：PPT

教学流程：

一、谈话激趣 聚焦人物

1. 同学们，这个单元四大名著一起到课本里做客。我们知道《草船借箭》是一篇改写自《三国演义》这部长篇小说的课文。同学们近段时间都对书中的人物津津乐道、品头论足，大有一种评论家的味道。这节课，我们再来谈一谈曹操这个人物，有兴趣吗？

2.你们对曹操这个人物有什么认识？请结合人物故事来说一说。

预设：多疑、残暴、妒忌才能，估计学生大多从贬的角度评论曹操。

评点：从学生最近发展区出发，引导学生说出对曹操这个人物的前认知，为营造矛盾冲突创造条件。

二、呈现事例 正向回应

1.出示曹操杀华佗与梦中杀人的故事。

请同学们从两个故事中选择一个故事，从人物的言行、心理、神态等方面进行批注，做好人物特点交流准备。

①操即差人星夜请华佗入内，令诊脉视疾。佗曰："大王头脑疼痛，因患风而起。病根在脑袋中，风涎不能出，枉服汤药，不可治疗。某有一法：先饮麻肺汤，然后用利斧砍开脑袋，取出风涎，方可

165

除根。"操大怒曰："汝要杀孤耶！"佗曰："大王曾闻关公中毒箭，伤其右臂，某刮骨疗毒，关公略无惧色；今大王小可之疾，何多疑焉？"操曰："臂痛可刮，脑袋安可砍开？汝必与关公情熟，乘此机会，欲报仇耳！"呼左右拿下狱中，拷问其情。贾诩谏曰："似此良医，世罕其匹，未可废也。"操叱曰："此人欲乘机害我，正与吉平无异！"急令追拷。

②操恐人暗中谋害己身，常分付左右："吾梦中好杀人；凡吾睡着，汝等切勿近前。"一日，昼寝帐中，落被于地，一近侍慌取覆盖。操跃起拔剑斩之，复上床睡；半晌而起，佯惊问："何人杀吾近侍？"众以实对。操痛哭，命厚葬之。

2.你从选文中读出一个怎样的曹操？依据是什么？

3.在学生同桌交流后，组织学生集体汇报，着重关注以下几个句子。

（1）汝要杀孤耶！

（2）汝必与关公情熟，乘此机会，欲报仇耳！

（3）恐人暗中谋害己身……吾梦中好杀人。

4.请同学们从以上事例中归纳一下曹操的特点。

评点：正向回应学生的前认知，顺学而导，关注学情，为学生产生强烈矛盾冲突再次铺垫。

三、呈现事例 否定论证

1.创设情境，提出质问。《草船借箭》中曹操多疑而不敢派兵出战，只让弓箭手朝江中放箭；"杀华佗"故事中，曹操怀疑华佗替关公报仇；"杀近侍"故事中怀疑别人夜里会加害于他，谎称好梦中杀人。曹操的多疑看来是确实无疑的了。曹操真是这样的人吗？请同学们继续选择一个故事，从人物的言行、心理、神态等方面进行批注，做好人物特点交流准备。

（1）却说许攸暗步出营，径投曹寨，伏路军人拿住。攸曰："我是曹丞相故友，快与我通报，说南阳许攸来见。"军士忙报入寨中。时操方解衣歇息，闻说许攸私奔到寨，大喜，不及穿履，跣足出迎，遥见许攸，抚掌欢笑，携手共入，操先拜于地。攸慌扶起曰："公乃汉相，吾乃布衣，何谦恭如此？"操曰："公乃操故友，岂敢以名爵相上下乎！"攸曰："某不能择主，屈身袁绍，言不听，计不从，今特弃之来见故人。愿赐收录。"操曰："子远肯来，吾事济矣！愿即教我以破绍之计。"攸曰："吾曾教袁绍以轻骑乘虚袭许都，首尾相攻。"操大惊曰："若袁绍用子言，吾事败矣。"攸曰："公今军粮尚有几何？"操曰："可支一年。"攸笑曰："恐未必。"操曰：有半年耳。"攸拂袖而起，趋步出帐曰："吾以诚相投，而公见欺如是，岂吾所望哉！"操挽留曰："子远勿嗔，尚容实诉：军中粮实可支三月耳。"攸笑曰："世人皆言孟德奸雄，今果然也。"操亦笑曰："岂不闻兵不厌诈！"遂附耳低言曰："军中止有此月之粮。"攸大声曰："休瞒我！粮已尽矣！"操愕然曰："何以知之？"攸乃出操与荀彧之书以示之曰："此书何人所写？"操惊问曰："何处得之？"攸以获使之事相告。操执其手曰："子远既念旧交而来，愿即有以教我。"攸曰："明公以孤军抗大敌，而不求急胜之方，此取死之道也。攸有一策，不过三日，使袁绍百万之众，不战自破。明公还肯听否？"操喜曰："愿闻良策。"攸曰："袁绍军粮辎重，尽积乌巢，今拨淳于琼守把，琼嗜酒无备。公可选精兵诈称袁将蒋奇领兵到彼护粮，乘间烧其粮草辎重，则绍军不三日将自乱矣。"操大喜，重待许攸，留于寨中。次日，操自选马步军士五千，准备往乌巢劫粮。张辽曰："袁绍屯粮之所，安得无备？丞相未可轻往，恐许攸有诈。"操曰："不然，许攸此来，天败袁绍。今吾军粮不给，难以久持；若不用许攸之计，是坐而待困也。彼若有诈，安肯留我寨中？且吾亦欲劫寨久矣。今劫粮之举，计在必行，君请勿疑。"

——选自《三国演义》

（2）卓闻兵起，乃徙天子都长安。卓留屯洛阳，遂焚宫室。是时……卓兵强，绍等莫敢先进。太祖曰："举义兵以诛暴乱，大众已合，诸君何疑？向使董卓闻山东兵起，倚王室之重，据二周之险，东向以临天下；虽以无道行之，犹足为患。今焚烧宫室，劫迁天子，海内震动，不知所归，此天亡之时也。一战而天下定矣，不可失也。"遂引兵西……

——选自《三国志》

2.你从选文中读出一个怎样的曹操？依据是什么？

3.在学生同桌交流后，组织学生集体汇报，着重关注以下几个句子。

（1）操大喜，重待许攸，留于寨中。次日，操自选马步军士五千，准备往乌巢劫粮。

（2）张辽曰："袁绍屯粮之所，安得无备？丞相未可轻往，恐许攸有诈。"操曰："不然，许攸此来，天败袁绍。今吾军粮不给，难以久持；若不用许攸之计，是坐而待困也。彼若有诈，安肯留我寨中？且吾亦欲劫寨久矣。今劫粮之举，计在必行，君请勿疑。"

（3）遂引兵西……

4. 请同学们结合以上事例评价一下曹操是个怎样的人。

评点：从反面安排教学内容，提供与学生原认知相矛盾的学习材料，制造矛盾冲突，促使学生放弃原认知，不断建构新的人物形象，重组新的人物特点。

四、呈现事例 整体把握

1.创设情境，再设疑问。曹操多疑，疑他人夜里取他性命，疑周瑜、诸葛趁雾发起进攻，疑华佗以治病之名谋杀自己。但是曹操对深夜投靠自己的许攸深信不疑，取得官渡之战的胜利；董卓兵强马壮，袁绍等人迟疑不前，曹操抓住机会，果断引兵西进。"疑"要了曹操的命，"不疑"成就了曹操的事业。曹操就只有这些特点吗？就是这样的人吗？请选择下面故事中有兴趣的一个，从人物的言行、心理、神态等方面进行批注，做好人物特点交流准备。

（1）适见枝头梅子青青，忽感去年征张绣时，道上缺水，将士皆渴；吾心生一计，以鞭虚指曰："前面有梅林。"军士闻之，口皆生唾，由是不渴。

（2）时淳于琼方与众将饮了酒，醉卧帐中；闻鼓噪之声，连忙跳起问："何故喧闹？"言未已，早被挠钩拖翻。眭元进、赵睿运粮方回，见屯上火起，急来救应。曹军飞报曹操，说："贼兵在后，请分军拒之。"操大喝曰："诸将只顾奋力向前，待贼至背后，方可回战！"于是众军将无不争先掩杀。一霎时，火焰四起，烟迷太空。

眭、赵二将驱兵来救，操勒马回战。二将抵敌不住，皆被曹军所杀，粮草尽行烧绝。

（3）关公入内告知二嫂，随即至相府，拜辞曹操。操知来意，乃悬回避牌于门。关公怏怏而回，命旧日跟随人役，收拾车马，早晚伺候；分付宅中，所有原赐之物，尽皆留下，分毫不可带去。次日再往相府辞谢，门首又挂回避牌。关公一连去了数次，皆不得见。乃往张辽家相探，欲言其事。辽亦托疾不出。关公思曰："此曹丞相不容我去之意……"

2. 你从选文中读出一个怎样的曹操？依据是什么？

（1）望梅止渴表现了曹操有智慧。

（2）贼至背后，方可回战，表现曹操临危不乱，指挥有方。

（3）三挂回避牌，表现曹操惜才，想留下关公。

3. 你还从哪些故事情节或事例中读懂曹操是一个怎样的人。

（1）从"宁可天下人负我，不可我负天下人"读懂曹操的自私。

（2）从善待陈宫的家人，看出曹操重情义。

（3）从青梅煮酒论英雄，读懂曹操知人。

（4）从杀杨修读懂曹操妒才。

4. 曹操究竟是怎样的人？请同学们综合以上事例评价一下曹操。

人物性格特点的复杂性、立体性。

评点：从人物性格的复杂性与立体性出发安排学习材料，组织学生讨论，再次让学生放弃不合理的前认知，再次重组对人物形象的认识，得出人物性格是复杂、立体的，而不是扁平、刻板的，综合多个角度整体把握人物形象。同时，发展学生根据故事情节有理有据地评论人物的能力。

案例大致经历了正向肯定学生前认知，反向否定学生前认知，多角度、多侧面、整体把握这样三个阶段，较好体现了"产婆术"思辨课堂教学的特点。

第六节 《幸福是什么》教学设计

原人教版教材《幸福是什么》大致内容是：三个牧羊的小孩在山上牧羊疏浚水源，修砌了一口井。一位仙子祝他们幸福。他们三人不知何谓幸福，决定各自寻找幸福的答案，相约十年后在井边相见。一位留在村子里种地，种出的麦子养活了许多人，他找到了幸福；一位到过许多地方，当过花匠、做过消防员，他所从事的工作都对别人有用，他找到了幸福；一位在城市里当了医生，救治了许多病人，帮助了别人，他也找到了幸福。下面是第一课时的教学设计。

教学目标：

1.指导学生认识本课 6 个生字，读准"铁锹""诧异""耕地"等词。

2.思辨幸福是什么，归纳出幸福在于利己的同时利他。

3.有感情地朗读课文中青年的对话。

教学准备： PPT

教学流程：

一、激活前知　谈论幸福

1.同学们，你们觉得自己现在的生活幸福吗？请你们来谈一谈，你在什么时候感到幸福？

从衣食住行中感受幸福。

2.同学们，有的人是在生日宴会上感受到幸福的，有的人是在过年一家团圆时感受到幸福的，有的人是在帮助别人中感受到幸福的，有的人是在获得成绩时感到幸福的……每个人的幸福时刻都不一样，可是都实实在在感受到幸福，幸福是这样神奇，幸福究竟是什么？

评点：开门见山，直入主题。每个人的幸福时刻是不一样的，每个人对幸福的理解也是不一样的。幸福的不确定性激起学生探索幸福是什么的欲望，也为找到幸福的确定性打下基础。

二、整体把握　初遇幸福

1.同学们，幸福究竟是什么？请同学们认真阅读课文，注意读通句子，读准生字新词，边读边完成下面的表格。

青年	从事的工作	幸福是什么
第一位		
第二位		
第三位		

2.学习生字新词，注意读准"铁锹""诧异""耕地"等词语。

3.交流学生完成的作业，着重关注学生在"幸福是什么"这栏里填入的词或句子，允许学生表达不准确或个性化的表达。

4.按照表格说一说课文主要内容。

评点：从整体入手，初步感知幸福的含义。学习是一个由浅入深的过程，允许学生在初步感知幸福的含义时表达不准确，尊重学生的个性表达。

三、理解课文　感受幸福

1.你从哪里感受到三位青年找到了幸福、知道了幸福？请默读相关语段，填写下表。填好的同学可以与同桌交流。

青年	从事的工作	哪些词句能感受到他们的幸福	幸福是什么
第一位			
第二位			对别人有用
第三位			

2.集体交流，品读以下句子。

（1）屏幕出示：弄明白了，很简单。我给病人治病。他们恢复了健康，多么幸福。我能帮助别人，因而也感到幸福。

①请说说"恢复"的意思，想象一下病人恢复健康时的情景。

②你还从哪里感受到青年的幸福？

③这位青年认为幸福是什么？（帮助别人）

④朗读，读出满满的幸福感。

（2）屏幕出示：我勤勤恳恳地工作，对别人都是有用的。我的劳动没有白费，所以我感到幸福。

①请你们结合上下文谈一谈对"有用"的理解。

②这位青年认为幸福是什么？（对人有用）

③朗读，读出满满的幸福感。

（3）屏幕出示：我耕地。地上长出麦子来。麦子养活了许多人。我的劳动，你们看，也没有白费。我也感到幸福。

①你从哪里感受到这位青年的幸福？

②这位青年认为幸福是什么？（养活别人）

③朗读，读出满满的幸福感。

3.分角色朗读青年与仙子的对话。

评点：设计学习导图支架，尊重学生学习主体地位，把学习时间交给学生。个人学习、小组交流、集体交流等多种形式的学习能够充分展开学习过程。品味语言、朗读、镜像化策略等学习实践活动能够体现语文学科特点。

四、比较归纳　思辨幸福

1.同学们，三位青年都找到了幸福，有的认为幸福是帮助他人，有的认为幸福是对他人有用，有的认为幸福是养活别人，那他们说的幸福究竟是什么？请你比较、归纳一下幸福是什么，把它填在表格最后一栏里。

青年	从事的工作	哪些词句能感受到他们的幸福	幸福是什么
第　一位			
第二位			
第三位			

2.同桌交流自己填写的内容。

3.集体交流，比较中发现幸福是利益他人。

4.反向诘问。

（1）对别人有利就是幸福吗？你在学校天天不上课，只为同学与老师服务，这对别人有利，你觉得幸福吗？

（2）你长大后，开了公司，当了老板，把赚的钱都发给员工，你自己住在破旧的房子里，天天吃方便面，你会幸福吗？

（3）你参加了工作，单位里的事你一个人来做，大家都不做，你会幸福吗？

5.质性追问与比较：那幸福究竟是什么？请你们比较、分析三位青年做的工作，仅仅只是利他吗？

预设：你通过深入的分析，发现了他们的共同点；你的分析有理有据；你的比较过程有条不紊；你的结论表达得很精确……

6.板书：利己利人。

7.幸福是利益他人，同时利益自己。你觉得这个观点靠得住吗？你能举例子来谈一谈吗？

评点：从学生的最近发展区开始，从学生最新的原始认知开始，引导学生思辨幸福是什么。学生在思辨中，经历了归纳、综合、演绎等高阶思维训练，在教师反向质问中产生认知冲突，引导学生在归谬中放弃原始认知或前认知，一步步逼近幸福的本质。得出结论后，引导学生运用演绎法，对结论展开论证。整个思辨过程是高阶思维参与的过程，是理性思维得到滋养的过程。教师的评价针对思辨过程中的思维进行点评，营造思辨氛围，促进学生习得思辨技能。

五、点明幸福　实践观点

同学们，经过一节课的探索，我们知道了幸福是利他同时也利己，一个人的幸福与他人、集体、国家紧密相关。只顾自己个人利益，那叫自私；顾及个人利益，也兼顾他人、集体、国家利益，那是本分；不顾个人利益，只顾他人、集体、国家利益，是伟大。让我们做一个幸福的人。

第七节 《跨越百年的美丽》教学设计

教学目标:

1.会读"埃"等12个生字,书写"荣誉""里程碑""溶解""头衔"等词语。

2.了解居里夫人为科学、为人类做出的伟大贡献,受到居里夫人精神的熏陶。

3.多角度、多侧面理解科学精神的内涵。

教学准备: PPT

教学流程:

一、了解成就　交流前知

1.同学们,昨天让大家预习《跨越百年的美丽》这一篇课文,现在我们来检查一下预习情况。

(1)根据学生预习单反馈生字词学习情况,着重指导"誉"的书写。

(2)同学们,居里夫人一生与镭有着千丝万缕的联系。请同学们来交流一下镭是什么样的物质。

①屏幕出示:镭是一种化学元素,是一种银白色的碱性金属,带有放射性。镭的英文名称Radium即放射性的意思。镭的半衰期为1600年,它衰变时会释放氡气到大气中。氡仍有放射性,且可被生物吸入,并危害生命。

②镭的半衰期为1600年,课文中可以找到对应的句子吗?

③镭危害人的生命从哪里可以看出?

2.居里夫人发现了镭,提炼出了镭,还发现了治疗癌症的技术,获得了巨大的成就,让我们来读一读课文中的句子。

(1)她一生共得了10项奖金、16种奖章、107个名誉头衔,特别是获得了两次诺贝尔奖。

"10、16、107、两次"这些数据有什么作用?

（2）她从一个漂亮的小姑娘，一个端庄坚毅的女学者，变成科学教科书里的新名词"放射线"，变成物理学的一个新的计量单位"居里"，变成一条条科学定律，她变成了科学史上一块永远的里程碑。

从四个"变成"中你体会到什么?

3.现在请你来评价一下居里夫人。

预设:居里夫人是一个伟大的科学家、了不起的科学家、贡献巨大的科学家、成就斐然的科学家……

评点:依据学生预习情况有针对性地开展字词教学。从学生对居里夫人的前认知入手，为思辨什么是科学精神及居里夫人的品质打下基础。关注语言的表达效果，鉴赏"变成"及文中数字的表达作用。

二、多维解读　理解精神

1.课文中写居里夫人成就的句子不多，作者是为了写她的成就吗? 你们称她为伟大的科学家、了不起的科学家、贡献巨大的科学家、成就斐然的科学家……这是为什么? 请同学们默读第3～6自然段，找到你们的依据，完成相应的表格。

序号	具体事实	科学精神
1		
2		
3		

同桌交流学习成果。

2.集体交流。

（1）屏幕出示:为了提炼纯净的镭，居里夫妇搞到一吨可能含镭的工业废渣。他们在院子里支起了一口大锅，一锅一锅地进行冶炼，然后再送到化验室溶解、沉淀、分析。化验室只是一个废弃的破棚子，玛丽终日在烟熏火燎中搅拌着锅里的矿渣。她衣裙上，双手上，留下了酸碱的点点烧痕。

①你从这段话中读懂了什么？

②"终日"这个词可以删除吗？为什么？

③教师在表格里板书：坚定的信念、执着的追求。

④居里夫人提炼出 0.1 克镭，用了多长时间？请同学们找出相关信息，谈一谈自己的感受。

⑤质疑：仅凭着坚定的信念与执着的追求这两点科学精神，居里夫人就被你们称为伟大的科学家吗？到底还有什么科学精神？从哪个事实可以看出？

（2）屏幕出示：尽管这都还是偶然的发现，居里夫人却对此提出了新的思考：其他物质有没有放射性？就像是在海滩上捡到一个贝壳，别人也许仅仅是把玩一下而已，可居里夫人却要研究一下这贝壳是怎样生、怎样长、怎样冲到海滩上来的。别人摸瓜她寻藤，别人摘叶她问根。

①居里夫人是怎么设想的？

②你从这段话里读懂了什么？

③在表格里板书：提出问题、刨根问底。

④有感情朗读。

⑤只是凭着坚定信念、执着追求、提出问题、刨根问底这些科学精神，居里夫人就被人们称为伟大的科学家吗？到底还有什么科学精神？从哪个事实可以看出？

（3）屏幕出示：她一生共得了 10 项奖金、16 种奖章、107 个名誉头衔，特别是获得了两次诺贝尔奖。她本来可以躺在任何一项大奖或任何一个荣誉上尽情地享受，但是，她视名利如粪土，她将奖金捐赠给科研事业和战争中的法国，而将那些奖章送给 6 岁的小女儿当玩具。

①名利是什么？请你举例子来说一说。

②居里夫人共得了 10 项奖金、16 种奖章、107 个名誉头衔，特别是获得了两次诺贝尔奖，她会得到哪些名利？

③你从这段话中读懂什么？联系上下文再来谈一谈。

④在表格里板书：淡泊名利、放弃享受。

⑤屏幕出示：著名科学家爱因斯坦说过："在所有的世界著名人物当中，玛丽·居里是唯一没有被盛名宠坏的人。"

⑥品读爱因斯坦的话。

评点：抓住具体的事实，从语言文字中体会人物身上的科学精神。科学精神是多元的复合，不是单一的。从多个侧面理解某一事物是"产婆术"思辨教学的显著特点。教学设计从多个侧面理解科学精神，为最终归纳科学精神与理解课文题目为什么叫"跨越百年的美丽"打下基础。

三、归纳精神　理解课题

同学们，请你们归纳一下什么是科学精神，归纳时可以用上"科学精神是……是……还是……"这样的句式。

（1）小组讨论，要求每位同学都说一说。

（2）同学们，想一想，这些科学精神与课文题目"跨越百年的美丽"有什么关系？小组讨论。

（3）预设：科学精神是提出问题、刨根问底、坚定的信念、执着的追求、淡泊名利、利益大众的精神，正是这样的精神推动居里夫人创造了伟大的科学成就，成为伟大的科学家，正是这样的精神之美，课文题目才用了"美丽"一词，而这种精神是不会过时的，是科学家应具有的美好品质，所以用了"跨越百年"。

（4）汇报交流，重要的是有条理地说出理由。

（5）居里夫人身上的科学精神是在科学研究中养成的，所以文章说（屏幕显示并朗读）："玛丽·居里几乎在完成这项伟大自然发现的同时，也完成了对人生意义的发现。"居里夫人身上的科学精神是深入心灵的，所以文章说（屏幕显示并朗读）："玛丽的性格里天生有一种更可贵的东西，她坚定、刚毅、顽强，有远大、执着的追求。"

（6）借助表格理解依托事实写人物精神。

（7）跨越百年的美丽是科学精神的美丽，这美丽还指什么美丽？下一节课再来学习。

评点：为学生提供归纳科学精神的思维支架，引导学生归纳科学精神，这个过程是综合等高阶思维得到锤炼的过程。理解科学精神与课文题目的关系，关注学生有条理的语言表达，关注含义深刻的句子的理解，可谓水到渠成。借助表格理解整篇文章的表达特点，提升语文素养。

第八章

辩证思辨教学模型

　　矛盾是事物内部或与外部之间存在的相互依存又相互排斥、相互对立又相互转化的关系。矛盾存在于自然界的所有事物之中，存在于人类社会之中，存在于人的思维之中。矛盾具有普遍性，也具有特殊性。矛盾对立统一规律是唯物辩证法的核心，贯穿矛盾运动整个过程。"否定之否定"规律揭示矛盾运动过程的特点。这个过程是"肯定—否定—否定之否定"的过程。扬弃是否定环节的秘密，它发生在"肯定—否定—否定之否定"整个过程的每个环节之中。辩证思辨教学遵循辩证逻辑。

第一节　辩证思辨教学模型

　　小学语文课本中有一类课文，主编换了一任又一任，但是这些课文像钉子户一样钉在小学语文课本中。打开统编版小学语文课本，可以发现《我要的是葫芦》《刻舟求剑》《拔苗助长》这些熟悉的文章。选入统编版小学语文课本的同类课文还有《我是一只小虫子》《"精彩极了"和"糟糕透了"》《小枣树与小柳树》等。仔细阅读这一类课文，可以发现它们阐明的思想与马克思主义哲学观点紧密相关。教学这一类课文，适合运用马克思辩证逻辑开展思辨教学。

　　《我是一只小虫子》是统编版二年级下册的课文。课文讲了一只小虫子在生活中常会遇到别人不曾遇到的烦恼与困难，也拥有别人所不曾拥有的快乐与自由。课文后面的练习题要求学生思考"当一只小虫子好不好？"，编者显然希望教师引导学生学习辩证思考，既看到当一只小虫子的渺小、平凡、卑微，也看到当一只小虫子拥有别人不曾有的自由、惬意和快乐。

　　我们是这样教学这篇课文第一课时的。我们在认真指导学生学习课文生字新词后，引导学生说一说课文中的两种观点，从整体上把握课文内容。深入学习的时候，我们根据课文特点，设计了如下表格，要求学生再读第 2 ～ 5 自然段，选择观点，找到支持自己观点的证据并完成表格。在学生充分自主学习后，教师让选择相同观点的学生坐到一起，用上"因为……所以……"的句式，在组内开展交流，准备集体汇报。

当一只虫子	一点儿也不好	真不错

　　集体交流的时候，我们根据学生的反应，先学习课文中当一只小虫子一点

也不好的原因。这时我们聚焦"屁股扎刺"的痛苦，想象小狗的一泡尿把小虫子淹得"昏头昏脑"，体会小虫子时刻提防被小鸟当成美餐的紧张。然后引导学生联系生活中的见闻，说一说当一只小虫子还有什么不好的地方，并在朗读中感受小虫子的渺小、平凡、卑微。最后让选择"当一只小虫子一点儿也不好"的学生归纳，做出总结陈述。

"当一只小虫子真的一点也不好吗？"我们引导持"当一只小虫子还真不错"观点的同学陈述自己的理由。我们根据学生的陈述，随机引导学生想象"伸懒腰"的惬意，体会"用露水洗脸、擦触须"的高品质生活，想象随着小狗免费旅行的快乐，在朗读中感受小虫子快乐、自由自在、充满乐趣的生活，理解当小虫子惬意、恬淡的生活是经常的、确定的。然后鼓励学生联系生活中的见闻，说一说当一只小虫子还有什么好的地方。最后让选择"当一只小虫子还真不错"的学生做出总结陈述。

经过前面两个环节，教学进入最后"否定之否定"的环节。"有的同学认为当一只渺小、平凡、卑微的小虫子一点也不好，有的同学认为当一只小虫子生活快乐、自由自在、充满乐趣挺好，那当一只小虫子究竟是好还是不好？"教师引导学生小组内交流，尝试用上"缺点+优点≈总观点"的表达支架，表达自己最终的观点。集体交流时，教师关注学生观点的有序陈述。在与学生的对话中，可以设计诸如以下追问："能不能只要小虫子的优点？""能不能不要小虫子的缺点？""小虫子的不好在什么情况下看来是好的？""我们要承认什么观点？""哪些观点是要放弃的？"引导学生展开更深入的思辨，既看到当一只小虫子的不足，也看到当一只小虫子的优点，看到小虫子不必忙碌地工作，而有大把的时间享受自然、享受生活。当然，学生抽象思维还未得到充分发展，关注学情是教学中应当注意的。

回顾这个案例的教学过程，大致经历了"肯定—否定—否定之否定"，或者说"正—反—合"这样的思辨过程：肯定当一只小虫子一点也不好；否定当一只小虫子一点也不好；肯定当一只小虫子不好的同时，看到不曾拥有的好。认识到自己的不好之处，也正是使自己变得更好的动力。这样的教学过程是按马克思的思辨逻辑展开的，是在辩证法三大基本规律指导下进行的。我们将这样的课堂教学模式称为辩证思辨教学模型。

小学语文教材中反映马克思主义哲学观点的课文并非仅此一例。《我要的是葫芦》反映的是事物之间相互联系的观点；《刻舟求剑》反映的是事物是发展变化的，不能看不见事物的运动；《拔苗助长》反映的是事物有其自身发展规律，逆规律而动是行不通的……教学这类课文时，我们应遵循马克思的逻辑，利用马克思主义的学说指导教学。

第二节 辩证思辨教学模型依据

辩证思辨教学模型是基于马克思唯物主义辩证法的逻辑提出来的。假如我们单纯从马克思主义唯物辩证法的角度来说辩证思辨教学模型的理论，那阅读马克思主义理论经典著作也许可以得到更多的收获。我们尽可能利用马克思唯物辩证法三大基本规律，结合《我是一只小虫子》来阐释辩证思辨教学模型的理论。

马克思主义哲学认为，矛盾就是对立统一，矛盾是事物内部或与外部之间存在的相互依存、相互排斥、相互对立又相互转化的关系。矛盾存在于自然界的所有事物之中，存在于人类社会之中，存在于人的思维之中。毛泽东说世界除了运动着的矛盾，没有其他的东西。按马克思主义哲学的观点，一只小虫子也有它的矛盾。有吗？有。例如一只小虫子内部存在着遗传与变异的矛盾，小虫子与外部的矛盾则更多，它与小鸟之间就存在着生与死的矛盾。万物皆有矛盾，这是绝对的，这就是矛盾的普遍性。文中小虫子有许多的伙伴，它们各有各的性格特点，但是不管它们之间存在怎样的差异，都有共同的东西，这个共同的东西决定着它们都叫虫子，这也是矛盾的普遍性。

矛盾不仅有普遍性，也有特殊性。特殊性是一个事物区别于其他事物的本质属性，是事物如其所是的根据。数学之所以是数学，因为数学本身矛盾的特殊性；语文之所以是语文，因为语文本身矛盾的特殊性。《我是一只小虫子》中的这只小虫子之所以是这一只小虫子，而不是那一只小虫子，是由这只小虫子本身的矛盾特殊性决定的。这一只小虫子不是它的兄弟，也不是它的姐妹，而是独一无二的自己，这也是矛盾的特殊性。矛盾的普遍性寄寓在特殊性之中。

毛泽东的《矛盾论》无疑是马克思主义中国化的经典著作。他指出一个矛盾的两个方面是相互依存的。他在《矛盾论》中写道："没有生，死就不见；没有死，生也不见。没有上，无所谓下；没有下，也无所谓上。没有祸，无所谓福；没有福，也无所谓祸……"矛盾的这种互相联结、互相贯通、互相渗透、互相依赖的性质叫同一性。小虫子的烦恼与快乐也是相互依存的，没有烦恼无所谓快乐。矛盾相互依存也相互排斥、相互斗争。小虫子的快乐是快乐不是烦恼，它的烦恼是烦恼不是快乐，快乐与烦恼相互排斥、相互斗争，这是绝对的，这叫矛盾的斗争性。

矛盾的双方在一定条件下是可以相互转化的。敌可以化为友，否可以化为泰。毛泽东认为，研究矛盾要研究矛盾双方是怎样相互依存、相互转化的。《我是一只小虫子》中小虫子的烦恼，在一定情况下，可以转化为快乐。怎么转化？虫子的生活物质需求低，它不需要像其他动物那样在生活资料获取上花费大量的时间、精力而早出晚归、四处奔波，它有足够的时间可以自由支配。在这样的情况下，小虫子的烦恼也就转化为自由、快乐。当然乐极生悲，如果不小心一点儿，不提防一点儿，不留神一点儿，小虫子的快乐也会转化为烦恼。

复杂事物的内部存在着许多矛盾，对事物起主导作用的矛盾叫主要矛盾，一个矛盾中的主要方面叫矛盾的主要方面。毛泽东在《矛盾论》中告诉我们，解决矛盾要坚持两点论与重点论，即研究事物的各种矛盾时，找到主要矛盾或矛盾的主要方面。在《我是一只小虫子》一文中，在烦恼与快乐这个矛盾统一体中，从"一不留神""一定要"等词可以看出烦恼不是时时伴随着生活的，是可以预防、避免的，即使有时不可避免也是正常的，所以是矛盾的次要方面；而小虫子的惬意、快乐、自由自在是可以天天陪伴着它的，所以是矛盾的主要方面，决定着小虫子的生活基调。

毛泽东认为对立统一规律是唯物辩证法的核心，贯穿矛盾运动的整个过程。"否定之否定"规律揭示矛盾运动过程的特点。这个过程在黑格尔那里是"正—反—合"的过程，在马克思那里是"肯定—否定—否定之否定"的过程。《我是一只小虫子》中的小虫子们肯定当一只小虫子一点也不好；"我"这一只小虫子否定小伙伴的观点，认为当一只小虫子还真不错，这是对"当一只虫子一点也不好"的否定；从"一不留神""一定要"等词可以看出烦恼不是时时伴随着生活的，是可以预防、避免的，即使有时不可避免也是非常正常的，这是对"当一只虫子一点也不好"的再次否定；小虫子的惬意、快乐、自由自在是可以天天陪伴着它的，但是因为力量的弱小，常常会遇到许多烦恼，这是对"当一只小虫子还真不错"的否定。如果深入语言文字，教师可以引导学生体会"当一只小虫子还真不错"这句话中的"还"字，体会言外之意——对"真不错"的否定（当一只小虫子确实有不好的地方）。经过多次否定，得到否定之否定：小虫子因为弱小，生活中会遇到点烦恼，这些烦恼是可以避免的；而且它不必为了生活四处奔波，有大量的时间可以自由自在地享受自然、享受生活，确实是很幸福的。这个结论乍一看回到原点，但是它经历了螺旋上升发展进程，已经产生了质变。

唯物辩证法的三大规律是辩证思辨教学模型的理论出发点。

第三节　辩证思辨教学特点

"否定之否定"规律表现矛盾运动过程。这个过程用公式表示为：肯定—否定—否定之否定。辩证思辨教学模型的流程与"否定之否定"的过程是一脉相承的，"否定之否定"依循的法则是辩证思辨教学模型依循的法则，"否定之否定"的展开过程也是辩证思辨教学模型的展开过程。可以说，"否定之否定"的特点就是辩证思辨教学模型的最大特点。

对立统一过程。"否定之否定"规律可以简洁地表示为"肯定—否定—否定之否定"，"肯定"是正题，"否定"是反题，"否定之否定"是合题。从"否定之否定"的外在形式可以清楚地看出矛盾对立统一的过程。《我是一只小虫子》一文中，小虫子们认为当一只小虫子一点也不好，而"我"这只小虫子认为当一只小虫子还真不错。教学中，师生一起聚焦"屁股扎刺"的痛苦，想象小狗的一泡尿把小虫子淹得"昏头昏脑"，体会小虫子时刻提防被小鸟当成美餐的紧张，在朗读中感受小虫子的渺小、平凡、卑微。接着，引导持"当一只小虫子还真不错"观点的同学陈述自己的意见。教师根据学生的陈述，随机引导学生想象"伸懒腰"的惬意，体会"用露水洗脸、擦触须"的高品质生活，想象随着小狗免费旅行的快乐，在朗读中感受小虫子快乐、自由自在、充满乐趣的生活。最后，给出思维支架，引导学生把正题与反题合起来思考，矛盾对立的双方得到融合与统一，也就是"否定之否定"。从学习理论角度来看，对立统一的过程是矛盾冲突到矛盾消融的过程。

反复扬弃过程。黑格尔写道："扬弃了的质等于量，扬弃了的量等于度，扬弃了的度等于质，扬弃了的质等于现象，扬弃了的现象等于现实，扬弃了的现实等于概念……""肯定—否定—否定之否定"的辩证过程是扬弃的过程。马克思说，黑格尔哲学的秘密在于辩证法中的扬弃，也就是在否定中保留有价值的东西，也在否定中产生了新的内容与形式。我们先来看整个大的教学过程中扬弃体现在哪里。在《我是一只小虫子》一文中，小虫子们认为当一只小虫子一点也不好，而"我"这只小虫子对伙伴们的观点进行否定，张扬了当一只小虫子其实挺好的观点。学生们的第二次扬弃体现在最后"否定之否定"的环节：小虫子因为弱小，生活中会遇到点烦恼，这些烦恼是可以避免的，但是它不必为了生活四处奔波，有大量的时间可以自由自在地享受自然、享受生活，确实是很幸福的。从最后阶段的思维成果可以看到，这个成果不是矛盾双方中任何一方的观点，是汲取他人之长、避免自己所短而产生的结果。

扬弃的过程不只发生在"肯定—否定—否定之否定"的大过程之中，还可以发生在这三个阶段中的任何一个阶段。在《我是一只小虫子》的教学中，师生们先聚焦当一只小虫子一点儿也不好这个观点。怎么扬弃这个观点？我们引导学生从"一点儿"品味出小虫子们话说得太绝对，从"一不留神""一定要"这些短语体会到小虫子们把不是经常发生的事当作常常发生的、必然发生的。在师生讨论当一只小虫子挺好时，我们引导学生从"还"等词语中品味出言外之意——当一只小虫子确实有不好的地方。为什么可以这样扬弃？因为矛盾的一方在肯定自己的同时也在否定自身。从建构主义视角来看扬弃的过程，学生思辨的过程是正反观点不断碰撞、交互、构建的过程。

思辨上升过程。辩证思辨是多种思维参与的运动。我们再次关注《我是一只小虫子》教学中的扬弃、否定。学生交流当小虫子一点也不好的证据后，老师引导从"一点儿"进行否定，学生脑海里必然会产生冲突：是啊，一点儿也不好吗？这个观点太绝对了吧。学生找到当一只小虫子挺好的证据后，教师要求学生从"还"中品味语言的言外之意，对观点进行否定。这时学生必然会想：是啊，真的有这么好吗？当小虫子的烦恼是假的吗？所以这个过程中学生思维不断产生矛盾冲突，正反观点不断碰撞交互，学生需要不断提取信息，推理、判断、分析哪些观点是合理的、需要汲取的，哪些观点是不合理的、需要否定的。当教师要求学生合题思辨时，学生根据教师提供的思维与表达支架——缺点＋优点≈总观点，进行综合、创新，这不是简单的相加。学生在去伪存真中，思维轨迹呈现"之"字形的上升状态，思考从量变走向了质变，生成共同价值观：正确对待生活中可能发生的小烦恼，形成积极乐观向上的精神，种下辩证看待事物思想的种子。

第四节　辩证思辨教学技巧

马克思主义哲学是辩证思辨教学模型的理论依据，它为辩证思辨教学模型的实施提供了内在的规定性。辩证思辨教学模型在教学实施中有哪些常用技巧？

矛盾解读文本。文本解读是教学设计的基础工程。准确实施辩证教学模型必须以马克思主义哲学的观点解读文本。矛盾分析法是文本解读的重要方法。《"精彩极了"和"糟糕透了"》一文，妈妈对"我"写的诗不吝溢美之词，爸爸对"我"写的诗批评嘲笑。运用马克思主义哲学来观照这篇课文，我们要看到两位亲人的态度处在两个对立的极端，看到赞美与批评的对立。但是，赞美与批评都是人成长路上不可或缺的动力，矛盾的双方在推动人健康成长这一点上统一起来。正如作者在文章末尾写道：一个作家，应该说生活中的每一个人，都需要来自母亲的力量，这种爱的力量是灵感和创作的源泉。但是仅仅有这个是不全面的，它可能会把人引入歧途，所以还需要警告的力量来平衡，需要有人时常提醒你："小心，注意，总结，提高。"运用矛盾分析法解读的同时，我们还要用联系与发展的观点看待文中的事物。文中爸爸对"我"也不是一味地批评，对我的第一篇小说爸爸这样评价："写得不怎么样，但还不是毫无希望。"解读这篇课文时，还应将"我"取得的成就与父母的批评、赞美联系起来。正确地解读文本是辩证思辨教学设计的基石。

"正—反—合"设计。"否定之否定"是矛盾运动的过程。辩证思辨教学设计的大环节必须与"否定之否定"规律高度地内在地契合。在教学《"精彩极了"和"糟糕透了"》一文时，我们在引导学生把握课文整体后，大致设计了这样几个环节：一是从"妈妈眼里闪着光"等词句，理解妈妈对诗的评价——"精彩极了"；二是从"透"等词句，深入理解父亲的评价——"糟糕透了";三是反复朗读多年后"我"的成就;四是阅读课文最后两个自然段,适当借鉴文中的一些词语,给父母写一封信。第一环节是正题思辨,第二环节是反题思辨,第四环节是合题思考,是对第一、第二环节的"否定之否定"。在集体交流"精彩极了"的相关语段之后,教师要求学生思辨如果父亲也一味表扬可能会出现的结果,从而对表扬进行否定;在集体交流"糟糕透了"的相关语段后,教师要求学生思辨如果妈妈也像父亲一样批评可能会出现的结果,从而对批评也进行否定。在第四环节,教师要求学生适当借鉴文中的一些词语,引导学生理解批评与表扬在激励"我"健康成长上的一致性。

矛盾冲突营造。矛盾是推动事物发展的内在动力,思维矛盾冲突是推动学生思辨的动力。《"精彩极了"和"糟糕透了"》这篇文章,赞美与批评处在两个极端,两者之间有着剧烈的矛盾冲突。辩证思辨教学设计与教学实施中,教师要利用好两者之间的矛盾,营造激烈的矛盾冲突,推动学生思辨。教学中,我们可以将"你觉得是批评重要还是赞美重要"这个问题与"否定之否定"的三个大环节交织在一起,让学生始终处在对立的矛盾冲突之中,发现证据、交流感受、经历扬弃,最终形成辩证的结论、学习辩证的思考。

合题思辨支架。辩证思辨中的合题思辨不是正题与反题的简单加减,从思维角度来看,合题思辨的过程是推理、判断、综合、创新的过程。从马克思主义哲学角度来说,合题思辨是扬弃的过程。合题思辨是辩证思辨最关键的环节。那种只说既要看到优点又要看到缺点之类的话,是无法真正促进学生思辨的,甚至是机械的,教学中有必要为学生提供合题思辨的支架,以提高学生思辨的质量,经历得出辩证思辨结论的过程。在《"精彩极了"和"糟糕透了"》合题思辨的教学中,要求学生借鉴文中的词句,对父母的批评与赞美作一番中肯的评价。如果学生觉得有难度,教师还可提供适当的句式,为学生成功穿越最近发展区、提高思辨质量提供支架。

思辨内容	评价要素	星级
赞美与批评谁更重要?	看见赞美的优点,也看见赞美的不足	3星
	看见批评的不足,也看见批评的优点	3星
	既有赞美的优缺点,也有批评的优缺点	4星

合题思辨量规。教、学、评一致是新课程标准评价的重要理念之一。教师在课堂上教什么，就应该评价什么。怎么评价？这就进入了评价量规设计的语境。在辩证思辨教学模型中，合题思辨是难点，教师有必要搭建支架，帮助学生提高思辨效率与质量，同时可以设计合题思辨的量规，清晰地告诉学生什么样的思辨是优质的。在《"精彩极了"和"糟糕透了"》合题思辨教学中，我们提供了以上评价量表，引导学生对自己的或同学的思辨展开判断，反思思辨存在的问题，提高思辨的质量。

第五节 《我是一只小虫子》教学设计

教学目标：

1.认识"屁""尿""股"等生字，读准多音字"泡"，会写"屁股""苍耳"等6个词语。

2.理解课文两种观点，并有感情地朗读第1～5自然段。

3.依托证据表达自己的观点，初步学习辩证思辨，体会小虫子的乐观精神。

教学准备： PPT

教学流程：

一、认识两种观点

1.同学们，我们今天学习《我是一只小虫子》，请同学们自由朗读课文，读通句子，遇到生字新词多读几遍。

2.找出课文中小虫子们与"我"的观点。

3.学习生字词。

（1）语境认读多音字"泡"。

（2）比较"屁""尿""屎"三个字，书写"屁"字。

（3）学习"股""脾"，猜测、理解"月"字部表示的意义。

4.PPT出示并朗读小虫子们与"我"的观点。

（1）理解"一点儿也不好"。

（2）理解"真不错"。

（3）激发矛盾冲突：小伙伴们认为当一只虫子一点儿也不好，"我"认为当一只虫子还真不错。到底好还是不好？请同学们选择自己的观点。

评点：具有字词梳理的意识。引导学生找出文中观点，在反复朗读的基础上，激发矛盾冲突，激活学生学习内驱力。

二、理解两种观点

1.根据自己选择的观点，阅读课文第 1 ～ 5 自然段，找出支持自己观点的依据。

当一只虫子	一点儿也不好	真不错

学生完成自学后，按不同观点组织座位，并开展组内交流。

2.集体交流"当一只虫子一点儿也不好"。

（1）屏幕出示：我们蹦蹦跳跳的时候，一定要看准地方，不然屁股会被苍耳刺痛的。

①"蹦蹦跳跳"写出了什么？"蹦蹦跳跳"与"一点也不好"有什么关系？

②你从"一定"这个词中体会到什么？

③想象一下屁股被扎的痛苦。

④有感情地朗读。

（2）屏幕出示：一不留神，我们会蹦进很深很深的水里，被淹得昏头昏脑。其实，那深水只是小狗撒的一泡尿。

①联系实际，举个例子说一说"昏头昏脑"的意思。

②你从"一不留神"体会到什么？

③把"很深很深""昏头昏脑""小狗撒的一泡尿"三个短语联系起来，你体会到什么？

④联系实际说一说，当一只虫子还有哪些不好的地方。

⑤有感情地朗读课文第 1 ～ 2 自然段。

（3）请同学们尝试着综合陈述一下自己的观点与理由。

3.集体交流"当一只虫子还真不错"。

（1）屏幕出示：早上醒来，我在摇摇晃晃的草叶上伸懒腰，用一颗露珠把脸洗干净，把细长的触须擦得亮亮的。

①你从哪里体会到"当一只虫子还真不错"？

②演一演"伸懒腰"，说说感觉。

③你从"用露珠把脸洗干净""把细长的触须擦得亮亮的"体会到什么？

④预设：满足、开心、阳光。

（2）屏幕出示：我有很多小伙伴，每一个都特别有意思。

①你能从课文中举个例子来说一说吗？

②这些特别有意思的朋友，下一节课再来学。现在请你联系实际说一说当一只虫子还有哪些好的地方。

③有感情地朗读第3～5自然段。

（3）请同学们尝试着综合陈述一下自己的观点与理由。

评点：通过联系上下文、举例说明、演示等方法与策略引导学生深入语言文字，寻找支撑观点的证据。联系实际，为自己所持观点寻找更多的支持。引导学生综合多项理由，运用语言陈述自己的观点。整个过程为思辨打下基础，同时也充满了语言文字实践活动。

三、初步辩证思辨

1.同学们，你们有人支持小伙伴们的观点，有人支持"我"的观点。学到这，你们觉得当一只小虫子到底好不好？请同学们参考"缺点＋优点≈总观点"这个公式来说一说当一只小虫子到底好不好。

①自己尝试说。

②同桌互说

③集体交流。

2.预设几种情况。

①对没有改变自己观点的同学，教师要尊重。

②综合两种观点的同学，着重指导其把观点表达清楚。

3.同学们，当一只小虫子好还是不好，这节课我们只得到一个初步的结论，有待下一节课继续学习。

评点：整个教学过程符合"正—反—合"的辩证思辨过程。引导学生进行合题思辨，对正题与反题进行否定、扬弃。为学生合题思辨提供思维支架，合题思辨公式告诉学生辩证思辨不是简单相加。因为这是第一课时，教师告诉学生这是初步的结论，不是最终的结论，为后续再次扬弃留下线索。

第六节 《"精彩极了"和"糟糕透了"》教学设计

教学目标:

1.正确读写"誊""谨"等 7 个生字及词语。

2.抓住动作、心理、神态等方面体会人物特点。

3.经历思辨过程,初步学习辩证思辨,培养辩证思维意识。

教学准备: PPT

教学流程:

一、整体把握　揭示对立

1.同学们,我们一起来学习《"精彩极了"和"糟糕透了"》这篇课文,请你看一下,这个题目有什么特别的地方?

(1)预设:题目中有双引号。当学生发现这点之后,教师马上要求学生速读课文,找到加双引号的原因。

(2)预设:"精彩极了"与"糟糕透了"是一对意义相矛盾的短语。

2.同学们,"精彩极了"和"糟糕透了"分别是谁说的? 他们在什么事情上产生了如此巨大的矛盾的观点? 请同学们带着问题默读课文。

3.集体交流。

评点:发现课文题目形式上独特的地方,从课文题目形式入手,整体感知、把握课文的主要内容。

二、肯定表扬　否定表扬

1.同学们,母亲认为巴迪写的诗精彩极了,你们从哪些地方体会到呢?

(1)屏幕出示:母亲一念完那首诗,眼睛亮亮的,兴奋地嚷着:"巴迪,这是你写的吗? 多美的诗啊! 精彩极了! "她搂着我,不住地赞扬……她高兴得再次拥抱了我。

195

引导学生从语言、动作、神态三个角度展开汇报并朗读。

2.那一个下午"我"是怎样度过的?"我"的心情怎样?

屏幕出示:七点。七点一刻。七点半。父亲还没有回来。我实在等不及了。

①你从这几个表示时间的词里体会到什么?

②你还从哪里体会到"我"焦急的心情?

③"我"焦急地等待是等待父亲吗?"我"在等待什么?

3.如果父亲回来也像母亲一样表扬我,请你预测一下"我"的未来。

评点:从母亲的语言、神态、动作体会母亲的热情的鼓励,从"我"的言行、心理体会想得到父亲的赞美。否定表扬,预测一味表扬可能出现的结果。

三、肯定批评 否定批评

1.请同学们阅读第6～14自然段,思考从哪体会到"糟糕透了"。

2.屏幕出示:"我看这首诗糟糕透了。"父亲把诗扔回原处。

(1)引导学生体会"透"与"扔"并朗读句子。

3.屏幕出示:"我不明白",父亲并不退让,"难道世界上糟糕的诗还不够多么?"

(1)反问句改陈述句,体会父亲的语气及言外之意。

(2)你还从哪里体会到父亲对"我"写诗以及这首诗不满意?

4.如果父亲一味地批评,你觉得"我"的未来会怎样?

(1)父亲知道不能一味地批评吗?请仔细阅读课文并找出依据。

(2)屏幕出示:有一次我鼓起勇气给父亲看了一篇我写的短篇小说。"写得不怎么样,但还不是毫无希望。"

(3)引导学生体会父亲藏匿在"还不是毫无希望"中的表扬。

5.分角色朗读课文第6～14自然段。

评点:从父亲的语言、神态、动作入手,体会父亲对"我"的诗的态度。从"还不是毫无希望"品味父亲隐蔽的赞扬,从而对反题进行否定。

四、正反思考 否定之否定

1.多年过去了,我已经有了很多作品,出版了一部部小说、戏剧和电影剧本,成了具有国际影响力的作家。请你阅读最后两个自然段,你觉得在"我"成为著名作家的路上是表扬重要还是批评重要?

（1）屏幕出示：一个作家，应该说生活中的每一个人，都需要来自母亲的力量，这种爱的力量是灵感和创作的源泉。但是仅有这个是不全面的，它可能会把人引入歧途。所以还需要警告的力量来平衡，需要有人时常提醒你："小心，注意，总结，提高。"

①表扬与批评分别给"我"带来什么？

②你从三个"需要"读懂了什么？

（2）屏幕出示：它们像两股风不断地向我吹来。我谨慎地把握住我生活的小船，使它不被哪一股风刮倒。

①"两股风"在文中指什么？

②联系上下文，想想"不被哪一股风刮倒"的意思是什么。

2.同学们，读到这，现在你觉得在"我"成为著名作家的路上是表扬重要还是批评重要？

（1）请参考"优点+缺点≈总观点"的式子来说一说，并对照评价量规对自己的思考进行评价。

（2）评价量规：

思辨内容	评价要素	星级
赞美与批评谁更重要？	看见赞美的优点，也看见赞美的不足	3星
	看见批评的不足，也看见批评的优点	3星
	既有赞美的优缺点，也有批评的优缺点	4星

（3）你能联系自己身边的实际举个例子来说一说吗？

评点：利用评价量规，引导学生既看到赞美与批评的优点，也看到赞美与批评的不足。那种说赞美与批评两者都重要的机械的观点，不是真正的辩证思辨，教师需要花时间尽力引导学生充分扬弃。当然考虑到学生的学情，也不可求全。

第九章

理性思辨教学模型

　　人类已有的一切知识都应在理性的法庭上陈述其存在的理由。理性审判的程序大致是：提问—明确（知识、命题、概念、原理）—思辨（直观与演绎、分析与综合、列举与归纳）—结论—检验。世界自有真理。理性审判从质疑提问开始，以正确的命题、概念、原理为逻辑起点，以直观与演绎、分析与综合、列举与归纳为过程，寻找确定的结论，结论还需经受实践的检验。理性思辨教学模型继承了笛卡儿的理性精神，遵循了笛卡儿的思想方法。

第一节　理性思辨教学模型

天才笛卡儿认为要把一切都诉诸理性的权威、放在理性的尺度上进行校正，认为人类已有的一切知识都应在理性的法庭上陈述其存在的理由。从他的话里，我们可以明确推理出，理性如法律也如审判者。有句话叫程序正义。综合众多研究者的认识，笛卡儿的审判程序大致如下：提问—明确（知识、命题、概念、原理）—思辨（直观与演绎、分析与综合、列举与归纳）—结论—检验。这个审判的程序即理性思辨教学模型的流程。我们结合《王戎不取道旁李》来阐释理性思辨教学模型。

统编版四年级上册《王戎不取道旁李》出自《世说新语·雅量》，故事讲的是王戎与小伙伴一起游玩，看见路边有一棵李树，小伙伴们争相摘取，只有王戎站立在路边不动。伙伴们问他为什么不动，他说李树长在路边，硕果累累，必定是苦李。课后习题要求学生讲一讲故事，说一说王戎的思考过程。我们大致是这样教学的。

立足单元明任务。我们让学生快速浏览整个单元，看一看这个单元的课文讲了哪些人物的故事。让学生读单元导语，了解这个单元的语文要素是简要复述故事，引导学生对单元有一个初步的认识。

熟读课文明大意。揭示课题时，我们引导学生正确读写"戎"字。鼓励学生读通读顺课文，根据注释尝试理解故事大意并填写下图。在集中教学时，引导学生学习生字后，读通课文中"看道边李树多子折枝""树在道边而多子"这两个句子的节奏。随后师生一起完成下图的填写，并鼓励学生根据图示说一说故事大意。

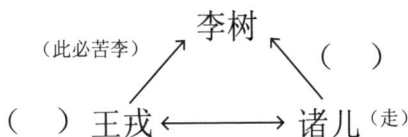

理解课文学思辨。在理解课文时，我们鼓励学生根据注释说一说自己已经理解的句子，教师抓住学生理解不确切的地方，随机点拨重点词句的理解，比如"诸儿竞走取之"的"竞"、文中三个"之"代表的事物。当学生解释"看道边李树多子折枝"时，运用镜像化策略，引导学生想象李树多子折枝的画面，并鼓励学生用上"因为……所以……"的句式表达折枝的原因。当学生解释"诸儿竞走取之，唯戎不动"时，教师引导学生体会两者之间的鲜明对比。

随着教学进程推进，当学生解释了"树在道边而多子，此必苦李"这句话的字面意思后，引导学生展开理性思辨的契机到来。此时，教师提出问题："王戎认为此必苦李，他是怎么得出这么硬气的结论的？现在假设你就是王戎，请说出你的思维过程。"在集体交流时，教师追问："王戎是以哪个真实的情况为基点进行推理的？""你认为这位同学的推理过程有漏洞吗？""你认为这位同学的推理能得出这个结论吗？""这位同学用上'如果……那么……'这样的句式有什么好处？"最后，引导学生进行完整的推理陈述。此时，教师可以出示评价量规，引导学生对自己或同学的完整推理陈述作出评价，如下表所示：

序号	评价内容	星级
1	推理从事实出发	2星
2	推理过程没有漏洞	2星
3	推理过程完整	2星
4	推理与结论关系紧密	2星
5	语言表达准确流畅	2星

四年级的学生在教师引导下，完全能够复现王戎的推理过程。当学生完成推理后，教师进一步质疑："王戎推理的结论正确吗？"引导学生从文章中找

到依据进行说明。"信然"说明王戎的推论是正确的。此时，教师要求学生对王戎展开评价，王戎的品质揭示可谓水到渠成。最后，在反复诵读的基础上，要求学生完善初读课文时的图示，并讲一讲故事。

学生复现王戎的思维过程时，大致经历了"提问—明确（知识、命题、概念、原理）—思辨（直观与演绎、分析与综合、列举与归纳）—结论—检验"这一程序（见下图）。

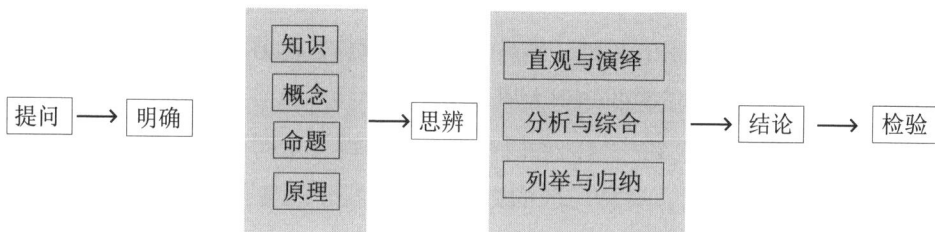

从质疑出发，以事实为推理起点，展开富有逻辑的、理性的分析、推理、综合等，在理性思考中得出必然的结论，最后对结论进行必要的检验，我们将这样的教学模式称为理性思辨教学模型。

第二节 理性思辨教学模型依据

怀疑时人与怀疑同时存在，用笛卡儿的原话来说即"我思故我在"。怀疑是笛卡儿整个哲学体系的基础，也是他建构哲学体系的方法论。笛卡儿认为正确的方法才能建立起正确的知识大厦。

笛卡儿说："被总到一起的各门科学和人类智慧是同一的，它永远是一。"因而方法也只有一种，一种一般的方法适用于科学的各个分支，人们要得到这个方法，只有到人类公认的确实的、确切的知识中寻找。算术与几何正是这样的知识，但是人们在研究算术与几何的过程中，却忽略了研究获得真理的方法，不能说明它们为什么是正确的。笛卡儿试图确定这个方法。这个方法简而言之即"从最简单、最容易的开始，直到这个范围内显得无事可做时再前进得更远一些"。换一句话即"从最简单的、无可怀疑的东西出发，经过合理的推演而得出全部的知识"。这个方法也叫普遍数学方法，大致可以表示为：提问—明确（知识、命题、概念、原理）—思辨（直观与演绎、分析与综合、列举与归纳）—结论—检验。

直观与演绎。这里所说的直观不是形象直观的直观。笛卡儿认为直观是"一个纯净的和专注的心灵所具有的无可怀疑的概念"，"以至于我们理解的东西完全用不着怀疑"。它有两个特点：一是直观的命题是清楚明白的，可以说是自明的；二是直观的对象是同时地、整个地被理解的，而不是持续中被把握的。演绎则是一系列的间接的持续的论证推理。笛卡儿认为，运用直观的方法找到最简单的、无可怀疑的、无须辩护的知识、命题、概念、原理，以它们为起点进行演绎推理，可以推导出全部确实可靠的知识。在《王戎不取道旁李》一文的教学中，道旁李树挂满果实而无人采食是明确的、无须证明的，教师引导学生从道旁李树挂满果实而无人采食的真实情况出发，展开演绎推理，复现王戎的思维过程。"道路旁边的李子，如果是甜的那么就会被行人采食。行人都不采食，那么道旁李必是苦的。"这个推理是充分条件的假言推理，人们在否定了后件时，也要否定前件，所以这个推理是正确的。当然还可以运用其他的推理方式。学生复现王戎的思维过程，是逻辑思维、理性思维得到锤炼的过程。

分析与综合。分析是将一个复杂的事物，分解成一个个无须证明的简单命题、自明的公理、确切的概念，这个由上而下的过程即为分析。人们运用直观，以精确的、相似的步骤，一步一步地前进，探寻其他真理是否可以从这个真理中推演出来，这即为笛卡儿的综合，综合是一个上升的过程。在《王戎不取道旁李》中，也可以运用分析与综合的方法复现王戎的思维过程。分析文中的李树，有两个事实，一是长在道路旁，二是树上长满果子。分析出这两个事实后，人们可以根据这两个事实继续分析推理：李树长在路旁，它不是哪家人种下的，所以是无主的。无主的李树长的李子，人人可以采而食之，人人都会采而食之。可是，这李树长那么多果子却无人采食，为什么呢？结果只有一种可能性，是果子自身的原因——苦涩。从以上的论述可以看出，分析与综合也能复现王戎的思维过程。不管是直观与演绎还是分析与综合，它们之间的共同点是都是理性思维，都必须讲究逻辑。

列举与归纳。逻辑的、理性的方法也不是万能的。笛卡儿认为，在理性与逻辑力所不逮、万不得已时，与其凭着经验或感观来发现、检验知识，不如运用列举与归纳的方法。我们知道列举与归纳得到的结论不一定是确切的。笛卡儿告诫我们，要有顺序地列出全部事实的概览、详细的目录，列举必须是全面而无一遗漏的，在此基础上再归纳，以得到最确切的知识。列举与归纳是笛卡儿方法的补充形式。

在西方哲学史和科学史上，人们对笛卡儿的方法有不同的概括，有人认为是演绎法，有人认为是分析—综合法。冯俊教授在《开启理性之门——笛卡儿哲学研究》一书中，认为笛卡儿的方法论体系是"以建立普遍数学为目标，以普遍怀疑为起点，以直观和演绎为内容，以分析和综合为形式，以列举和归纳为补充的完整体系"。

笛卡儿的方法论是理性思辨教学模型的理论依据。

第三节 理性思辨教学特点

笛卡儿的知识观、方法论赋予理性思辨教学模型最主要、最鲜明的特点。深入研究理性思辨教学模型，可以用三个字概括其特点：确定性。

理念的确定。怀疑主义往往走向虚无。笛卡儿是理性主义者，认为世界具有同一性，永远是一。在知识论上，他相信知识具有确定性，就像人们在怀疑时思想的主体自然而然地存在于怀疑、思想、想象中一样确定而不可怀疑，就像算术、几何、天文学、物理学中科学的、确切的知识一样不可怀疑。理性思辨教学模型的理论根据来自笛卡儿的哲学观、知识观，身上自然具有笛卡儿理性精神的禀赋。

方法的确定。笛卡儿相信知识具有确定性，也相信真理、真知的标准是存在的。他从算术、几何、天文学中去寻找真理、真知的标准，发现算术、几何、天文学诸学科中，被人们忽略的可以用来解释自身为什么正确的东西即"无须辩护的知识、命题、概念、原理，以它们为起点进行演绎推理，推导出全部确实可靠的知识"。笛卡儿这个真理、真知的标准，也是他的方法论，同时是理性的法庭，也是理性法庭中的审判者，人类一切知识都得在它面前陈述存在的理由。理性思辨教学模型流程依据笛卡儿的方法论提出，自然继承了相同的基因。

过程的确定。提问—明确（知识、命题、概念、原理）—思辨（直观与演绎、分析与综合、列举与归纳）—结论—检验，是理性思辨教学模型的流程。分析这个流程，我们可以清楚地看到，理性思辨教学模型是理性的狂欢、逻辑的狂欢、演绎的狂欢。透过整个过程，我们可以看到演绎起点确定、演绎过程确定、演绎结果确定。

演绎起点确定。笛卡儿认为"无须辩护的知识、命题、概念、原理，以它们为起点进行演绎推理，推导出全部确实可靠的知识"。他的方法论具有很强的可操作性，操作过程中演绎贯穿始终，正因为如此，有的学者认为笛卡儿的方法是演绎的。笛卡儿认为，要得到确切的、不可怀疑的知识，必须以无须辩护的知识、命题、概念、原理为逻辑起点展开演绎。在《王戎不取道旁李》一文的教学中，教师让学生扮演王戎，复现王戎的思维过程。这个复现的起点必须是客观事实，是无须证明的，即李树长在道旁且硕果压枝。引导学生从这个事实出发展开演绎过程，才能保证演绎过程与结果的正确。

演绎过程确定。不论是三段论式的演绎推理、假言推理还是选言推理，其中都包含演绎的精神。演绎总是这样一个过程，前一步演绎的结果是后一步演绎的基础，如此小心翼翼地前进，最后到达演绎的最终环节。在《王戎不取道旁李》的教学中复现王戎的思维过程时，学生从"道旁"分析推理出这是一株无主的李子，人人都可采食；从"硕果折枝"推理出李子无人采食；从以上两个事实推理出结果：人人可采食却无人采食，所以李子必是苦李。"道旁""硕果折枝"两个推理环节的正确性、确定性是"果子必是苦李"这个结论的正确性、确定性的保证。教学中教师要仔细倾听学生发言，防止一个环节出现失误，导致学生演绎结果失之毫厘、谬之千里。

演绎结果确定。演绎起点的不可怀疑、演绎过程的正确无误，保证了演绎结果的正确。在《王戎不取道旁李》一文中，王戎的推理结果确定吗？检验是证明推理是否正确的标准，正如实践是检验真理的标准。文中"信然"一词告诉我们，王戎的推理是正确的。我们还应认识到，有些演绎的结果也许无法检验，但是只要演绎起点与过程是正确的，人们就确信这个结果也是正确的。比如 2 的 100 次方，数字大得惊人，只要人们遵守计算的逻辑，遵守推理的规则，人们虽然很难检验，但坚信求得的结果是正确的。

相信确定性，以确定为起点，从确定出发，走出确定的每一步，到达确定的目标，这是理性思辨教学模型最大的、最明显的特点。

第四节　理性思辨教学技巧

语文，上至天文下至地理，出乎人之常情入乎生活百态，可以说语文的边界是世界的边界。在语文这个世界里，我们每位教师都或多或少存在盲区，形式逻辑也许是其中之一。理性思辨教学模型教学过程的充分展开离不开形式逻辑的指导。

演绎推理。《咕咚》是大家耳熟能详的故事，故事被选入统编版一年级下册课本。这篇课文后面的习题，要求学生说说动物为什么跟着兔子一起跑。我们觉得在理解这个问题时，要以理解兔子自己为什么跑为前提，而要理解兔子为什么跑，又要以复现兔子的思维过程为前提。在教学中，我们让学生读课文，扮演小兔子，说说自己逃跑的理由，说说自己当时是怎么思考的。我们许多教师在这个环节的教学中，不以形式逻辑为指导，只让学生随便说一说，理由是和一年级孩子们说什么逻辑。一看似乎有理，可是真的只要随便说说吗？这里要说清楚为什么逃跑，借助形式逻辑中的三段论进行小兔子思维过程的复现是最简单的方式。我们可以出示这样的支架：

> 遇到危险要及时逃离。
>
> 咕咚＿＿＿＿＿＿＿
>
> 小兔子＿＿＿＿＿＿

当学生理解了小兔子的推理过程，找到了小兔子逃跑的理由后，我们可以引导学生关注小兔子错在哪里。小兔子错就错在把没有危险当成危险来临，即小前提出了错误，所以它的推理是错的。三段论推理中，大前提包含着结论，大小前提正确，才能保证结论正确。

假言推理。在《王戎不取道旁李》的教学中，教师让学生扮演王戎复盘思维过程。学生们有的从"道旁""硕果折枝"两个事实开始分析推理，从"道旁"分析推理出这是一株无主的李子，人人都可采食；从"硕果折枝"推理出李子无人采食；综合以上两个推理的结果，推理出人人可采食却无人采食，其结论是果子必是苦李。从课堂教学的真实情况来看，这不是唯一的答案。有的学生会尝试运用假言推理进行推理。这个时候教师必须掌握假言推理的技巧，运用假言推理的规则指导学生展开思辨。"道路旁边的李子，如果李子是甜的应会被行人采食而光。行人那么多都不采食这棵树的李子，那么道旁李必是苦李。"形式逻辑规则告诉我们，充分条件假言推理的否定前件式和肯定后件式都是无效的，而这个推理否定后件，即"行人多而不采食"是对"甜的会被行人采食而光"的否定，符合假言推理的规则，所以结论是正确的。

选言推理。一年级下册第一单元中的《猜字谜》一课，有这样的一则谜语：左边绿，右边红，左右相遇起凉风。绿的喜欢及时雨，红的最怕水来攻。教学这个字谜，口头上说的是猜，其实质却是发展逻辑思维。教学中，教师在学生熟读课文之后，在黑板上画了一个方框，把它分成两半，引导学生思考哪些东西是红色的，比如火、花、太阳……学生列举了许多的事物，这时教师提问，请同学们读一读谜语的最后一句，想想列举出来的哪个选项可以填入右边的方框里。学生们结合"最怕水来攻"，把"花、太阳……"排除了，认为应选择"火"填入右边的方框里。教师让学生用相同的方法，试着在左边填入一个字。在集体交流时，教师让学生来阐述自己的思维过程。学生们说，绿的事物有草、叶、禾……但是"草""叶"等字填入左边没有这样的汉字，所以把它们排除掉，如果把"禾"字填入左边，那么与右边的"火"可以组成一个"秋"字。教师要求学生读一读谜面，找到填入"禾"字的根据。学生们说，草、叶等也喜欢及时雨，但是它们与火相遇不会起凉风，凉风就是秋风，所以再一次确定把"草、叶……"排除，而选择了"禾"。这个教学过程运用选言推理进行逻辑演绎。在这个教学过程中，至少两次运用了选言推理，第一次是列出火、花、太阳等选项后，再排除草、太阳等不合适的选言支，而选择合理的选言支——火；第二次是列出了叶、草、树、禾等选项后，再排除不合理选言支，选择合理的选言支——禾。有理有据地排除不合理的选言支、留下合适的选言支是选言推理的内在规则。

国内外许多大学里讲授思辨或批判性思维的教授认为，思辨只有一条理路——形式逻辑思辨。这话对小学语文教学来说不太合理，但是反映了形式逻辑思辨是理性思辨不可或缺的路径。理性思辨应坦然接受形式逻辑的拥抱，理性思辨教学模型真正的操作技术是形式逻辑的推理技巧。

第五节 《咕咚》教学设计

教学目标：

1.运用造字规律认识"咕""咚"等 12 个生字，会写"吓""怕"等 7 个生字。

2.理解课文内容，根据课后习题，尝试进行推理。

3.懂得遇事要理性思考，做出正确判断，不盲从。

教学准备： PPT

教学过程：

一、揭示课题　梳理字词

1.同学们已经读过这篇课文，看老师写题目，一起来读一读课题。

2.请同学们认真观察"咕咚"这两个字，说一说你的发现。

3.预设：两个字是形声字，都是左边表意与声音有关，右边表音。

4.同学们，课文中"咕咚"指的是什么？

5.屏幕出示：吓、转、跟、拦等词。

读一读、说一说这些词有什么特别的地方。

6.屏幕出示：鹿、象等象形字。

（1）读一读、说一说这些词有什么特别的地方。

（2）教师随机出示这两个字的演变过程。

评点：字词的梳理是新课标提出的学习任务。分类呈现生字，引导学生运用形声字和象形字的规律对生字词进行梳理，呈现汉字演变，渗透汉字文化。

二、梳理情节　整体把握

请同学们自由朗读课文，边看图边理解故事，想一想，如果把这几幅图变成连环画，你认为还可以插入哪几幅图？

（1）集体讨论：插入小兔子害怕得转身逃跑的图。

（2）屏幕出示图片，引导学生排序，并尝试说一说故事大意。

评点：创设学习任务，利用课文优美的插图，引导学生对插图进行排序，利用插图的空白点插入合适的插图，从整体上把握故事大意。

三、理解害怕　复现推理

1.我们跟着小兔子来到湖边，这时一个成熟的木瓜从高高的树上掉进湖里，发出"咕咚"一声巨响，小兔子听到声音是怎么做的？请同学们读一读课文第1～2自然段。

2.屏幕出示：兔子吓了一跳，拔腿就跑。兔子一边跑一边叫："不好啦，'咕咚'可怕极了！"

（1）说一说"拔腿就跑"的意思，谁来演一演？

（2）一边跑一边叫，你从它的叫声里听出了什么？

（3）朗读训练。

3.小兔子为什么拔腿就跑？为什么一边跑一边叫？它听到"咕咚"一声后，心里是怎么想的？请你当当小兔子，参考老师给你的提示，说一说它的思维过程。

（1）屏幕出示：

妈妈说遇到危险要及时逃离。

咕咚＿＿＿＿＿＿＿＿＿

所以，＿＿＿＿＿＿＿＿＿

（2）引导学生把小兔子的思维过程说清楚。

（3）你们认为小兔子错在哪里？请你们来告诉小兔子。

4.小兔子认为木瓜落水的声音吓了它一跳，会给它带来危险，所以拔腿就跑，让我们再来朗读课文，读出小兔子的害怕。

评点：深入理解语言文字，体会语言文字表达的情感，开展朗读训练。创设机会，提供思维支架，引导学生复现小兔子的推理过程，发展学生逻辑思维、理性思辨及评价能力。

四、复盘推理　思辨跟跑

1.小动物们看到了小兔子一边跑一边叫，它们是怎么做的？请同学们读第3～4自然段。

2.小动物们的心情是怎样的？请同学们用朗读表现出来。

（1）小猴子一听，就跟着跑起来。他一边跑一边大叫："不好啦，不好啦，'咕咚'来了，大家快跑哇！

（2）狐狸呀，山羊啊，小鹿哇，一个跟着一个跑起来。大伙一边跑一边叫："快逃命啊，'咕咚'来了！"

3.森林里还有许多动物，让我们学着小猴子来说一说。

（1）（　　）一听，就跟着跑起来。他一边（　　）一边（　　）："不好啦，不好啦，'咕咚'来了，大家快跑哇！

（2）森林里连大象也跟着跑起来，同学们，你们觉得这时的森林是一个怎样的森林？

4.森林里的小动物为什么跑？它们心里是怎么想的呢？请你选择一个动物，说一说它为什么跑，心里是怎么想的。

（1）预设：小猴子想，"咕咚"把小兔子吓得不轻，"咕咚"一定很危险，我也赶紧逃命。

（2）预设：大象想，森林里这么多动物都在逃命，"咕咚"一定很危险，我也赶紧逃命。

（3）同学们，看着森林里的小动物乱成一团、夺路奔逃，好像世界末日来了，它们错在哪里？你有话对它们说吗？

（4）预设：动物们把听来的、没有验证的信息当作真实的，在此基础上做出错误的判断，没有独立思考，盲目跟从。

（5）朗读课文第 3～4 自然段。

5."咕咚"真的这么危险吗？真实的情况是怎样的？我们下节课再来揭晓答案。现在请同学们再来读一读、写一写生字新词。

屏幕出示生字新词，书写"家""象"两个汉字。

评点：重视朗读训练，创设语言实践的机会，模仿书中人物句式进行语言实践，为想象森林动物荒唐可笑的一幕打下基础，为发展批判性思维创造条件。

第六节 《王戎不取道旁李》教学设计

教学目标:

1.学会"戎""竞"等5个生字,理解"唯""信然""诸小儿"等词语。

2.正确朗读文言文,背诵课文。

3.尝试复现王戎的推理过程,学习王戎善于观察、分析、推理的品质。

教学准备: PPT

教学过程:

一、理解课题 熟读课文

1.教师板书题目,学生齐读题目,教学生字"戎"。

(1)谁来说一说题目的意思?

(2)引导学生运用组词的方法理解"取""道"的意思。

2.屏幕出示:《世说新语》及作者简介。

3.《王戎不取道旁李》讲的是一个怎样的故事?请同学们自由朗读课文。

(1)屏幕出示:读通读顺课文,注意生字词与节奏。

(2)学习"戎""竞"等5个生字。

(3)屏幕出示以下句子,读对节奏。

①看道边李树多子折枝。

②树在道边而多子,此必苦李。

评点:抓住关键词理解题目,根据学情有针对性地指导学生读好难读的句子。

二、填写作业 整体把握

1.同学们,我们熟读了课文,课文主要写了哪些人与物?

2.请同学们默读课文,摘录文中字词填写下图,顺势理解"诸小儿"的意思。

李树
（此必苦李）　　　　　（　）
（　）王戎　←→　诸儿（走）

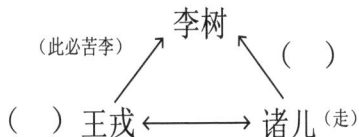

3.集体交流学习成果，鼓励学生依据图示说一说课文的主要内容。

评点：从简单的找出人物入手，以图形展示课文内部的关系，根据关系图说清故事内容。随机点拨"诸小儿"一词的教学也可圈可点。

三、品味语言　感受形象

1.同学们，王戎与诸小儿一起外出游玩，在什么地方看见了什么？

2.屏幕出示：看道边李树多子折枝。

（1）"子"是指儿子吗？李树之子是指什么？作者怎么写多子的？

（2）这个句子里有哪些事实的信息？

3.看到李子压弯了枝条，王戎与小伙伴们有什么不同？

（1）屏幕出示：诸儿竞走取之，唯戎不动。

（2）你们觉得"竞走取之"是怎样的场景？

（3）"唯"是什么意思？你从"唯"字理解到什么？

（4）朗读句子，读出对比。

4.诸小儿见王戎不去摘李子，立在原地不动，有人问他话，我们一起来读王戎的回答。

（1）屏幕出示：树在道边而多子，此必苦李。

（2）"必"是什么意思？让我们读出一定的语气。

（3）一定是苦李？让我们不禁怀疑他是怎么思考的。现在假设你就是王戎，请把你的思考过程说出来，想好后说给同桌听一听。

5.集体交流，关注两种推理。

（1）假言推理：道路旁边的李子，如果是甜的就会被行人采食。行人都不采食，那么道旁李必是苦的。

（2）分析综合：李树长在路旁，它不是哪家人种下的，所以是无主的。无主的李树长的李子，人人可以采而食之，人人都会采而食之。可是，这李树长那么多果子却无人采食，为什么呢？只有一种可能性，果子一定是苦涩的。

（3）追问：

①王戎是以哪个真实的情况为基点进行推理的？

②这位同学用上"如果……那么……"这样的句式有什么好处？

③你认为这位同学的推理过程有漏洞吗？

④你认为这位同学的推理能得出这个结论吗？

（4）请同学们选择一种推理过程，说给同桌听。注意用下面的标准评价同学的推理。

序号	评价内容	星级
1	推理从事实出发	2星
2	推理过程没有漏洞	2星
3	推理过程完整	2星
4	推理与结论关系紧密	2星
5	语言表达准确流畅	2星

评点：深入语言文字，理解从诸儿与王戎的对比中写出人物的特点。创设思辨的机会，复现王戎的思维过程。着重指导学生在复现王戎思维过程时可能出现的两种推理形式。设计评价量规，引导学生对自己与同学的推理进行评价。

四、检验推理　评价人物

1.同学们，王戎的推理正确吗？从文中什么地方可以看出来？

理解"信然"一词。

2.同学们，学到这，请你来评价一下王戎。

评点：理性思辨的结果需要实践的检验。王戎的推理显然是正确的，此时让学生评价王戎水到渠成。

五、熟读全文　尝试背诵

1.借助人物关系图，尝试背诵全文。

2.借助人物关系图说故事。

第七节 《猜字谜》教学设计

教学目标：

1.学习两个偏旁，认识 5 个生字，会写 5 个生字。

2.熟读并背诵字谜。

3.尝试运用选言推理的方式猜出谜底。

教学准备： PPT

教学过程：

一、话说元宵　揭示课题

1.同学们，看看这幅图，说一说，这是什么传统节日？这个传统节日有什么特别的地方？

2.揭示课题，书写"字谜"的"字"。

评点：营造节日氛围，渗透中华优秀传统文化。

二、朗读谜面　学习生字

1.请同学们自由朗读谜面，读通读顺，遇到生字多读几遍。

指名朗读，纠正读音。

2.屏幕出示：相遇、喜欢、害怕、左右等 4 个词语。

（1）表演"相遇"，教学"辶"旁。

（2）替"喜欢"找近义词。

3.屏幕出示：字、左、右、红、时等 5 个生字。

（1）学生用学过的方法自主识记。

（2）范写"左"字，提醒"左"字的撇要穿插到位。学生练习书写"左""右"两个汉字。

（3）朗读谜语。

评点：重视写字，示范写字，指导写好重点笔画，练写"右"字，给予学生举一反三的机会。

三、猜出谜语　学习推理

1.同学们，读了谜面，你们发现要猜的字谜是一个什么结构的字？请找到根据来说一说。

教师在黑板上画出一个方框，分成两半，左边绿笔勾线，右边红笔勾线。

2.同学们，我们知道这个字是左右结构的字，你们觉得可以怎么猜出这个字？说一说想法。

预设：猜出一个部件，再猜出另一部件，把两个部件合在一起。

3.猜出"禾"。

（1）同学们，谜面第一句告诉我们，这个字左边的信息有哪些？

（2）追问：哪些东西是绿色的？

（3）板书：草、树、叶、禾……

（4）请你们再读一读谜面中"绿的喜欢及时雨"，说说上面的选项是否符合要求。

（5）随机点拨"及时雨"的理解。

（6）同学们，这么多选项里，可能存在我们要的谜底，怎么办？（点拨构字规律，排除不合适的选项，将"禾"字填入左边方框）

4.猜出"火"。

（1）同学们，我们刚才是怎么猜的？请你们用相同的办法猜一猜这个字的右边。

（2）同桌交流。

（3）集体交流。

5.同学们，我们猜谜底是"秋"字，这个答案对不对呢？请同学们再读整个谜面，找出根据来验证。

（1）屏幕出示：左右相遇起凉风。

（2）点拨理解凉风即秋风。

评点：猜谜语不是瞎猜，而是逻辑推理的过程。猜"禾"时教师引导学生经历推理过程，猜"火"时放手让学生练习推理过程。最后运用谜面给出的信息，再次检验推理的结果。

四、背诵谜语　拓展猜谜

1.引导背诵。

2.拓展延伸。

第十章

实证思辨教学模型

　　哲学认识论、科学研究方法、科学研究程序是科学方法论的重要内容。实证科学研究方法的成熟与归纳法、数学公式化方法的成熟密切相关。"提出问题—分析假设—实验论证—形成共识"或"提出研究问题—获取科学事实—提出科学假说—检验科学假说"是人们普遍认同的科学研究基本流程。科学实践的科学、严谨、准确决定了介绍科学研究的文章的科学、严谨、准确，具有文章行文思路与科学研究流程合一的特点。实证思辨教学中思辨科学实验的科学性与思辨表达的科学性统一，思辨科学研究的理趣与思辨文本表达的情趣统一。

第一节　实证思辨教学模型

上九天揽月，下五洋捉鳖，人类科技日新月异。人类在科学探索中，逐渐总结、完善科学发现的方法论，提出科学研究的基本流程，即"提出问题—理论分析—实验论证—形成共识"。语文是存在的家。语文教材中选入了介绍科学研究及技术发展的相关文章，这是科技强国的必需，也是人全面发展的必需。我们认为阅读这类文章可以借鉴科学方法论的逻辑开展思辨活动。

《夜间飞行的秘密》是统编版四年级上册的课文。课文用飞机夜间安全飞行激起人们的阅读兴趣，介绍了100多年前，科学家研究蝙蝠夜间飞行的秘密，发明了雷达的故事。教材中提供了7个问题，为学生学习提问提供范例。"蝙蝠和雷达有什么关系？""蝙蝠是怎样利用嘴和耳朵配合探路的？"这两个问题指向课文内容理解。"课文题目是'蝙蝠和雷达'，为什么一开始要写飞机？"这个问题从文章写法角度提出来。"生活中还有哪些发明受到动物的启发？""无线电跟超声波是一样的吗？"这两个问题激发了学生科学探究的兴趣。

教学这篇课文时，我们让学生提前预习课文，要求学生提出问题。上课伊始，教师根据学情，指导学生学习生字词后，将学生的问题与课文中提供的问题一起呈现在大屏幕上，引导学生对问题进行归类整理。

落实本课语文要素后，教师让学生从众多问题中找出科学家要研究的问题：蝙蝠为什么能够在夜间安全飞行？教师创设情境任务，要求学生阅读课文相关语段，扮演小科学家，说一说科学家想研究什么。在汇报中，随机引导学生从"无论""即使……也……"等词句中品味、朗读出人们对蝙蝠的好奇。

教师告诉学生，科学家在研究时，不是一开始就动手实验的，他们会对自己研究的问题进行分析，提出自己的假想。教师继续让学生扮演科学家，鼓励学生阅读课文，根据课文信息，向大家介绍研究假想。汇报时，教师引导学生从"难道它的眼睛特别敏锐，能在漆黑的夜里看清楚所有东西？""封住嘴""塞住耳朵"等信息，分析科学家的假想。

科学家怎样验证自己的假想？教师继续让学生扮演科学家，提取课文相关信息，利用下面的表格复原科学家的实验方案。学生在小组内交流后，集体汇报并填写表格的信息。教师引导小科学家们关注表格，对实验方案的科学性进行解释说明。教师随机点拨"横七竖八"的科学性，点拨从"蒙""塞""封"三个词的准确性中发现控制变量的科学准确。

实验次数	实验方式	实验现象	实验结论
第一次			
第二次			
第三次			

科学家们三次实验得出什么结论？教师让学生阅读课文相关段落，引导学生体会"不是……而是……"表达的简洁而肯定，发现实验结论的科学性、客观性。

如果教学收关于此，那么思辨还不彻底。教师可以引导学生继续扮演科学家，对探索发现过程中不合理的地方提问反思，比如实验用了多少只蝙蝠？怎么保证蝙蝠一直在飞？选择实验的时间是在白天还是夜里？变量控制科学吗？三次实验观察数据能归纳推理出文中初步的结论吗？在提问后，再重新将这些新问题与原来提出的问题整体呈现，将这些新的提问列为一类，师生一起为这类问题起个名称。

回顾上面的教学步骤，我们大致经历了"提出问题—分析假设—实验论证—形成共识"的过程。这个过程是在科学方法论指导下展开的。用科学方法论来看，这篇课文存在不少漏洞，还可以写得更严谨，这就是思辨的乐趣。我们把这样的教学称为实证思辨教学模型。

第二节　实证思辨教学模型依据

"教会徒弟，饿死师父。"在科学研究中，许多科学家撰写研究成果时，往往把他们的研究方法与程序抹去。正如雪地上狡猾的狐狸，用尾巴把行走的足迹抹平。尽管如此，人们还是不断从实践中总结科学研究的方法与程序，总结出"提出问题—分析假设—实验论证—形成共识"这个科学研究的一般程序。当然，也有人认为"提出研究问题—获取科学事实—提出科学假说—检验科学假说"是科学研究的现代流程。两个流程先后顺序稍有不同，但内涵完全相同。这两个流程也许不适合每一门学科，但是一般中蕴含着它的不一般，闪烁着人们长期探索与思考的光辉。

提出问题。科学研究究竟从何开始？有人认为科学研究起始于观察或偶然的事件。亚里士多德认为，在人们解决了生存必需之后，不以实用为目的的科学研究是必然的行为。他认为科学研究起始于人们对自然的惊异。亚里士多德并非经验主义者，他在主张科学研究起始于对自然的惊异的同时，也强调对前人理论的怀疑。进入 20 世纪，英国著名科学哲学家波普尔认为，科学研究的程序要从问题开始，因为科学研究是一个不断证伪的过程，即科学理论不断出问题、不断被推翻、不断受批判的过程。托·库恩的科学革命结构可表示为"旧规范—反常规（问题）—危机—革命—新规范"，他把问题看作科学研究的开始，看作新知识产生的第一个环节。不去考察科学方法论的历史，我们哪知道科学研究始于"提出问题"的曲折经历。爱因斯坦在回忆录中说："提出一个问题往往比解决一个问题更重要。"因为新的问题寓含着新的可能性，是一个科学家想象力的重要表现。科学哲学方法论告诉我们，科学研究可以从空白处、学科交叉处、高瞻远瞩处提出科学研究的问题。

提出假设。假设是未经证实或证伪的理论。假设具有猜测性、或然性、假定性等特点。但是假设总与某些理论沾亲带故，纯粹的假设是不存在的；假设一般不与已有的事实互相冲突；假设可以观察，可以利用实验进行验证；假设应具有逻辑上的简单性。假设是科学研究流程的重要环节，也是科学研究的经典方法。人类早先无法理解自然现象，对宇宙一无所知，就创造了许多的神话故事，以解释自然与宇宙。柏拉图认为，这些神话故事就是人们开展科学研究的假说。在科学研究假设阶段，人们往往需要对概念进行界定，指明自己的概念与前人概念的异同，阐明假设中概念的内涵，保证概念的科学性、准确性、严密性。苏格拉底认为，人们脑海中许多观点是未经审查的，人们应从澄清概念入手。他澄清概念的方法为人们在科学研究中界定概念提供了有益的启示。

实验论证。实验是一种有目的、有计划地考察客观对象的方法。在实验目的的指引下，人们运用科学仪器和设备，人为控制、变革客观对象的条件，获取科学事实，探究客观对象的本质和规律。在《夜间飞行的秘密》中，科学家进行了三次实验，分别蒙住蝙蝠的眼睛、塞住蝙蝠的耳朵、封住蝙蝠的嘴巴，这就是人们常说的控制变量。科学家运用变量控制，找出因果关系，以达到认识自然或事物的本质的目的。

形成假说。实验法作为科学研究的重要方法，与归纳法的成熟密切相关。罗吉尔·培根倡导实验活动，反对思辨科学，认为要运用实验把现象"分解"为要素而归纳出原理。邓斯·司各脱提出了求同归纳法。威廉·奥卡姆提出了求异归纳法。在《夜间飞行的秘密》中，科学家证明蝙蝠不是用眼睛而是用眼耳配合定位，采用的就是求异归纳法。科学家的实验结果可以用下面的表格表示。

序号	实验操作	实验结果
1	塞耳朵	碰铃铛
2	不塞耳朵	不碰铃铛

科学家从实验中得出结论：耳朵能"看"在于超声波定位，耳朵是定位的器官。穆勒融合历史上归纳法理论的精粹，提出了求同求异法、剩余法。在归纳法的发展进程中，培根做出重大的贡献，他指出亚里士多德的演绎法，结论已在前提之中，前提的错误可能导致结论的错误，以这样的方法建立起的知识

基础是不可靠的。在归纳法这一点上，培根认为亚里士多德的归纳法只是简单的枚举，且通过直觉得出原理。他提出"三表法"，认为自己的归纳法"从感官和特殊的东西引出一些原理，经由逐步而无间断的上升，直至最后才达到最普遍的原理"。马克思曾指出："英国唯物主义和整个现代实验科学的真正始祖是培根。"

第三节　实证思辨教学特点

　　文本反映现实生活又高于现实生活。这一句话用在《夜间飞行的秘密》《蜜蜂》这一类课文身上也是比较中肯的。把《夜间飞行的秘密》《蜜蜂》两篇课文作一番简单的比较，我们发现，两篇文章的结构惊人地相似。"蝙蝠夜间飞行为什么不会撞上障碍物""蜜蜂究竟有没有辨别方向的能力"分别是两篇课文研究的问题；"蝙蝠眼睛有敏锐的视力""蜜蜂有辨别方向的能力"分别是这两项研究的假设；采用实验法，对假设进行验证，是这两篇课文的主体部分；"蝙蝠夜间飞行靠的不是眼睛，而是嘴巴和耳朵配合起来探路""蜜蜂辨别方向不是靠惊人的记忆力而是一种本能"分别是两项实验的结论。大同之中也有小异，那就是《夜间飞行的秘密》揭示、阐释了蝙蝠夜间飞行的原理，而《蜜蜂》印证了人们的传说，却没有找到蜜蜂辨别方向的原因。从以上分析可以看出，这两篇课文都较真实地还原了科学家开展科学研究的过程，行文的顺序与科学研究流程基本一致。科学实践的科学性决定了文本表达的科学性；行文思路与科研之路双路合一的特点，决定了实证思辨教学双线并行的特点，即思辨科学实验的科学性与思辨表达的科学性统一，思辨科学研究的理趣与文本表达情理统一。

　　程序的科学性。"提出问题—分析假设—实验论证—形成共识"是科学研究的一般程序。在提出问题中检验前人的研究过程、方法和成果，在分析假设中检验前人理论的立足点，提出自己合理的猜想。猜想只是猜想，猜想需要实验的验证，需要用事实说话。在科学的实验设置、精确的实验操作、准确的实验观测中获取科学的事实。运用分析与综合、演绎与归纳、抽象与直觉的方法提出科学理论，运用数学化等方法科学表达理论，在再次接受实践检验后形成科学共识。这个程序经历了长期的演化过程，凝聚了无数哲学家、科学家的智慧，科学性、严谨性、逻辑性体现在整个程序链条之中。在教学《夜间飞行的秘密》《蜜蜂》这类课文时，当学生把握了课文大致内容，即科学家的研究过程后，教师可以提问："科学家这样的研究过程你觉得科学吗？这样的研究过程得出的结论有科学性吗？"引导学生思辨科学研究流程的科学性、逻辑性，发现正是严格遵守科学研究程序才能得出正确的科学理论。

操作的科学性。科学性、逻辑性、严谨性不仅体现在研究的整个程序中，也体现在这个流程每一个环节的设计与操作之中。我们拿《夜间飞行的秘密》中科学家做实验这个环节来说。科学家们在房间里拉上了横七竖八的绳子，绳子上挂满了铃铛。绳子拉得横七竖八科学吗？为什么不是有规律的？为什么要挂满铃铛？这样的实验装置都遵守科学研究的内在逻辑，因为假如绳子是有规律的，反而可能出现偶然性。科学家在实验时，"蒙住蝙蝠眼"，"封住蝙蝠嘴"，"塞住蝙蝠耳"，纯化了研究对象，精心控制实验变量，才能找出蝙蝠夜间飞行的秘密。教学中我们可以提问："为什么要一次实验一个器官？不能同时进行吗？"只有这样才能准确归纳、推理、抽象出研究对象的本质。《蜜蜂》中法布尔做的实验可以说是一个准实验，严谨之中有诸多不够严谨的地方。说他严谨，你看法布尔对女儿进行"培训"，用纸袋装蜜蜂，放飞时给蜜蜂做了记号……教学时，我们引导学生填写表格，整体把握实验过程，汇报中结合"步行四公里""装在纸袋中""放飞做记号"等体会法布尔实验的科学性。说他不严谨，为什么不用钻了小孔的箱子装蜜蜂？为什么选择大风时放飞？为什么是二十只左右的蜜蜂？给蜜蜂做记号的方法科学吗？说实在的，像《蜜蜂》这样不尽科学的文本是开展实证思辨教学的最好文本。

结论的科学性。运用科学研究获取科学事实，从而得出科学假说，这是顺手牵羊的事。科学假说经过实践检验也就成了科学理论。科学理论本身反映对象的本质，具有客观性。但是科学理论是经过人总结提炼出来的，所以又具有主观性。主观与客观相符是科学理论的特点。《夜间飞行的秘密》一文中，科学家经过反复实验，归纳、推理出蝙蝠夜间飞行靠的不是敏锐的眼睛，而是从嘴里发出超声波，耳朵接收到反射回来的超声波，从而避开障碍物。教学这部分时，我们要引导学生准确理解蝙蝠夜间飞行的科学原理的客观性，也要引导学生思辨科学家对蝙蝠夜间飞行原理的准确、形象的阐释。《蜜蜂》一文中，法布尔表达实验结论时写道："蜜蜂靠的不是超常的记忆力，而是一种我无法解释的本能。"不要忽视了这段话，这段话极具科学性。教学这段话时，我们要引导学生思辨法布尔是根据什么得出"蜜蜂靠的不是超常的记忆力"这个结论，同时思辨作者这样表达这个结论的科学性。法布尔印证了蜜蜂具有辨别方向的能力，但是原因呢？他没有找到，所以他只能将这种能力解释为本能。知之为知之，不知为不知。教学时，要引导学生体会法布尔的科学态度与精神。

实证思辨教学总是穿梭于科学研究的科学、严谨与文本表达的科学、严谨的夹缝中，在思辨中感受科学思维与逻辑，在思辨中品味表达的科学与准确。

第四节 《夜间飞行的秘密》教学设计

教学目标：

1.梳理生字词，学习课文中 12 个生字词，读准多音字，正确书写"驾驶"等词。

2.学习提出问题，在归类梳理中，知道可以从不同角度提问。

3.理解科学家的研究过程，对实验过程进行思辨。

教学准备： PPT

教学过程：

一、检查预习　整理提问

1.屏幕出示"蝙蝠、驾驶、铃铛、研究、雷达、荧光屏"等词语，读准字音，引导学生发现标红的字都是形声字。

2.屏幕出示带"系"字的句子，引导学生读准该字在不同语境中的读音。

3.屏幕出示"驾驶"两个字，示范书写，注意"马"字旁的变化。

4.屏幕出示学生预习时的提问。引导学生归类，引导学生评价自己最喜欢的问题。

评点：以梳理为手段，提高学生识字能力。抓住"马"字旁所处的不同部位，指导书写。根据学情整理学生提问，对问题进行归类，知道可以从不同角度提出问题。

二、确定问题　理解目的

1.同学们，现在假设你就是科学家，你们做这个实验要研究哪个问题？（蝙蝠为什么能够在夜间安全飞行？）目的是什么？请你们阅读课文第 3 自然段，说明你们的研究目的。

2.引导学生从"而且""无论""从来""即使……也……"等词中体会科

学家的好奇。

3.屏幕出示：难道它的眼睛特别敏锐，能在漆黑的夜里看清楚所有的东西吗？

（1）理解"敏锐"在语境中的意思。

（2）理解科学家研究的目的：研究蝙蝠夜间飞行的秘密。

（3）朗读句子，读出不可置信的语气。

评点：科学研究以提出问题为起点，以解决问题为终点。创设情境任务，引导学生仔细阅读文本，从字词中分析出科学家研究的目的。

三、探究假设　大胆猜想

1.科学家在研究时，不是一开始就动手实验的。他们会对自己研究的问题进行分析，提出自己的假设。小科学家们，请你们阅读第4～5自然段，向大家介绍你们每次实验有什么假设。

2.引导学生抓住"蒙住眼""封住嘴""塞住耳"分析科学家的假设。

（1）蒙住眼——假设蝙蝠夜间飞行靠的是眼睛；

（2）封住嘴——假设蝙蝠夜间飞行靠的是嘴巴；

（3）塞住耳——假设蝙蝠夜间飞行靠的是耳朵。

3.请你评价一下科学家的假设——大胆想象、小心求证。

评点：假设是科学研究的必经阶段。课文中科学的假设是隐性的，这是出于叙述的需要。教师延续情境，引导学生仔细阅读文本，从科学家的三次实验中，分析科学家三次不同的假设。

四、复原方案　再现实验

1.科学家怎样验证自己的假想？科学家是怎样实验的？请阅读第4～5自然段，复原你们的实验方案。

2.学生完成表格。

实验次数	实验方式	实验现象	实验结论
第一次			
第二次			
第三次			

3.学生小组交流、集体汇报实验方案。

4.科学的实验方案是实验成功的重要因素，我们来看看科学家是怎么做实验的。

（1）屏幕出示：他们在一间屋子里横七竖八地拉了许多绳子……那么多绳子，它一根也没碰着。

（2）随机教学与追问。

①小科学家们，请说说"横七竖八"的意思，解释一下，为什么这样设置？

②小科学家们，为什么要让它在屋里一连飞上几个钟头？

③小科学家们，为什么一次只实验一个蝙蝠器官？

④小科学家们，为什么是"蒙住眼""封住嘴""塞住耳"？几个动词能交换吗？

（3）朗读课文第4～5自然段。

评点：文章构思精巧，将实验的方案略去，而将实验操作过程叙述出来。教师延续情境，创设学习任务，运用表格支架梳理信息，在教学反馈中随机开展语言文字实践活动，同时引导学生思辨实验方案与操作的科学性。

五、解释结果　理解秘密

小科学家们，你们三次研究蝙蝠飞行，得出什么结论？

（1）教师随机点拨"不是……而是……"，理解结论表达的客观性、科学性。

（2）随机理解"配合"的意思。

六、质疑实验　呼应提问

1.小科学家们，刚才我们经历了科学研究"提出疑问—分析假设—实验论证—形成结论"的基本过程。请小科学家们再读课文，针对实验过程提出问题，特别是实验不合理的地方。

2.预设：

（1）实验用了多少只蝙蝠？

（2）怎么保证蝙蝠一直在飞？

（3）选择实验的时间是在白天还是夜里？

（4）变量控制科学吗？

3.小科学家们，刚才大家提的问题，如果放在课堂开始时的问题表里，你们觉得可以归入哪一类？我们一起给它们取个名字。

评点：整堂课从提问开始，以提问结束，落实语文学科素养，课堂结构完整。引导学生对科学家实验过程中的不足进行思辨、批判，提高学生思辨能力。

第五节 《蜜蜂》第一课时教学设计

教学目标：

1.运用辨析等方法学会"辨""蜜"等13个生字，认识"概""减"等9个生字。

2.根据实验过程，理解法布尔的实验方案，品味法布尔的精神。

3.思辨实验方案成功与不足之处，发展学生的科学精神与思辨能力。

教学准备： PPT

教学过程：

一、简介作者 认识"蜜蜂"

1.简介作者法布尔及《昆虫记》的特点——既有科学性，也有文学性。

2.范写"蜜蜂"两字，比较"虫"字旁在两个字中书写时的注意点。

评点：《昆虫记》既具科学性，也有文学性。物无全美，用思辨的眼光来看这篇文章，科学性与文学性都有不足之处。"蜜蜂"两字是生字，都是"虫"字部，但两个"虫"字的书写不相同，教学时应关注这一点。

二、学习字词 分清过程

1.请同学们自由朗读课文，注意生字新词，读好长句子。边读边完成下面表格中的内容。

实验流程	实验目的	实验过程	实验结论
对应自然段			

2.屏幕出示"试验、沿途、证实、阻力、准确无误"等词语，引导学生读正确。

3.屏幕出示"闷了好长时间、几乎、尽力"等多音字所在的句子，引导学生读正确。

4.教师范写"试"字，点拨第四笔是"一"，学生练习写"试"字。

5.辨析"辨""辩""辫"之异同。

6.核对表格，整体了解课文内容。注意点拨实验观测也是实验过程的一部分。

评点：识字是贯穿整个小学阶段的任务。三年级学生具有一定的识字能力，教学"试"字时，提醒学生关注关键笔画。梳理"辨""辩""辫"的异同。出示表格支架，引导学生从整体上把握文章的梗概，这个把握尺度显然经过掂量。

三、提出问题　理解目的

请同学们默读课文第 1 自然段，想一想，法布尔想研究什么问题？

（1）法布尔听说了什么？他会提出什么问题？

（2）把"听说"与"我想做个实验"联系起来，你体会到什么？

（3）朗读课文第 1 自然段。

评点：提出问题是研究的起点。提出问题有利于想明白研究的目的。把"听说"与"我想做个实验"联系起来，从语言文字中感受法布尔的求真精神。

四、复原方案　仿写方案

1.法布尔想做个实验验证蜜蜂有没有辨别方向的能力，他是想到哪就做到哪吗？他会做一个怎样的方案？请你阅读课文第 2～7 自然段，填写下面的表格。

实验名称	
实验准备	
实验过程	第一步：捕蜜蜂装纸袋； 第二步： 第三步： 第四步： 第五步：

学生自主填写表格，完成后在小组或同桌之间开展交流。

2.屏幕呈现学生作业，随机点拨，形成共识。

同学们，我们根据法布尔实验的过程，复现了法布尔的实验方案，你们觉得这份方案科学吗？请说出你的理由。特别关注不合理的地方。

3.有位同学想研究蝈蝈是怎么呼吸的，他捉了一些蝈蝈，请你们参考法布尔的方案，为他设计一个实验方案。

学生设计方案，同桌交流，呈现方案，师生交流。

评点：做一个实验，写清楚实验的过程，是单元习作要求。在教学中给予学生学习支架，复现法布尔的研究方案，练习制定一个实验方案，落实单元语文素养，具有很强的单元意识与读写意识。深入语言文字，评价法布尔的实验方案，以科学的眼光思辨法布尔方案的科学性。

第六节 《蜜蜂》第二课时教学设计

教学目标：

1.复习生字新词。

2.理解实验操作过程，品味语言表达的实事求是，体会法布尔的精神。

3.思辨实验操作过程，在思辨中发展科学精神。

教学准备： PPT

教学过程：

一、复现字词　巩固识字

屏幕出示课文生字词，反复朗读后选择部分听写并反馈。

二、复现方案　理解过程

实验名称	验证蜜蜂辨别方向能力
实验准备	1.捕蜂工具； 2.记号工具； 3.纸袋； ……
实验过程	第一步：捕捉蜜蜂装纸袋； 第二步：带蜜蜂走四公里； 第三步：要求女儿守蜂巢； 第四步：松开纸袋做记号； 第五步：检查蜂巢数归蜂

1.同学们，上一节课，我们根据法布尔的实验过程，整理出了法布尔的实验方案，请同学们再读一读第 2 ～ 7 自然段，看着这个方案，说一说法布尔的实验过程。

2.同学们，法布尔的实验操作科学吗？请你默读课文第 2 ～ 7 自然段，划出自己的理由。

3.集体汇报：

（1）讨论实验科学合理的地方。

①"带着蜜蜂走了四公里"，路程较远，不是几百米，有科学性。

②"二十只左右被闷了好久的蜜蜂向四面飞散"，"左右"一词写出了实事求是。

③"在它们身上做记号"，才能观察，这是科学的。

④"第二天，我亲自检查蜂窝，认真统计数据"，说明是科学的。

⑤"大概"一词写出了作者是猜测，并不一定是事实，这是科学的。

（2）讨论实验还可以改进的地方。

①"二十只左右"说明不科学，做实验数据应更准确。

②"蜜蜂装在纸袋里，闷了好久"，这可能会影响实验结果。

③"这时刮起狂风"，这狂风会影响蜜蜂飞行，时机选择不科学。

4.屏幕出示：

（1）它们飞得这么低，怎么能看到遥远的家？

（2）没等我跨进家门，小女儿就冲过来，脸红红的……

（3）这样，二十只左右的蜜蜂，至少有十五只……确确实实飞回来了。

①你从上面的句子中读懂什么？写实验过程时穿插人物的心理、神态有什么好处？

②朗读以上句子。

评点：实验方案与实验过程两者合一，引导学生根据实验方案说清实验过程。提出具有思维冲突的问题，引导学生从文本中找寻根据，评价实验过程的得失，发展学生的思辨精神与能力。关注人物的心理、神态，体会文章的文学性。

三、研读结论　品味逻辑

1.屏幕出示：蜜蜂靠的不是超常的记忆力，而是一种我无法解释的本能。

（1）"超常"是什么意思？法布尔说蜜蜂辨别方向不是靠记忆力，他是怎么得出这个结论的？有什么依据？

预设：装在纸袋里，看不到走过的路；离开四公里，距离远。

（2）"本能"是什么意思？法布尔找到蜜蜂辨别方向的原因了吗？

2.资料出示：超顺磁。

快速阅读资料，说一说蜜蜂是怎么辨别方向的。

评点：联系上下文，找寻证据，懂得结论需要证据支持，不是凭空得出。补充资料，解密法布尔当时未能解决的问题——蜜蜂是根据地球磁场辨别方向的而不是本能。

第十一章

鉴赏思辨教学模型

文学作品中的情感、体验、思想被视同真理。选入课本的文学作品具有双重身份，既承担审美的任务，也承担语言学习的使命。文学鉴赏是人们对文学作品进行感受、理解、体验的过程，是感性与理性的协调统一，是欣赏与评价的综合。鉴赏思辨教学遵循阅读教学与文学鉴赏双重程序。以情为经、缘象索义、融理于情、悟象得言是鉴赏思辨教学的显著特点。

第一节　鉴赏思辨教学模型

选入课本的小说、诗歌、散文、剧本是幸运的，也可以说是不幸的。幸，是因为它们拥有最大的读者群；不幸，是因为它们不是以纯粹的艺术作品的形式存在的，它们肩上还扛着学生语言学习沉甸甸的责任。选入课本的文学作品的教学往往可以利用鉴赏思辨教学模型。

五年级人物描写一组中的《两茎灯草》，原来叫"临死前的严监生"，现改名，改得实在有些水准，因为"两茎灯草"是这篇小说的审美意象，严监生这个人的品质从这意象中表现出来。我们来看罗才军老师《临死前的严监生》的教学案例。为什么选这个案例？正如当时钱正权老师所说，这是真正的小说教学。钱老师走了，时间过去也挺久了，但仔细回味这个课例，还是能获得许多教益。罗老师抓住课题点拨学生"监"字的读音与书写时的注意点，指导学生从注释中明白"监生"的意思。"严监生是个怎样的人？"罗老师让学生自己到文章中去感知。这个问题看似极其普通，但是小说是塑造典型人物的，小说人物是审美的对象，所以罗老师这个问题问得极准确。学生们初读之后，罗老师为学生扫除古典白话小说中的阅读障碍，让学生回归"严监生是个怎样的人？"这个问题的讨论。阅读教学遵循"整体—部分—整体"的基本原则，从阅读教学视角来看，此为第一个整体。小说是借助语言文字媒介创造的艺术品，是供人们审美的。审美遵循"审美感知—审美体验—审美判断"的基本程序。从审美的角度来看，这个环节是审美感知阶段，学生从文字中解码信息，对严监生有了初步的印象。

整体把握了课文的主要内容，建立了审美的滩头阵地，罗才军老师聚焦严监生伸着两个指头的画面。从审美角度来看，罗老师此举是引导学生关注审美的对象，激起学生的审美情感。罗老师要求学生猜测严监生临死时念念不忘的是什么，以激发学生学习兴趣。学生们联系实际纷纷猜测，实际是在不断地联想，老师不断强化学生猜测、联想的合情合理，学生们不知不觉进入审美情境。罗老师适时引导学生进入语言文字，提取严监生身边亲人的猜测信息：两个亲人、两笔银子、两位舅爷……亲人穷尽智力也没有猜中严监生心中所思所想。这么多人合情合理的猜测、联想都没有猜对谜底，这与谜底的不合情不合理形成落差。落差即美。小说作者为读者创造了美，罗老师为学生进入审美体验积蓄着能量。亲人们在猜测，严监生从头到尾在摇头。罗老师引导学生与同桌分工朗读，一人读亲人猜测的句子，一人读严监生摇头的句子，鼓励学生利用比较、体验、理解严监生三次摇头动作中的人物心理状态。从下面表中横向看，作者再现了严监生临死时真实的生命状态。若是把三次摇头联系起来看，作者写出了人物从着急到生气、从生气到绝望的心理变化过程。教学至此，教师引导学生再次通过朗读体验、体会人物的内心世界。这一个教学环节，从阅读教学过程来看是深入小说局部精彩细节，想象情境画面，理解人物内心世界；从审美过程来看，是利用朗读、比较走进人物情感世界，体验审美对象，促进审美对象、画面逐渐清晰、生动、丰满。

原文	改写
他就把头摇了两三摇。	他就摇了摇头。
他把两眼睁得滴溜圆，把头又狠狠摇了几摇，越发指得紧了。	他又摇了摇头。
他听了这话，把眼闭着摇头，那手只是指着不动。	他还是摇了摇头。

严监生的老婆赵氏挑灭了一茎灯草，严监生"点一点头，把手一垂，登时没了气儿"。罗老师抓住前后的落差、冲突，引导学生思考读懂了什么。名曰思考，此时还需要思考吗？学生根据脑中的画面，凭着直觉也可做出判断——临死念念不忘的是一茎灯草。罗老师及时补充严监生的材料，让学生联系课文阅读提示里的话，引导学生对严监生做出评价——吝啬鬼。从这个片段的教学上来看，罗老师抓住人物前后冲突，引导学生对人物做出理性评价、综合判断，回归课堂伊始提出的"严监生是个怎样的人？"的问题，即回归整体；从审美角度来看，是对艺术对象做出审美判断。审美有弥散的现象，审美对象建

立之后，人们会时不时在心中咀嚼这个对象，在不断咀嚼、反刍中，人们会有更深的审美体验。罗老师显然也关注到这一点，他问学生读了课文后自己心中印象最深的是什么。学生总是不辜负老师的。他们说，留在心中的是"两个指头""两茎灯草"……还有作者表现人物的艺术手法。

回顾罗老师执教的《临死前的严监生》，我们发现，罗老师的教学既遵循"整体—部分—整体"的阅读教学基本原则，也遵循"审美感知—审美体验—审美判断"的审美基本程序。如下图所示，两条线合二为一，相得益彰，贯穿始终，创造性地完成了这篇课文的审美任务，也巧妙地完成了语言学习任务，被人称为真正的小说教学。我们把这样根据文学作品文体的特点，遵循阅读教学与审美双重规律的教学，称为鉴赏思辨教学。

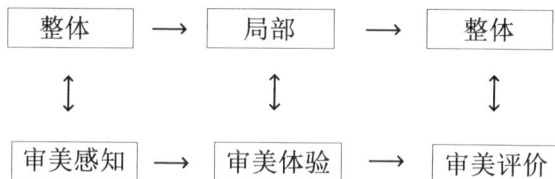

```
  ┌──────┐      ┌──────┐      ┌──────┐
  │ 整体 │ ───→ │ 局部 │ ───→ │ 整体 │
  └──────┘      └──────┘      └──────┘
     ↕             ↕             ↕
 ┌────────┐    ┌────────┐    ┌────────┐
 │ 审美感知 │ ─→ │ 审美体验 │ ─→ │ 审美评价 │
 └────────┘    └────────┘    └────────┘
```

第二节　鉴赏思辨教学模型依据

人们不会否认自然科学存在真理，那么作为艺术的文学作品有没有真理？伽达默尔认为，文学作品中的感受、体验、情感、思想等即可视为文学作品中的真理。人们以实证方法走进自然科学真理。文学是以语言为材料精心制作的艺术品，探究文学作品中真理的方法与科学实证之法大相径庭。欣赏、鉴赏、文学批评是伸向文学作品真理内庭的翠竹掩映的通幽曲径。

简单地说，欣赏是对文学作品的感受、理解、体验，是获得审美愉悦的心理活动及过程；鉴赏是人们对文学作品感受、理解、体验的过程，是感性与理性的协调统一，是欣赏与评价的综合。选入小学语文课本中的文学作品，承担着文学启蒙的使命，也承担着语言学习的责任。其中少数文学作品只要求欣赏，大多数的文学作品还要求引导学生对艺术形象或意象，特别是针对言语形式进行判断与评价，也就是新课程标准称为创意表达的东西。据我们长期对课堂教学的观察，教师们对文学作品的鉴赏教学，或机理不清，或过程混乱。基于多方的思考，我们认为，认识鉴赏的性质，理解鉴赏的流程，研究鉴赏时发生的思维及心理活动，是开展鉴赏思辨教学的必需。

文学作品是凭借语言文字实现的，从语言文字切入文学作品鉴赏是大多数人的共识。在审美感知阶段，人们带着自己的阅读经验和阅读期待进入文本。此时学生对审美对象的把握是零碎的、浅表的、孤立的，这是因为学生感知、理解不深。比如张志和《渔歌子》的教学中，学生熟读诗词之后，我们让学生圈画书中景物，抛出"你仿佛看见一个个怎样的景物？"这个问题，我们认为这问题提得极好，它着眼于景物，暗通于审美的意象。学生们或说"山前飞着白鹭"，或说"桃花开放"，或说"青色的箬笠"……此时的学生，虽说看见景物，但是脑中的景物没有缤纷的色彩，没有白鹭的自在飞翔，没有桃花在雨中的烂漫，更没有诗人情感渲染的意象与意境。张志和《渔歌子》对于教师来说，不管是情感的表达、意境的表现，还是作者价值观的流露，都没有一点违和的感觉。但是因为文字、生活经历等诸多因素，学生读来还是会有"隔"的感觉，这是审美感知阶段的特点。

形式主义与机械主义是害虫，啃食的是智慧之果。许多教师在教学中，以为阅读教学"整体—部分—整体"三个环节是存在泾渭分明的界限的。其实它们之间的分界线本身就是模糊的。教学张志和的《渔歌子》时，当学生说着他们仿佛看到的景物时，我们抓住学生理解不正确、描述无镜像的语言，或者抓住学生理解特别到位、描述富有镜像化的语言，利用直观、理解、感受、体验、想象等方法，推动学生把握意象、体会情感。在这些思维活动的加持下，学生渐渐看见火红的桃花开满山坡，花瓣上的雨珠洁若星辰、美若钻石；看见轻风中的花瓣雨，花瓣顺着青碧的江水漂流而去；溪两岸的山峰青翠起来了，山腰间的雨雾翻滚起来了；细雨打花了江的脸庞，斜风吹皱了江的笑容。审美体验阶段，学生的描述基于诗句，是客观的，又染上自己的理解、感受、想象、体验、情感，所以又是个性的、主观的，主观与客观在语言描述中得到统一。

美学家克罗齐主张美是感性的，认为审美的王国应把理性放逐。其实不然，理性思维也参与审美体验过程。在张志和《渔歌子》的教学中，学生描述桃花若雨纷纷坠落合理吗？山腰雨雾翻涌合理吗？细雨打皱江面合理吗？这些意象在想象中展开，都需要逻辑，需要理性思维的分析、推理。学生对诗歌的意象有了全面的、深入的感知后，教师利用镜像化策略，引导学生想象、描述整首诗词的意境，此时，学生需要逻辑，需要综合思维的参与，所以审美体验过程是感性思维与理性思维协调统一的过程。

青翠的西塞山，山间雨雾翻涌。山前一行白鹭，缓缓地自由地飞翔。火红的桃花开满山坡，灿烂似锦若霞。风的手轻轻梳着桃枝，花瓣纷纷飘落。啊！桃花雨！花瓣落入江水，随波逐流，顺水而逝……大家看，这样的描述充满了情感，这情感是作者的吗？是学生个人的吗？恐怕都不是，而是诗人的情感与学生的情感交相融合，难分彼此。诗人"情动而辞发"，读者"披文以入情"。情感如一条隐蔽的经线，贯穿整个审美过程，这是文学鉴赏的最大特点。

学生想象出诗歌物我交融的意境是诗歌审美的高潮。我们在学生审美高峰体验来临之后，往往还要对审美趣味、审美价值进行审美判断。在审美判断这个环节中，我们引导学生关注：苍山、白鹭、灰云，桃红、碧水、青笠，诗词中的色彩鲜明而又协调统一；山峰、山前、山坡、江水，空间转换自然流畅；构图人物相生，动静相宜。我们带领学生从以上这些角度品评诗人的审美趣味，朗读、吟诵时拖长"飞""肥"两字的韵尾，感受到一股惬意与陶然自乐在心中流淌，仿佛看见诗人张开双臂投入西塞山的怀抱；分析"不须归"的原因，评价诗人的处世态度与人生价值观。总起来看，颜色的选择、空间的转换、构图的巧妙、用韵的讲究，体现了诗人诗意栖居的人生理想。较长短、论优劣、品高下，理性思维介入了审美判断，认识在鉴赏、思辨中升华。审美判断并不是审美的终结，审美常有弥散现象。人们时常会回味审美对象，不断丰富审美对象，恰似余音绕梁，品茗回味甘甜……

以情为经，将理性思维与感性思维融为一体，将客观与主观熔为一炉，将形象、意象的欣赏与言语形式的品味合二为一。我们还可以把鉴赏思辨教学做得更好。

第三节　鉴赏思辨教学特点

　　情感是激发文学创作的发动机，也是文学作品表现的主要内容。中国古代诗论有"情志说"，西方文论中有"情感是诗歌的本质说"。以情感为经，理性思维与感性思维、客观与主观、形象欣赏与语言品味融为一体，是鉴赏思辨教学的显著特点。

　　以情为经。老舍先生的散文《母鸡》，文章前面部分让人忍俊不禁，读着读着，突然让人肃然起敬。阅读前文时在心中逐渐滋生的嘲讽之意，随着母鸡负责、辛苦、勇敢、警惕形象的生成而荡然无存。老舍真是解构与重构的大师。我们来看王崧舟老师的教学案例——《母鸡》。王老师创设老舍先生读书、写作、与朋友讨论时母鸡不时打扰他工作的情境，让学生一遍一遍地听母鸡令人烦躁的叫声，引起学生心中对母鸡的讨厌。这个情境创设得极有情趣，也极有学理的支撑，一开始就把学生带入了作品的情感世界。王老师继续创设情境，用表格的形式，呈现出了老舍先生给夫人的控诉状，控诉母鸡胆小、怯懦、爱炫耀……表达出老舍先生的情感——讨厌。王老师要求学生从文章中找出具体的事例说明老舍先生观点的依据。学生们一一找出具体的事例。王老师引领着学生品味词句，体验老舍先生对母鸡讨厌的情感。更别具匠心的是，每体验一个具体事例，王老师都让学生在书本上写上"讨厌"二字。结束第一部分的集体交流后，王老师与学生一起有感情地朗读师生二度创作生成的文本：

　　　　它永远不反抗公鸡。可是，有时候却欺侮那最忠厚的鸭子。更可恶的是，当它遇到另一只母鸡的时候，会下毒手：乘其不备，狠狠地咬一口，咬下一撮儿毛来。讨厌！

　　　　到下蛋的时候，它差不多是发了狂，恨不得让全世界都知道它这点成绩，就是聋子也会被吵得受不了。讨厌！

回顾这个教学片段，我们可以清楚地发现，王老师创设情境直奔文章的情感，呈现控诉状，披文入情以寻找支持控诉观点的具体事例。每体会一个事例都让学生在文章相应的地方写上"讨厌"二字。最后师生配合朗读，体会文章的情感。可以看出王老师是把文章表达的情感作为审美对象的，是以情感为经线组织教学活动的。这是文学作品鉴赏思辨教学的首要特点。

缘象索义。作者造象以寓义，义在象中是文学作品的特点。缘象而索义、悟象而现义是文学鉴赏的特点。王崧舟老师《望月》一文的教学案例是深得缘象索义要旨的。我们来看王老师的几个课堂实录片段：

片段一

师：有人说，《望月》所望的月亮，不是一个，而是三个（课件呈现：江中月、诗中月、心中月）。一个在江中，一个在诗中，一个在心中。打开书，静静地寻找，江中月在哪里，诗中月在哪里，心中月又在哪里。

生：（朗读答案）先写江中月，再写诗中月，后写心中月。

师：好的！不简单！只读一遍，就看清了《望月》这篇课文的写作思路。先把思路理清楚，心中就有了方向和全貌，这叫提纲挈领的读法。

片段二

师：课文的哪个部分在写江中月呢？谁来读一读？

（生朗读第 2 自然段）

师：没错，这一段的确写了江中月。大家看——

（课件呈现：月亮出来了，安详地吐洒着它的清辉。月光洒落在长江里，江面被照亮了，流动的江水中，有千点万点晶莹闪烁的光斑在跳动。江两岸，芦荡、树林和山峰的黑色剪影，在江天交界处隐隐约约地伸展着，起伏着。月光为它们镀上了一层银色的花边……）

师：请大家自由朗读这段江中月，注意，轻轻地读，柔柔地读，读出你对这段文字的感觉来。

（生自由读这段文字）

师：好的，谁来读一读？

（生朗读第 2 自然段）

师：月亮是安详的，你的朗读也像月亮一样安详，真好！孩子们，假如你就在这个晚上，就在这个现场，你置身在这样一片江天月色中，你最大的感受是什么？你能用一个词来形容自己的感受吗？

生：清幽旷远。

师：这是课文中现成的一个词，你这是活学活用啊！清幽旷远，多么独特的感受！

生：我会选"安详"。

师："安详"，真好！这是一种从容不迫的状态。

生：我用"静谧"这个词。

师："静谧"，是吗？好一个"静谧"，这是一种安静而美好的氛围。

生：隐隐约约。

师：为什么？

生：因为月光下的事物看得不是很清楚，隐隐约约的。

师：那是一种朦胧的感觉。孩子们，让我们一起带着各自不同的感受，清幽旷远的、安详的、静谧的、朦胧的，再来读一读这一片江天月色（音乐响起）。轻轻地，柔柔地，读——（生配乐齐读第 2 自然段）

师：多么安详的月亮，多么清幽的月光，多么静谧的月色呀！孩子们，既然这段文字写的是江中月，那它一定跟江有关，对吧？请大家找一找，在这段文字中，出现了哪些带"江"的词语，找到一个，圈出一个。

（生默读，圈出带"江"的词语）

师：好，这段文字虽然不多，却出现了不少带"江"的词语，是吧？谁来依次读一读这些带"江"的词语？

（生依次读"长江""江面""江水""江两岸""江天"）

师：嗯！出现了五个带"江"的词语。

（课件呈现第 2 自然段，其中带"江"的词语用红框框了出来）

师：孩子们，请看大屏幕，我读这些带"江"的词语，你们读其余的文字。

（师生合作朗读第 2 自然段，师随着学生的朗读，略带强调地、起伏有致地朗读这些带"江"的词语）

师：现在我们调换一下，你们读这些带"江"的词语，我来读其余的文字，注意用心感受老师朗读时的声音、气息和节奏，好吗？

（师生再次合作朗读第 2 自然段，师读得舒缓、轻柔、起伏有致）

王崧舟老师认为，片段一理清了文章思路，从整体上把握文章。在我们看来，这只是其一，片段一更妙的地方在于王老师直接聚焦作品的审美对象之"象"——月亮。片段二中，王老师以课件出示作品中的象："月亮出来了，安详地吐洒着它的清辉。月光洒落在长江里，江面被照亮了，流动的江水中，有千点万点晶莹闪烁的光斑在跳动。江两岸，芦荡、树林和山峰的黑色剪影，在江天交界处隐隐约约地伸展着，起伏着。月光为它们镀上了一层银色的花边……"学生读着上面的话，以直觉兼具理性的方式谈着作品中的象带给自己的感觉。王老师以镜像化策略在配乐朗读中将文章之象变为学生心中的意境，这是缘象索义的重要一环，当然其本身也在缘象索义。王老师又让学生找出带"江"的五个短语。再一次运用镜像化策略，引导学生体验、生成"不知何者为我，何者为物"的物我交融的意境。以此为基础，王老师引导学生得出"千江有水千江月"的象中之义，并将这象中之义一层一层升华而上。

融理于情。艺术感性地将理念显现出来。文学作品也说理，以形象显义，以形象的方式说理。在文学作品审美高峰体验来临之后，往往还要对审美趣味、审美价值进行审美判断。这里的审美判断往往就是理性的。但是，人们做出审美判断是在情感的包裹之中进行的，不是游离在作品与教师营造的情感之外的。我们来看罗才军老师《临死前的严监生》的教学片段：

生：严监生终于安心地死了。

师：是啊，严监生临死前念念不忘两茎灯草，就怕那多点的一茎灯草会费油。你说这一茎灯草能费多少油？可是在严监生心里——

生：比生命还重要。

师：是的。一起来看看课文中的插图。看到了吗？那两茎灯草滋滋地烧着，不仅烧着油，也在滋滋地烧着什么？

生：烧着严监生的心。

师：我们不禁回想起课文前面"阅读提示"里的一句话——

生："严监生是一个很有钱的人。"

师：老师读过《儒林外史》，发现严监生可不是一般的有钱人，按现在来说，起码也是个千万富翁啊。就这么个富翁，临死前却为那两茎灯草"总不得断气"，又为那两茎灯草"登时就断了气"。面对这样的严监生，你想对他说什么？

生：严监生，你太在乎钱了！

生：严监生，你都是快死的人了，还在乎那两茎灯草啊？真是个一毛不拔的铁公鸡。

师：你这才叫一针见血呢！

生：严监生，你也太节约了！

师：这是你真实的想法吗？那么你觉得严监生的这种节约合不合情理，算不算过分呢？

生：有点过分。

师：为什么？你能用课文中的句子来说明吗？

生：课文说"晚间挤了一屋的人，桌上点着一盏灯"，临死的时候，挤了一屋的人，只点着一盏灯，他却还要挑掉一茎灯草，节约得太过分了。

师：所以像这样过分的节约，应该叫什么？

生：吝啬！

罗老师在学生理解了严监生为什么竖着两个指头后，引导学生对人物形象进行评价，说一说严监生是个怎样的人。我们要注意的是，教师要学生做出判断是在教师营造的情境中、在作品的情境中做出的。"严监生，你太在乎钱了！""有点过分。""吝啬！"学生纷纷给出自己的理性判断。仔细品一品学生的判断，可谓"情动于衷而形于言"。虽是理性的判断，但是充满情感，或者说被情感紧紧裹挟。

悟象得言。情以文传，文因情远。象以文立，文以象生。鉴赏文学作品，观象以索义，缘文以同情，提高学生审美能力的同时，要发展学生人之为人的东西。但是，选入课本的文学作品还担负着语言学习的功能，得鱼忘筌不是文学作品教学的品性。教师在引导学生审美的同时，还要运用比较、讨论、质疑等方式，理解、感悟作者富有创意的表达。

我们来看虞大明老师教学《景阳冈》的案例。虞老师引导学生领略了武松打虎的精彩画面，在学生心中树立起了武松高大的打虎英雄形象之后，抛出这样的问题："《景阳冈》这篇课文主要写打虎，为什么却用了 7 个自然段的篇幅来写武松冈下喝酒？"金圣叹在评点武松喝酒时指出："喝酒"是作者锦心绣口的表现，酒成就英雄的豪气与底色。虞老师深得武松喝酒的秘妙，引导学生体会施耐庵结撰文章时的精心安排，也为学生理解武松打虎是在醉酒中所为，是有前提条件的，是有背景的，这样写人物形象更加真实可信。

汪玥老师在执教《穷人》时，引导学生阅读课文第 1～11 自然段，走进人物的内心世界，从"忐忑不安"中感受桑娜的心神不安，从"他会揍我的"的"揍"字感受桑娜的忧心忡忡，从"揍我一顿也好"的"揍"中感受桑娜的心甘情愿，从文中的大量省略号里体会桑娜焦急、纠结、矛盾的心理。令人拍手叫绝的是，汪玥老师创设情境任务："桑娜来到西蒙家里，看到西蒙死了，两个孩子睡得正香。此时，桑娜可能会想些什么？请写下她的心理活动，试着也用上省略号、问号或感叹号。"师生一起欣赏学生优秀的作品后，汪玥老师提出这样的问题："同学们在这里写了这么多感人的心理活动。托尔斯泰擅长心理描写，这儿为什么一句也没有写？"语言的学习与运用、情感的体会与表达完美地融合在一起。

梁晓声的散文《慈母情深》被选入统编版五年级上册第六单元。这篇散文可以说是朱自清《背影》的姊妹篇。文章写"我"迷上《青年近卫军》而"失魂落魄"，在自己无知的怂恿下，向母亲要钱买书。满心期待的"我"走进了母亲工作的车间，看到母亲工作的环境，心里被深深地震撼；看到母亲工作的状态，心里隐隐作痛；听到母亲的同事直言相告，心里渐生不忍。然而，母亲心甘情愿地给了"我"买书的钱，为"我"想读书而高兴。"我"拿着钱，心里产生了自责、愧疚，主动熄灭心中的愿望，为母亲买了水果罐头。母亲数落"我"，凑钱给"我"买书，实现了"我"的愿望。作者有意控制叙述节奏，行文几经拐弯、迂回曲折，一波未平一波又起，读来让人回味无穷。梁晓声的《慈母情深》表达上的另一个特点是细节描写，诸如母亲皲裂的手指，母亲掏钱并把钱塞进"我"手心，母亲给钱后立刻投入工作等。其中有这样一个细节："背直起来了，我的母亲。转过身来了，我的母亲。褐色的口罩上方，一对眼神疲惫的眼睛吃惊地望着我，我的母亲。"教学这个细节的时候，我们先让学生把这个句子改为正常状态叙写的句子："我的母亲背直起来了，转过身来了，褐色的口罩上方，一对眼神疲惫的眼睛吃惊地望着我。"我们引导学生反复朗读这两个句子，学生们从中感受到这个细节描写将母亲从众多的工人中"孤立"出来，好像给了母亲一束聚光灯，这光束照见了母亲的工作与精神状态。我们又让学生体会作者为什么反复咏叹"我的母亲"，学生们从反复咏叹中体会到"我"内心的一丝欣喜、一份愧疚、一股震动、一脉真情。课堂上师生始终在表达了什么与怎么表达的双向思辨中来回穿梭，体会到作者表达上的匠心，感受到中华民族最美好的传统美德——母慈子孝。

鉴赏思辨在想象作品形象中审美，在体验作品情感中享受，在咀嚼作品思想中升华，在品味作品语言的创意、丰富、形象、准确、个性中成就语文的学科价值。

第四节 《临死前的严监生》教学实录

罗才军

师：同学们，今天我们一起学习《临死前的严监生》。谁来读读课文题目？

（生读，把"监"字读成第一声）

师："监"是个多音字，在这里它读第四声，请你再读。

（生读）

师：这个"监"字，咱们还得注意它的写法。请大家在题目旁边端端正正地写上一遍，注意它的第三笔是个短撇，最后一笔要稍长一点，托住上面的部分。

（生写）

师：眼睛特别亮的同学肯定已经发现，题目的右上角有个小"①"。对应到课文下方看看，你知道什么了呢？

生：我知道了，"监生"是古代对读书人的一种称号。

师：没错，就像"秀才""进士"之类的。打个比方说吧，（指一生）你就是秀才，你姓什么？

生：我姓冯。

师：我们就可以叫他——

生：冯秀才。

师：那么这位姓严的"监生"我们自然也可以叫他———

生：严监生。

师：你看，借助注释能让我们更好地读懂课题。这严监生到底是个什么样的人物？快速读读题目下面的阅读提示。

（生自由读）

师：一读就明白，严监生是——

生：《儒林外史》中的人物。

师：这是一部写于清朝的讽刺小说，它的作者是——

生：吴敬梓。

师：我们还知道——

生：严监生是一个很有钱的人。

师：下面让我们走进课文。这是一篇古白话文，在语言上和现在有很大的不同。请大家一字一句地读，至少读两遍，努力把课文读正确、流利。

（生自由朗读）

师：课文中像"一声不倒一声"这样的语句现在已经不常用了。有注释的，我们可以借助注释来读懂它们；那些没注释的，咱们不妨到课文中把这样的语句找一找，再琢磨琢磨它们的意思。

生："莫不是"就是"难道是""除非是"。

师：你是怎么读懂的？

生：我是联系着整个句子读懂的。

师：了不起，联系整个句子，用自己的话来补充，这是个好方法。

生："不曾见面"就是"没有见到"。

师：你是怎么读懂的？

生：联系上下文读懂的。

师：有注释的我们可以借助注释，没注释的我们还可以联系上下文。

生：我昨天预习时还查到"登时"的意思是"立刻"。

师：真是个会学习的孩子。借助工具书也是读懂古文的好方法。那么，这篇课文讲了临死前的严监生什么事？你能不能顺着课题往下说？

生：课文讲了临死前的严监生伸着两个指头，大侄子、二侄子、奶妈都没猜对他的意思，后来赵氏猜出是两茎灯草。挑掉一茎后，严监生登时就死了。

师：能把一篇课文概括成如此凝练的一句话，我登时就想赞你一句：孺子可教也！来看看临死前的严监生是怎么伸出这两个指头的。谁再来读读这个句子？

屏幕出示：严监生喉咙里痰响得一进一出，一声不倒一声的，总不得断气，还把手从被单里拿出来，伸着两个指头。

（生读得正确，但欠缺感情）

师：此时的严监生如果要你用一个词来形容，你会用什么词？

生：奄奄一息、命悬一线……

师：能不能把这些体会融入句子中读出来，让我们一听就能感觉到这一点？

（指名读，生读得很有水平）

师：已经奄奄一息，却总不得断气，你从中读懂了什么？

生：严监生肯定还有心事未了。

师：所以我们的目光就自然而然地投向了——

生：他从被单里伸出来的两个指头。

师：按照一般人的想法，一个人到了生命的尽头，念念不忘的会是什么？

生：亲人、遗产之类的。

师：没错，严监生身边的人也是这么想的。所以面对这两个指头，大侄子猜的是什么？

生：两个亲人。

师：二侄子呢？

生：两笔银子。

师：都很合情合理啊！奶妈猜的又是什么？

生：两位舅爷。

师：是啊，咱们中国人一向讲究"舅爷为大"，大事都需要舅爷来操办，奶妈猜得也很合情理啊！但是他们猜中了没有？

（生摇头）

师：从哪些句子中可以看出来？

生："他就把头摇了两三摇。""他把两眼睁的滴溜圆，把头又狠狠摇了几摇，越发指得紧了。""他听了这话，把眼闭着摇头，那手只是指着不动。"

师：咱们再回到课文中去，同桌合作来读读这一部分。一位同学读三个人的猜测，另一位同学读严监生的反应，看看能不能让你的同桌听了你的朗读之后，好像看到了严监生一样。

（同桌合作朗读）

师：老师也想跟大家合作一把。我来读这三个人的猜测，请同学们来读描写严监生的句子。看看你们能不能读得让老师也如见其人。

（师生对读，师指导生进入情境，走进人物内心，读出情味）

师：读着读着，我们发现，严监生从头到尾一直在干什么？

生：摇头。

师：没错。既然都是写严监生摇头，那我这样写好吗？

（出示表格）

原文	改写
他就把头摇了两三摇。	他就摇了摇头。
他把两眼睁得滴溜圆，把头又狠狠摇了几摇，越发指得紧了。	他又摇了摇头。
他听了这话，把眼闭着摇头，那手只是指着不动。	他还是摇了摇头。

师：不着急，咱们不妨先把作者写的这三次摇头在课文中画一画，再仔细地读一读，比较一下，然后把你体会到的写法上的妙处写下来。

生：作者写得很具体、很生动。读着这样的描写，我们好像看到了活生生的严监生。

生：这些句子写出了严监生着急、生气还有绝望的心情。

师：刚才那位同学说的是这三次摇头把严监生的样子活灵活现地描写出来了，现在你还发现这三次摇头把严监生的心情也描写出来了。把这三句话联系起来看看，你可能会有新的发现。

生：第一次大侄子没有猜到时，他把头摇了两三摇，心里很着急；当二侄子也猜不到时，他把头又狠狠摇了几摇，有些失望；当奶妈还是猜不到时，他把眼闭着摇头，就绝望了。

师：听明白了吗？也就是说，作者写的这三次摇头，还把严监生的心路历程给描绘出来了。你能发现这一点，真了不起。

生：我觉得作者写的这三次摇头还把严监生走向死亡的样子写出来了，前边还能睁眼睛，到后边眼睛都闭上了，估计就剩一口气了。

师：这才叫"临死前的严监生"嘛！同学们，这么一比较，我们发现作者写的这三次摇头可不简单哪，那真可以说是"千言万语尽在摇头中"啊！一起再来读一读这三次摇头。

（生读）

师：头是不停地摇，眼睛到最后都闭上了，可那两个指头呢？

生：一直举在那里！

师：还是他的老婆赵氏明白他的心思，等赵氏挑完一茎灯草之后，你再看——

生："众人看严监生时，点一点头，把手垂下，登时就没了气。"

师：刚才是"总不得断气"，现在是"登时就没了气"。你从这里读懂了什么？

生：严监生终于安心地死了。

师：是啊，严监生临死前念念不忘两茎灯草，就怕那多点的一茎灯草会费油。你说这一茎灯草能费多少油？可是在严监生心里——

生：比生命还重要。

师：是的。一起来看看课文中的插图。看到了吗？那两茎灯草滋滋地烧着，不仅烧着油，也在滋滋地烧着什么？

生：烧着严监生的心。

师：我们不禁回想起课文前面"阅读提示"里的一句话——

生："严监生是一个很有钱的人。"

师：老师读过《儒林外史》，发现严监生可不是一般的有钱人，按现在来说，起码也是个千万富翁啊。就这么个富翁，临死前却为那两茎灯草"总不得断气"，又为那两茎灯草"登时就断了气"。面对这样的严监生，你想对他说什么？

生：严监生，你太在乎钱了！

生：严监生，你都是快死的人了，还在乎那两茎灯草啊？真是个一毛不拔的铁公鸡。

师：你这才叫一针见血呢！

生：严监生，你也太节约了！

师：这是你真实的想法吗？那么你觉得严监生的这种节约合不合情理、算不算过分呢？

生：有点过分。

师：为什么？你能用课文中的句子来说明吗？

生：课文说"晚间挤了一屋的人，桌上点着一盏灯"，临死的时候，挤了一屋的人，只点着一盏灯，他却还要挑掉一茎灯草，节约得太过分了。

师：所以像这样过分的节约，应该叫什么？

生：吝啬！

师：同学们，我们学的这组课文叫"人物描写一组"，那么今天学的这篇课文给你留下最深印象的是什么呢？

生：我印象最深的是严监生的"两个指头"。

师：能不能从作者描写人物的方法上谈谈？

生：作者对严监生神情、动作的描写很详细很生动，不仅写出了他的样子，还写出了他的心情。以后我们在写作中也要把人物写得传神一点，而且可以抓住一些细节来写。

师：同学们，假如以后你在生活中遇到特别小气、吝啬的人，你的脑中马上就会跳出一个名字——

生：严监生。

师：你的脑中马上就会跳出一幕情景——

生：临死前的严监生伸着两个指头，总不得断气。

师：你看，这就是吴敬梓创作的"严监生"这个人物形象的魅力。

师：我们知道这个故事出自《儒林外史》，这本书很了不得啊，它写成于200多年前。（出示《儒林外史》各个时期版本的封面）这是200年前的版本，这是民国时期的，这是50年前的，这是10年前的，这是3年前的，这是今年刚刚出版的，它还有英文版的。《儒林外史》的版本不下100种。从这么多的版本中你感觉到什么？

生：《儒林外史》肯定有很多人看，写得很精彩，很招人喜欢……

师：是啊！真正的经典就是能这样常读常新，经久不衰。这本书里还有许多精彩的人物和故事，比如"范进中举""马二遇仙"，都很有意思。尤其是吴敬梓在人物的描写上，那真是活灵活现，课后咱们不妨找来读一读，好吗？

生：好！

第五节 《渔歌子》教学设计

教学目标：

1.学会"塞""鹭""笠"3个生字，理解"箬笠""蓑衣"的意思，诵读《渔歌子》，读出词的节奏、韵味，能有感情地背诵。

2.理解诗词内容，感受、想象、体验、描述诗词的意境美，对诗人的审美趣味与人生价值进行评价。

教学过程：

一、揭示课题 了解词牌

1.我们今天一起学习一首词，读一读题目。

2."渔歌子"是这首词的什么？

3.简介词牌名的知识。

二、初读诗词 感知意境

1.自由朗读这首词，读通、读顺、读对节奏。

2.交流自读情况。

渔歌子

（唐）张志和

西塞山前白鹭飞，桃花流水鳜鱼肥。

青箬笠，绿蓑衣，斜风细雨不须归。

（1）读准多音字："西塞山"的"塞"是多音字，这里念sài。

（2）屏幕出示白鹭、鳜鱼、箬笠、蓑衣、斜风细雨等词语，引导学生读正确。

（3）读出停顿。（学习古人击掌踏脚读）

3.找一找这首词中写了哪些景物，把它圈出来，尝试把这些景物摆进方框里，使它看上去尽量像一幅画。看看哪个小组的构思最巧妙、最合理。

展示学生成果，引导学生说一说自己摆放的依据。

评点：圈画景物，从整体上把握诗词表现的内容。让学生在纸上铺一铺景物，感知诗词的画面。从景物切入，为诗词意境的想象打下基础。从审美的角度来说，这是审美感知。

三、感受意象　体验意境

1.同学们根据自己的理解把这些景物组成了一幅画，这些景物有什么特点呢？你仿佛看到了哪一个景物？请你尝试描述一下。

2.教师边听描述边随机进入教学。

（1）屏幕出示：西塞山前白鹭飞，桃花流水鳜鱼肥。

①同学们，他看见苍翠的西塞山，你仿佛又看见怎样的西塞山？请继续描述自己仿佛所见。

②同学们，他看见一群白鹭在自由飞翔，看见的是一幅会动的画面。请继续描述自己仿佛所见。

③同学们，谁能把西塞山与白鹭联系起来，说一说自己仿佛看见的景象？

预设：春天苍翠的西塞山欣欣向荣，它好像一块巨大的绿色的屏幕，展现在我们眼前，一群白鹭从这绿色的屏幕前缓缓飞过，显得特别美丽。

④朗读、想象体验"西塞山前白鹭飞"，要求把韵字适当延长。

⑤同学们，他看见了火红的桃花，请联系上下文，你仿佛又看见什么？

预设：桃花开满山坡，近看花朵上的雨珠璀璨若星辰，装点得桃花更加娇羞可爱；远看似锦若霞。风来了，花瓣随风飘落……

⑥同学们，把目光移向江面，你仿佛又看见什么？

预设：桃花零落的花瓣与水波嬉戏，江中肥美的鳜鱼不时跳出水面。

⑦朗读体验"西塞山前白鹭飞，桃花流水鳜鱼肥"，要求把韵字适当延长。

（2）屏幕出示：青箬笠、绿蓑衣，斜风细雨不须归。

①图片展示箬笠、蓑衣，教学"箬""蓑"字。

②同学们，读着此句，你眼前仿佛又看见什么？听见什么？

预设：天下着小雨，刮着轻风，一个人坐在江边，一边钓鱼一边看风景，嘴里还不时吟着：斜风细雨不须归……

③朗读体验，适当强调一下"不须"两字。

3.朗读全词，想象意境，说说自己看到此境的心情。

评点：以诗的方式读诗是有道理的。教师引导学生运用想象、体验、镜像化等方式走进诗词意境，将景物渲染上读者的情感，努力地让读者进入物我交融的境界，让学生受到美的熏陶，也为审美判断创造机遇。

四、体会词品　评价价值

1.出示用两种符号圈出颜色与暗含颜色的整首词。

同学们，请你们读一读，说一说有什么发现。

预设：鲜明亮丽、层次分明、和谐统一。

2.重排景物分布图，说一说有什么发现。

预设：空间自然转换，人在景中，人也是景。

3.词中最后一句说"斜风细雨不须归"，你认为是不想归还是不须归？

4.配乐、想象、背诵全词。

读完说一说，哪个场景深深印在你的脑海里？什么原因使你印象深刻？

预设：从意象、意境与体会到意象、意境的方法两个方面来说。

评点：审美判断是审美过程的重要环节。教师引导学生从明亮而又和谐的色彩里，从空间自然转换、构图的精巧安排里，对诗人的审美情趣做出判断，这也是对语言形式的认知。引导学生对"不须归"与"不想归"做出阐释，对诗人的人生价值做出评价。

五、拓展延伸，走向课外。

1.出示张志和的另一首《渔歌子》：

渔歌子

青草湖中月正圆，巴陵渔父棹（zhào）歌连。

钓车子，橛（jué）头船，乐在风波不用仙。

2.这首词写了哪些景物？你的眼前出现了怎样的画面？你体会到了词人怎样的心情？

3.小组交流。

4.集体交流。

评点：课文只是例子。教师精心选择适合学生自学的课外诗词，鼓励学生将课内习得的学习方法运用到课外，为学生学习能力的发展创造条件。

参考文献

[1] 陈烁.《战国策》论辩艺术中的逻辑问题 [J].辽东学院学报（社会科学版），2010（2）：59-63.

[2] 戴维·希契柯克，张亦凡，周文慧.批判性思维教育理念 [J].高等教育研究，2012（11）：54-63.

[3] 邓晓芒，奥特弗里德·赫费，张廷国，等.康德哲学的当代意义——中德哲学家对话 [J].德国哲学，2020：197-233.

[4] 傅诚德.学习科学发展观探究科学方法论（之二）[J].石油科技论坛，2009（5）：35-45.

[5] 傅诚德.学习科学发展观探究科学方法论（之一）[J].石油科技论坛，2009（4）：28-36.

[6] 何克杭.教学支架的含义、类型、设计及其在教学中的应用——美国《教育传播与技术研究手册（第四版）》让我们深受启发的亮点之一 [J].中国电化教育，2017（4）：1-9.

[7] 贺善侃.批判性思维与系统辩证思维 [J].系统科学学报，2006（2）:79-83.

[8] 江怡.分析哲学教程 [M].北京：北京大学出版社，2009.

[9] 李安.图尔敏论证逻辑理论研究 [D].保定：河北大学，2014.

[10] 李红.维特根斯坦与分析哲学 [J].外国哲学，2004（4）.

[11] 廖名春.周易经传十五讲 [M].北京：北京大学出版社，2020.

[12] 刘荣华.小学思辨阅读问题设计 [M].上海：上海教育出版社，2022.

[13] 齐彬.马克思《1844 年经济学哲学手稿》对黑格尔历史观的批判与超越 [D].北京：中国人民大学，2011.

[14] 孙绍振.审美阅读十五讲 [M].北京：北京大学出版社，2021.

[15] 王启.《战国策》中论辩说服的逻辑分析 [D].开封：河南大学，2009.

[16] 吴俊忠.文学鉴赏论 [M].广州：广东高等教育出版社，1998.

[17] 吴妍.我国批判性思维课堂转化中的问题与反思 [J].课程·教材·教法，2018，38（5）：69-75.

[18] 谢耘. 论证，论辩，争论——当代论证理论视域中论证概念的双重维度解读 [J]. 自然辩证法研究，2007（4）：26-31.

[19] 严小成. 科学方法论的哲学思考 [J]. 石油科技论坛，2011（1）：37-40.

[20] 杨军，左建辉. 西方理性主义的发展脉络 [J]. 保定师范专科学校学报，2007（1）：8-11.

[21] 杨冉多. 约翰·穆勒的科学哲学思想研究 [D]. 呼和浩特：内蒙古大学，2014.

[22] 杨武金，闫景强. "形式逻辑与非形式逻辑及批判性思维" 学术讨论会综述 [J]. 中国人民大学学报，2003，18（2）：153-154.

[23] 杨武金. 墨经逻辑研究 [M]. 北京：中国社会科学出版社，2004.

[24] 于新. 批判与建构：马克思市民社会批判理论的两个维度 [J]. 求实，2013（A2）：7-9.

[25] 曾冰，石春霞，张桂芳. 西方理性主义历史发展述评 [J]. 安徽文学（下半月），2008（3）：384-385.

[26] 周强. 斯蒂芬·图尔敏的论辩理论研究 [J]. 鲁东大学学报（哲学社会科学版），2014，31（4）：29-32.

后 记

　　从初稿到付梓，得到了领导、专家、朋友、亲人的鼓励。真心感谢滕春友、张化万、刘荣华、虞大明、赵胜勇等领导与专家悉心指导；真心感谢丽水市文元教育集团吴建华董事长关心与支持；真心感谢众位编辑耐心的沟通与交流；真心感谢朋友、亲人的理解与帮助，正是他们的鼓励，赋予了我将书稿出版的勇气。因为写作经验尚浅，本书难免存在不成熟之处，敬请读者批评。